©OT. LA ROCHELLE -

Guide

La Rochelle

Appréciée de tous ceux qui la découvrent, toujours présente à la mémoire de ceux qui l'ont rencontrée, La Rochelle est une ville émouvante. Les Rochelais sont souvent les meilleurs ambassadeurs de ces lieux que l'on aime parcourir et faire partager aux amis. les arcades, les rues piétonnes, le vieux port... La mer évidemment. Et à quelques encablures, Ré la blanche, fragile et lumineuse.

Ce premier "Petit Futé La Rochelle Ile de Ré" l'a bien compris. Précieux à tous, aux Rochelais comme à nos visiteurs, il fourmille d'informations. Un guide qui se révélera bientôt indispensable à toux ceux qui désirent profiter plus et mieux de la vie d'ici.

Maxime BONO

Maxime Bono
Député maire de La Rochelle

9 REPERES
33 DECOUVERTE
59 A TABLE
105 SE DETENDRE
151 SHOPPING
193 PENSE FUTE
214 INDEX GENERAL

Le Petit Futé 2002 de La Rochelle

Dépôt légal : 2e trimestre 2002
Le Petit Futé a été fondé par Dominique Auzias.
Il est édité par Les Nouvelles Editions de l'Université
18, rue des Volontaires - 75015 Paris.
✆ 01 53 69 70 00 - Fax 01 42 73 15 24
Internet : www.petitfute.com
SARL au capital de 600 000 euros - RC PARIS B 309 769 966

EDITION
Responsable d'édition : Maryline Vinet
Régie publicitaire : Maryline Vinet, Catherine Amans.
Auteurs : Sophie Didier-Vacelet, Dominique Auzias, Jean-Paul Labourdette, Jacqueline Rouzet, Valérie Bouvet, Floriane Ravard.

ADMINISTRATION
Gérant : Jean-Paul Labourdette
Directeur Administratif et Financier : Gérard Brodin
Directrice des Ressources Humaines : Dina Bourdeau assistée de Sandrine Delee
Secrétariat : Sandra Morais
Comptabilité : Isabelle Bafourd, Josselina Soares, Van Meng Dao
Recouvrement : Fabien Bonnan, Sandra Brijlall

PUBLICITE / COMMUNICATION
Directeur Commercial : Luc Régnard, assisté d'Alain Ruiz et de Michel Granseigne
Directeur Régional Bretagne : Jean-Michel Frizjer
Responsable Nord : José Pereira
Régie publicitaire Nationale : Stanislas Leblanc-Bontemps
Chefs de publicité : Caroline de Yrigoyen, Stéphane Bouby, Pascaline Beaux
Régie publicitaire Internationale : Karinne Virot
Diffusion et promotion :
Direction : Christophe Didierlaurent, assisté de Carla de Sousa et Maud Ghisolfi
Inspecteur des ventes : Xavier Thiercelin
Magasinier : Lionel Durao
Service clientèle : Nathalie Thénaud assistée de Patricia Carvalho
Responsable Partenariat Presse-Médias : Jean-Mary Marchal

FABRICATION
Direction du studio : Françoise Dekowski assistée de Jacky Lagrave - Alexandre Pelletier
Responsable de la Collection : Claire Delbos, Anthony Serex, Romain David
Assistante : Myriam Kuhn
Création maquettes, montage et couverture : Marjorie Cambon, Scoop Communication
Responsable photothèque : Floriane Ravard
Crédit photos : Couverture © OT La Rochelle, M. Vinet
Impression : Corlet, Condé-sur-Noireau

REMERCIEMENTS

Merci tout d'abord à vous, lecteurs-consommateurs sans qui ce livre n'aurait pas raison d'exister, merci à tous ceux qui nous ont permis de découvrir des adresses futées, Dominique, Serge, Vincent. Merci à tous ceux qui nous ont accueillis avec gentillesse, merci à nos annonceurs, merci à nos diffuseurs, merci à Alain de la direction commerciale toujours à l'écoute, merci à Marie-Catherine Belloir de France 3, à Elizabeth Durin de Radio France Bleu, à l'Essentiel Magazine, J.-P. Bonnet, au Phare de Ré, Mme Pêchereau, au P'tit Rochelais, Sylvain Chevé, à Sortir à Tout Moment, Mme Mazière, pour leur confiance accordée et leur professionnalisme. Merci à toute l'équipe du Petit Futé pour cette aventure, merci à ma famille pour son soutien, Benoît, Mathieu, Thomas et un énorme merci à Sophie, l'auteur, qui a assumé sa tâche avec beaucoup de conscience et de constance.

La responsable d'édition,
Maryline Vinet

LA ROCHELLE

1 .... éditorial
2 .... sommaire
3 .... table des matières

9 .... REPERES

10/11 .... plan de La Rochelle
12 .... Index des rues de La Rochelle
14 .... numéros utiles
16 .... se rendre à La Rochelle
17 .... circuler dans La Rochelle
23 .... où dormir

33 .... DECOUVERTE

34 .... grande et petites histoires
36 .... gloires locales
38 .... spécialités locales
40 .... quoi de neuf
42 .... visiter
53 .... flâner

© M. VINET - Cathédrale de La Rochelle

59 .... A TABLE

60 .... restaurants
87 .... produits gourmands
103 .... chez soi

105 .... SE DETENDRE

106 .... sorties
116 .... spectacles
121 .... culture
134 .... loisirs
142 .... sports
149 .... agenda

151 .... SHOPPING

152 .... autos, deux-roues
158 .... beauté
164 .... cadeaux
170 .... grands magasins
172 .... maison
185 .... mode
192 .... multimédia

193 .... PENSE FUTE

214 .... INDEX GENERAL

© M. VINET - *Les Rempart*

REMERCIEMENTS DE L'AUTEUR
Voilà, c'est fini : après des mois passés à arpenter la ville, son centre, ses quartiers, sa périphérie, visiter ses commerces et tester ses restaurants, ses bars, ses boîtes de nuit, interviewer les personnes qui la font bouger et avancer, laisser partout nos oreilles traîner pour tout apprendre, savoir avant les autres, nous pouvons écrire ces quatre mots qui signifient pour nous délivrance, satisfaction de la tâche accomplie, mais aussi, déjà, un peu de nostalgie... Aller au restaurant sans prendre de notes, se balader en ville sans être à l'affût des nouveautés, entrer dans un magasin sans relever ses horaires, saurons-nous nous y habituer ? Heureusement, notre répit sera de courte durée puisque bientôt, il va falloir recommencer... En attendant, nous espérons que ce guide, que nous avons voulu instructif et drôle, vous fera passer de bons moments et vous invitons donc à tourner ses pages pour partager nos découvertes, nos coups de coeur et, parfois, nos coups de gueule...

A Vincent, qui aura avec moi traversé cette épreuve (à certains moments plus difficile que la traversée de la Cordillère Blanche et ses cols à 5.000 mètres !), à Janus et Mutti qui ont payé de leur temps, à Dédé qui n'a pas hésité à payer de sa personne, et puis encore à Laurence, Claudia, Jean, Marina et Marc, Annabelle et Christophe, Victoria et François et aux Alstomiens pour tous leurs bons tuyaux, sans oublier Laurent Laborie de l'Office de Tourisme de Saint-Martin et Séverine de l'OT de Loix pour leur accueil. Et puis à Maryline, pour son aide et sa joyeuse humeur, et à Emmanuelle, pour tout et tout le reste...

L'auteur,
Sophie DIDIER.

©M. VINET - *Parc de la Rochelle*

©M. VINET - *Fontaine du Pilori*

Repères

- numéros utiles
- se rendre à La Rochelle
- circuler dans La Rochelle
- où dormir

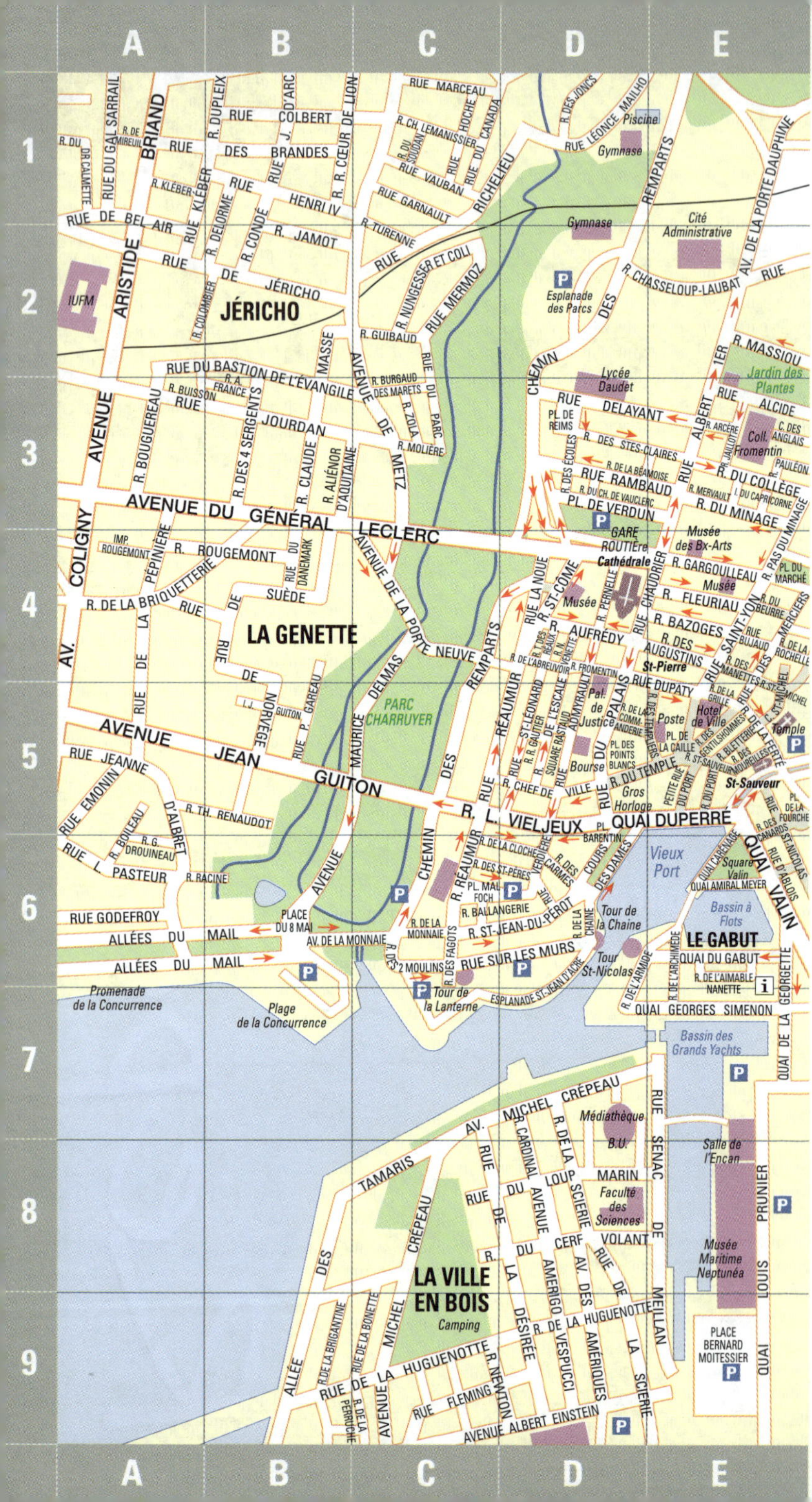

A
B
C
D
E
1
2
3
4
5
6
7
8
9
JÉRICHO
LA GENETTE
LA VILLE EN BOIS
Camping
LE GABUT
IUFM
Piscine
Gymnase
Gymnase
Cité Administrative
Esplanade des Parcs
Lycée Daudet
Jardin des Plantes
Coll. Fromentin
PL. DE VERDUN
GARE ROUTIÈre
Cathédrale
Musée des Bx-Arts
Musée
Musée
St-Pierre
Pal. de Justice
Bourse
Poste
Hotel de Ville
Temple
St-Sauveur
Gros Horloge
PARC CHARRUYER
Vieux Port
Square Valin
Bassin à Flots
Tour de la Chaine
Tour St-Nicolas
Tour de la Lanterne
Promenade de la Concurrence
Plage de la Concurrence
PLACE DU 8 MAI
Bassin des Grands Yachts
Médiathèque
B.U.
Faculté des Sciences
Salle de l'Encan
Musée Maritime Neptunéa
PLACE BERNARD MOITESSIER
RUE MARCEAU
RUE COLBERT
RUE DES BRANDES
RUE HENRI IV
RUE DE BEL AIR
R. JAMOT
RUE DE JÉRICHO
AVENUE ARISTIDE BRIAND
R. KLÉBER
R. DUPLEIX
R. DELORME
R. CONDÉ
R. COLOMBIER
RUE J. D'ARC
R. R. CŒUR DE LION
R. CH. LEMANISSIER
RUE VAUBAN
RUE GARNAULT
R. TURENNE
RUE NUNGESSER ET COLI
RUE MERMOZ
RICHELIEU
RUE LÉONCE MAILHO
R. DES JONCS
REMPARTS
R. CHASSELOUP-LAUBAT
AV. DE LA PORTE DAUPHINE
RUE DU BASTION DE L'ÉVANGILE
R. A. FRANCE
R. BUISSON
RUE JOURDAN
R. DES 4 SERGENTS
R. CLAUDE MASSE
R. ALIÉNOR D'AQUITAINE
R. BOUGUEREAU
AVENUE DE METZ
R. GUIBAUD
R. BURGAUD DES MARETS
R. ZOLA
R. MOLIÈRE
RUE DU PARC
CHEMIN DES REMPARTS
R. MASSIOU
RUE ALCIDE
RUE DELAYANT
PL. DE REIMS
R. DES STES-CLAIRES
RUE RAMBAUD
R. DU COLLÈGE
R. DU MINAGE
RUE ALBERT 1ER
AVENUE DU GÉNÉRAL LECLERC
AVENUE COLIGNY
IMP. ROUGEMONT
R. ROUGEMONT
R. PÉPINIÈRE
R. DE LA BRIQUETTERIE
RUE DE SUÈDE
RUE DU DANEMARK
AVENUE DE LA PORTE NEUVE
RUE DE NORVÈGE
R. DE LA NOUE
R. ST-CÔME
R. AUFRÉDY
RUE CHAUDRIER
R. GARGOULLEAU
R. FLEURIAU
R. BAZOGES
R. DES AUGUSTINS
RUE DUPATY
RUE SAINT-YON
RUE DES MERCIERS
AVENUE MAURICE DELMAS
AVENUE JEAN GUITON
RUE JEANNE D'ALBRET
RUE EMONIN
R. TH. RENAUDOT
R. BOILEAU
R. G. DROUINEAU
RUE L. PASTEUR
R. RACINE
RUE GODEFROY
ALLÉES DU MAIL
AV. DE LA MONNAIE
RUE RÉAUMUR
R. L. VIEJLEUX
QUAI DUPERRÉ
QUAI VALIN
QUAI AMIRAL MEYER
COURS DES DAMES
R. ST-JEAN-DU-PÉROT
RUE SUR LES MURS
R. DES 2 MOULINS
R. DES FAGOTS
ESPLANADE ST-JEAN D'ACRE
PL. MAL FOCH
R. BALLANGERIE
QUAI DU GABUT
R. DE L'AIMABLE NANETTE
QUAI GEORGES SIMENON
QUAI DE LA GEORGETTE
AV. MICHEL CRÉPEAU
RUE SENAC DE MEILLAN
RUE DU LOUP MARIN
R. DE LA SCIERIE VOLANT
R. DU CERF
AVENUE AMERIGO VESPUCCI
AV. DES AMÉRIQUES
R. DE LA HUGUENOTTE
RUE DE LA HUGUENOTTE
RUE FLEMING
R. NEWTON
AVENUE ALBERT EINSTEIN
ALLÉE DES TAMARIS
AVENUE MICHEL CRÉPEAU
R. DE LA BRIGANTINE
R. DE LA BONETTE
R. DE LA PERRUCHE
QUAI LOUIS PRUNIER

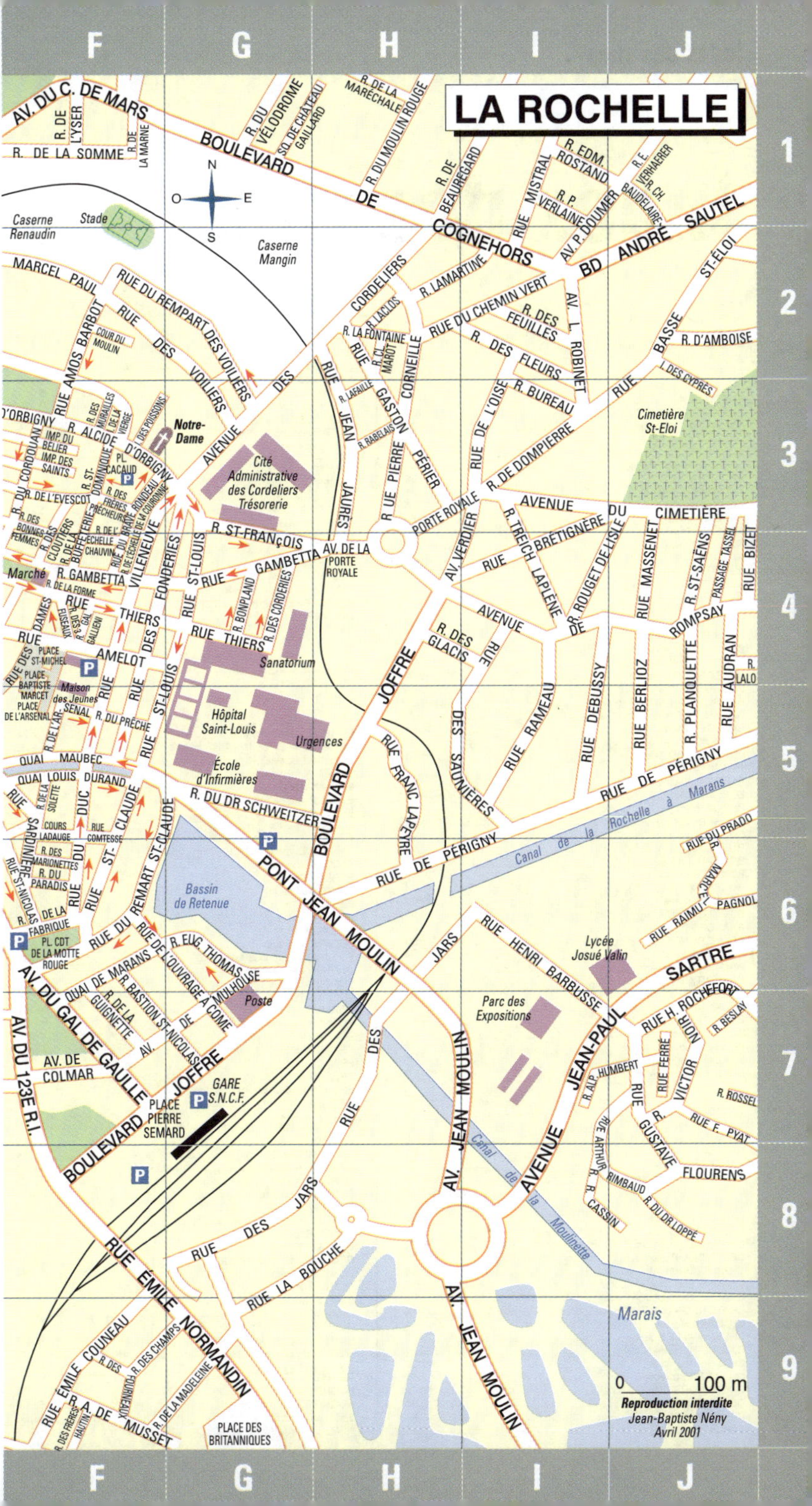

F
G
H
I
J
1
2
3
4
5
6
7
8
9
LA ROCHELLE
N
O
E
S
AV. DU C. DE MARS
R. DE L'YSER
R. DE LA SOMME
R. DE LA MARNE
BOULEVARD DE COGNEHORS
R. DU VÉLODROME
SQ. DE CHÂTEAU GAILLARD
R. DE LA MARÉCHALE
R. DU MOULIN ROUGE
R. DE BEAUREGARD
R. EDM. ROSTAND
R. E. VERHAERER
R. CH. BAUDELAIRE
RUE MISTRAL
R. P. VERLAINE
AV. P. DOUMER
BD ANDRÉ SAUTEL
Caserne Renaudin
Stade
Caserne Mangin
MARCEL PAUL
RUE DU REMPART DES VOILIERS
RUE DES VOILIERS
RUE AMOS BARBOT
COUR DU MOULIN
CORDELIERS
R. LAMARTINE
RUE DU CHEMIN VERT
R. DES FEUILLES
AV. L. ROBINET
RUE BASSE ST-ELOI
R. D'AMBOISE
R. DES CYPRÈS
R. LACLOS
R. LA FONTAINE
RUE GASTON PÉRIER
R. CL. MAROT
CORNEILLE
R. DES FLEURS
R. BUREAU
RUE DE L'OISE
R. DE DOMPIERRE
Cimetière St-Eloi
AVENUE DES CORDELIERS
RUE JEAN JAURÈS
R. LAFAILLE
R. RABELAIS
R. UE PIERRE
D'ORBIGNY
R. ALCIDE D'ORBIGNY
R. DES MURAILLES
R. DE LA VIERGE
I. DES POISSONS
Notre-Dame
IMP. DU BÉLIER
IMP. DES SAINTS
RUE DU CORDOUAN
R. ST-DOMINIQUE
PL. CACAUD
R. DE L'EVESCOT
R. DES FRÈRES PRÊCHEURS
R. DU BRAVE RONDEAU
R. DE LA COURONNE
Cité Administrative des Cordeliers Trésorerie
PORTE ROYALE
AVENUE DU CIMETIÈRE
R. DES BONNES FEMMES
R. DES CLOUTIERS
R. DE LA BUFFETERIE
R. DE L'ÉCHELLE CHAUVIN
R. DE L'ÉCHELLE DE LA COURONNE
VILLENEUVE
RUE DES FONDERIES
RUE ST-LOUIS
R. ST-FRANÇOIS
AV. DE LA PORTE ROYALE
AV. VERDIER
R. TREICH LAPLÈNE
RUE BRÉTIGNÈRE
R. ROUGET DE LISLE
RUE MASSENET
R. ST-SAËNS
PASSAGE TASSEL
RUE BIZET
Marché
R. GAMBETTA
R. DE LA FORME
RUE GAMBETTA
RUE DES DAMES
R. FUSEAUX
R. DES 3 ROIS
R. GAL GALLIENI
RUE THIERS
R. BONPLAND
R. DES CORDERIES
AVENUE DE ROMPSAY
RUE AMELOT
PLACE ST-MICHEL
RUE DES VOILIERS
PLACE BAPTISTE MARCET
PLACE DE L'ARSENAL
Maison des Jeunes
R. DE L'ARSENAL
R. DU PRÊCHE
Sanatorium
R. DES GLACIS
RUE DES SAUVIÈRES
RUE RAMEAU
RUE DEBUSSY
RUE BERLIOZ
R. PLANQUETTE
RUE AUDRAN
R. LALO
Hôpital Saint-Louis
Urgences
BOULEVARD JOFFRE
RUE FRANC LAPEYRE
QUAI MAUBEC
QUAI LOUIS DURAND
École d'Infirmières
R. DU DR SCHWEITZER
RUE DE PÉRIGNY
RUE SARDINERIE
R. DE LA SOLETTE
RUE DU DUC
RUE ST-CLAUDE
COURS LADAUGE
RUE COMTESSE
R. DES MARIONETTES
R. DU PARADIS
RUE ST-NICOLAS
R. DE LA FABRIQUE
RUE DU REMPART ST-CLAUDE
Bassin de Retenue
PONT JEAN MOULIN
Canal de la Rochelle à Marans
RUE DU PRADO
R. MARCEL PAGNOL
RUE RAIMU
PL. CDT DE LA MOTTE ROUGE
RUE DE L'OUVRAGE À COMES
R. EUG. THOMAS
R. DE MULHOUSE
Poste
RUE DES JARS
RUE HENRI BARBUSSE
Lycée Josué Valin
AVENUE JEAN-PAUL SARTRE
RUE H. ROCHEFORT
R. BESLAY
AV. DU GAL DE GAULLE
QUAI DE MARANS
R. BASTION ST-NICOLAS
R. DE LA GUIGNETTE
AV. DE MULHOUSE
Parc des Expositions
R. ALP. HUMBERT
RUE FERRÉ
RUE VICTOR NOIR
R. ROSSEL
AV. DU 123E R.I.
AV. DE COLMAR
GARE S.N.C.F.
PLACE PIERRE SEMARD
BOULEVARD JOFFRE
AV. JEAN MOULIN
RUE GUSTAVE FLOURENS
RUE F. PYAT
RUE ARTHUR RIMBAUD
R. R. CASSIN
R. DU DR LOPPÉ
Canal de la Moulinette
RUE DES JARS
RUE LA BOUCHE
RUE ÉMILE NORMANDIN
Marais
RUE ÉMILE COUNEAU
R. DES FOURNEAUX
R. DES CHAMPS
R. DE LA MADELEINE
R. A. DE MUSSET
R. DES FRÈRES HAUTIN
PLACE DES BRITANNIQUES
AV. JEAN MOULIN
0
100 m
Reproduction interdite
Jean-BaptisteNény
Avril 2001

Index des rues

A A A

ABLOIS (rue d') .E6
ABREUVOIR (rue de l') .C4/D4
ADMYRAULT (rue) .D5
AIMABLE NANETTE (rue de l') .D6
ALBERT 1ER (rue) .D3/E3
ALBRET (rue Jeanne d') .A5/B6
AMBOISE (rue d') .J2
AMELOT (rue) .F4/G4
AMERIGO VESPUCCI (avenue) .D8/D9
AMÉRIQUES (avenue des) .D8/D9
ANGLAIS (cour des) .E3
AQUITAINE (rue aliénor d') .B3/C3
ARC (rue Jeanne d') .B1
ARCÈRE (rue) .E3
ARCHIMÈDE (rue de l') .D6
ARMIDE (rue de l') .D6
ARSENAL (place de l') .F5
ARSENAL (rue de l') .F5
AUCLERC (rue) .D3
AUDRAN (rue) .J5/J4
AUFRÉDY (rue) .D4
AUGUSTINS (rue des) .D4/E4

B B B

BALLANGERIE (rue) .C6
BARBOT (rue Amos) .F3/F2
BARBUSSE (rue Henri) .I6
BARENTIN (place) .D5
BASSE ST-ÉLOI (rue) .I3/J2
BASTION de L'ÉVANGILE (rue du) .A3/B3
BASTION ST-NICOLAS (rue) .G6/G7
BAUDELAIRE (rue chemin) .J2
BAZOGES (rue) .D4/E4
BÉAMOISE (rue de la) .D3
BEAUREGARD (rue de) .H2/I1
BEL AIR (rue de) .A2
BÉLIER (impasse du) .F3
BERLIOZ (rue) .J5/J4
BESLAY (rue) .J7/J6
BEURRE (rue du) .E4
BIZET (rue) .J4
BLETTERIE (rue) .E5
BOILEAU (rue) .A6/A5
BONETTE (rue de la) .C9/C8
BONPLAND (rue) .G4
BOUCHE (rue la) .G8/H8
BOUGUEREAU (rue) .A3
BRANDES (rue des) .B1
BRAVE RONDEAU (rue du) .G4/G3
BRÉTIGNÈRE (rue) .I4
BRIAND (avenue Aristide) .A3/A1
BRIGANTINE (rue de la) .B9/B8
BRIQUETTERIE (rue de la) .A4/B4
BRITANNIQUES (place des) .G9
BUFFETERIE (rue de la) .F4/F3
BUISSON (rue) .A3
BUJAUD (rue) .E4
BUREAU (rue) .I3
BURGAUD des MARETS (rue) .C3

C C C

CACAUD (place) .F3
CAILLE (place de la) .D5
CALMETTE (rue du Docteur) .A1/A2
CANADA (rue du) .C1
CANARDS (rue des) .E5
CAPRICORNE (impasse du) .E3
CARDINAL (rue) .C7/D8
CARÉNAGE (quai) .E6/E5
CARMES (rue des) .D6
CASSIN (rue) .I8
CENT 123E R.I. (avenue du) .F6/F7
CERF VOLANT (rue du) .C8/D8
CHAINE (rue de la) .D6
CHAMPS (rue des) .G9/G8
CHASSELOUP-LAUBAT (rue) .D2/E2
CHATEAU GAILLARD (Square de) .G1/H1
CHAUDRIER (rue) .D4
CHEF de VILLE (rue) .C5/D5
CIMETIÈRE (avenue du) .I3/J4
CLOCHE (rue de la) .C6/D6
CLOUTIERS (rue des) .F4
COGNEHORS (boulevard de) .G1/I2
COLBERT (rue) .B1
COLIGNY (avenue) .A4
COLLÈGE (rue du) .E3
COLMAR (avenue de) .F7
COLOMBIER (rue) .B2
COMMANDERIE (rue de la) .D5
CONDÉ (rue) .B2
CORDELIERS (avenue des) .G3/H2
CORDERIES (rue des) .G4
CORDOUAN (rue du) .F3
CORNEILLE (rue Pierre) .H3/H2
COUNEAU (rue Emile) .F9/G8
CRÉPEAU (avenue Michel) .C7/D7
CRÉPEAU (avenue Michel) .C9/C8
CYPRÈS (impasse des) .J3

D D D

DAMES (cours des) .D6/D5
DAMES (rue des) .F4
DANEMARK (rue du) .B4
DAUPHINE (avenue de la porte) .E2/E1
DEBUSSY (rue) .I5/I4
DELAYANT (rue) .D3
DELMAS (avenue Maurice) .B6/C4
DELORME (rue) .B2
DÉSIRÉE (rue de la) .C7/D9
DEUX 2 MOULINS (rue des) .C6
DOMPIERRE (rue de) .I3
DOUMER (avenue P.) .I2
DROUINEAU (rue G.) .A6/B6
DUC (rue du) .F6/F5
DUPATY (rue) .D5
DUPERRÉ (quai) .D5/E5
DUPLEIX (rue) .B1
DURAND (quai Louis) .F5/G5

E E E

ÉCHELLE CHAUVIN (rue de l') .F4/G4
ÉCHELLE de LA COURONNE (rue de l') .G4/G3
ECOLES (rue des) .D3
EINSTEIN (avenue Albert) .C9/D9
EMONIN (rue) .A5
ESCALE (rue de l') .D5
EVESCOT (rue de l') .F3

F F F

FABRIQUE (rue de la) .F6
FAGOTS (rue des) .C6
FERRÉ (rue) .J7
FERTÉ (rue de la) .E5
FEUILLES (rue des) .I2
FLEMING (rue) .C9
FLEURIAU (rue) .D4/E4
FLEURS (rue des) .I2/I3
FLOURENS (rue Gustave) .I7/J8
FOCH (place maréchal) .C6
FONDERIES (rue des) .G5/G4
FONTAINE (rue la) .H2
FORME (rue de la) .F4
FOURCHE (place de la) .E5
FOURNEAUX (rue des) .F9/G9
FRANC LAPEYRE (rue) .H5/H6
FRANCE (rue A.) .B3
FRÈRES HAUTIN (rue des) .F9
FRÈRES PRÊCHEURS (rue des) .G3/G4
FROMENTIN (rue) .D4

G G G

GABUT (quai du) .D6/E6
GALLIENI (rue Général) .F4
GAMBETTA (rue) .F4/G4
GAREAU (rue P.) .B5
GARGOULLEAU (rue) .D4/E4
GARNAULT (rue) .C2
GAULLE (avenue du Général de) .F6/G7
GAUTIER (rue) .D5
GENTILSHOMMES (rue des) .D5/E5
GEORGETTE (quai de la) .E7/E6
GLACIS (rue des) .H4
GODEFROY (rue) .A6
GRILLE (rue de la) .E5
GUIBAUD (rue) .C2
GUIGNETTE (rue de la) .F6/G7
GUITON (avenue Jean) .A5/C5
GUITON (impasse J.) .B5

H H H

HOCHE (rue) .C1
HUGUENOTTE (rue de la) .B9/C9
8 MAI (place du) .B6
HUMBERT (rue Alphonse) .I7/J7

J J J

JAILLOT (rue) ... E3
JAMOT (rue) ... B2
JARS (rue des) ... G8/H8
JAURÈS (rue Jean) ... H3/H4
JÉRICHO (rue de) ... A2/B2
JOFFRE (boulevard) ... F7/G7
JONCS (rue des) ... D1
JOURDAN (rue) ... B3

K K K

KLEBER (rue) ... A2/B2

L L L

LACLOS (rue) ... H2
LAFAILLE (rue) ... H3
LALO (rue) ... J4/J5
LAMARTINE (rue) ... H2/I2
LECLERC (avenue du Général) ... A3/C4
LEMANISSIER (rue chemin) ... C1
LÉONCE MAILHO (rue) ... D1
LION (rue rue cour de) ... B2/C1
LOPPÉ (rue du Docteur) ... J8
LOUP MARIN (rue du) ... C8/D8

M M M

MADELEINE (rue de la) ... G9
MAIL (allées du) ... A6/B6
MAIL (allées du) ... A6/B6
MARANS (quai de) ... F6/G6
MARCEAU (rue) ... C1
MARCET (place Baptiste) ... F4
MARCHÉ (place du) ... E4
MARNE (rue de la) ... G1
MAROT (rue CL.) ... H3/H2
MARS (avenue du C. de) ... F1/G1
MASSE (rue Claude) ... B3/B2
MASSENET (rue) ... J4
MASSIOU (rue) ... E2/E3
MAUBEC (quai) ... F5
MERCIERS (rue des) ... E5/E4
MERMOZ (rue) ... C2
MERV (rue) ... D3
METZ (avenue de) ... C3
MEYER (quai Amiral) ... D6/E6
MINAGE (rue du) ... E3/E4
MIREUIL (rue de) ... A1
MISTRAL (rue) ... I2/I1
MOITESSIER (place Bernard) ... D8
MOLIÈRE (rue) ... C3
MONNAIE (avenue de la) ... B6/C6
MONNAIE (rue de la) ... C6
MOTTE ROUGE (place Commandant de la) ... F6
MOULIN (avenue Jean) ... H8/I9
MOULIN (pont Jean) ... G6/H6
MOULIN ROUGE (rue du) ... H1
MOUREILLES (rue des) ... E5
MULHOUSE (avenue de) ... G7/G6
MURAILLES (rue des) ... F3/G3
MUSSET (rue Alfred de) ... F9/G9

N N N

NEWTON (rue) ... C9
NOIR (rue Victor) ... J7
NORMANDIN (rue Emile) ... G8/G9
NORVÈGE (rue de) ... B4/B5
NOUE (rue la) ... D4
NUNGESSER ET COLI (rue) ... C2

O O O

OISE (rue de l' ...)I3
ORBIGNY (rue alcide d') ... E3/F3
OUVRAGE À COME (rue de l') ... G6/G7

P P P

PAGNOL (rue Marcel) ... J6
PALAIS (rue du) ... D5
PARADIS (rue du) ... F6
PARC (rue du) ... C3
PARCS (Esplanade des) ... D2
PAS du MINAGE (rue du) ... E4/E3
PASTEUR (rue L.) ... A6
PAUL (rue Marcel) ... E2/F2
PAULÉON (rue) ... E3
PÉPINIÈRE (rue de la) ... A5/A4
PÉRIER (rue Gaston) ... H3
PÉRIGNY (rue de) ... H6/I5
PERNELLE (rue) ... D4
PERRUCHE (rue de la) ... C9
PLANQUETTE (rue) ... J5/J4
PLANTES (jardin des) ... E3
POINTS BLANCS (place des) ... D5
POISSONS (impasse des) ... G3
PORT (petite rue du) ... D5
PORT (rue du) ... E5
PORTE NEUVE (avenue de la porte) ... C4
PORTE ROYALE (avenue de la porte) ... H4/I3
PRADO (rue du) ... J6/J5
PRÊCHE (rue du) ... F5/G5
PYAT (rue F.) ... J7

Q Q Q

4 SERGENTS (rue des) ... B3
IV (rue Henri) ... B2

R R R

RABELAIS (rue) ... H3
RACINE (rue) ... B6
RAIMU (rue) ... J6
RAMBAUD (rue) ... D3
RAMEAU (rue) ... I5
RASTAUD (square) ... D5
RÉAUMUR (rue) ... C6/C5
REIMS (place de) ... D3
REMART ST-CLAUDE (rue du) ... F6/G5
REMPART des VOILIERS (rue du) ... G2/G3
REMPARTS (chemin des) ... C6/C4
RENAUDOT (rue Th.) ... B5
RICHELIEU (rue) ... C2/C1
RIMBAUD (rue Arthur) ... I7/J8
ROBINET (avenue L.) ... I2/I3
ROCHEFORT (rue H.) ... J7/J6
ROMPSAY (avenue de) ... I4/J4
ROSSEL (rue) ... J7
ROSTAND (rue Edmond) ... I1
ROUGEMONT (impasse) ... A4
ROUGEMONT (rue) ... B4
ROUGET de LISLE (rue) ... I4

S S S

SAINTS (impasse des) ... F3
SARDINIÈRE (rue) ... F5/F6
SARRAIL (rue du Général) ... A2/A1
SARTRE (avenue Jean-Paul) ... I7/J6
SAUNIÈRES (rue des) ... I4/I5
SAUTEL (boulevard André) ... I2/J2
SCHWEITZER (rue du Docteur) ... G5/H5
SCIERIE (rue de la) ... D7/D8
SEMARD (place Pierre) ... G7
SENAC de MEILLAN ... D7/D8
SIMENON (quai Georges) ... D7/E7
SOMME (rue de la) ... F1/G1
SOUDAN (rue du) ... C1
ST-CLAUDE (rue) ... F6/G5
ST-CÔME (rue) ... D4
ST-DOMINIQUE (rue) ... F3
ST-FRANçOIS (rue) ... G4/H4
ST-JEAN D'ACRE (Esplanade) ... C6/D6
ST-JEAN-DU-PÉROT (rue) ... C6/D6
ST-LÉONARD (rue) ... C5/D5
ST-LOUIS (rue) ... G4
ST-LOUIS (rue) ... G5/G4
ST-MICHEL (cours et rue) ... E5
ST-MICHEL (place) ... F4
ST-NICOLAS (rue) ... E5/E6
ST-PÈRES (rue des) ... C6/D6
ST-SAËNS (rue) ... J4
ST-SAUVEUR (rue) ... D5/E5
ST-YON (rue) ... E4
STES-CLAIRES (rue des) ... D3
SUÈDE (rue de) ... B4
SUR LES MURS (rue) ... C6/D6

T T T

TAMARIS (allée des) ... B9/C7
TASSEL (passage) ... J4
TEMPLE (rue du) ... D5
TEMPLIERS (rue des) ... D5
THIERS (rue) ... F4/G4
THOMAS (rue Eugène) ... G6
TREICH LAPLÈNE (rue) ... I4
TROIS 3 FUSEAUX (rue des) ... F4
TURENNE (rue) ... C2

V V V

VALIN (quai) ... E6
VALIN (square) ... E6
VAUBAN (rue) ... C1/C2
VAUCLERC (rue du chemin de) ... D3
VÉLODROME (rue du) ... G1/H1
VENETTE (rue N.) ... D4
VERDIER (avenue) ... H4/I4
VERDIÈRE (rue) ... D6
VERDUN (place de) ... D3/D4
VERHAERER (rue E.) ... J1
VERT (rue du chemin) ... H2/I2
VIELJEUX (rue L.) ... C5/D5
VIERGE (impasse de la) ... F3/G3
VILLENEUVE (rue) ... F5/G4
VOILIERS (rue des) ... G2/G3

Y Y Y

YSER (rue de l') ... F1

Z Z Z

ZOLA (rue) ... C3

Numéros utiles

HOTEL DE LA COMMUNAUTE D'AGGLOMERATION 05 46 51 50 00
6, rue Saint-Michel
Accueil du lundi au vendredi de 8h30 à 18h.

MAIRIE DE LA ROCHELLE 05 46 51 51 51
Place de l'Hôtel-de-Ville
Internet : www.ville-larochelle.fr - Accueil du public tous les jours de 9h à 17h.

MAISON DU DEPARTEMENT 05 46 31 70 00
85, boulevard de la République
Accueil du public du lundi au vendredi, de 9h à 12h30 et de 13h30 à 17h.

LA ROCHELLE ACCUEIL AVF 05 46 41 53 48
24, rue Saint-Jean-du-Pérot
Internet : www.avf-accueil.com - E-mail : avfro17@net-up.com - Du lundi au vendredi de 14h30 à 16h30. L'association a pour but d'accueillir les personnes et les familles nouvellement arrivées dans la ville. Pour faciliter leur intégration, l'association propose des activités variées.

Offices de tourisme

OFFICE DE TOURISME DE LA ROCHELLE 05 46 41 14 68
Place de la Petite-Sirène - LE GABUT
E-mail : tourisme.la.rochelle@wanadoo.fr - Internet : www.ville-larochelle.fr - Fax : 05 46 41 99 85. D'octobre à mai du lundi au samedi de 9h à 18h (dimanche de 10h à 13h), en juin et septembre du lundi au samedi de 9h à 19h (dimanche de 11h à 17h), en juillet et août du lundi au samedi de 9h à 20h (dimanche de 11h à 17h). Incontournable pour une première approche de la ville et de sa région : on y trouve une riche documentation, des conseils (même si, en été, l'accueil est un peu débordé) et une foule de renseignements pratiques tels l'horaire des marées ou l'agenda des festivités. L'office possède une liste des chambres d'hôtes, campings et locations. Il peut se charger (moyennant une petite participation) de la réservation de chambres d'hôtel et vend entrées de spectacles et billets de croisières. En saison, des visites guidées sont organisées (vieille ville, hôtel de ville), ainsi que les "Rondes de Nuit", lauréates des Bravos de l'Accueil 2000.

OFFICE DE TOURISME DE CHATELAILLON-PLAGE 05 46 56 26 97
5, avenue de Strasbourg
E-mail : office-tourisme@chatelaillon-plage.fr Internet : www.chatelaillon-plage.fr Fax : 05 46 56 09 49 - De 9h à 12h et de 14h à 18h (en juillet et août de 9h à 19h30). Hors saison, fermé dimanche et samedi après-midi. L'accueil y est fort sympathique et la documentation délivrée est gratuite : guide de la ville et de ses environs, plan détaillé, guide des animations... Un catalogue de 200 locations est à disposition ainsi qu'une brochure des chambres d'hôtes et des hébergements en hôtel ou camping. L'Office se charge des réservations. Il organise enfin plusieurs visites et promenades à travers Châtelaillon : visite des parcs à huîtres (en charrette tractée avec dégustation d'huîtres et vin blanc, de Pâques à fin septembre, 6,10 € pour les adultes, 3,80 € pour les 13-18 ans et 3 € pour les 3-12 ans) ; découverte de la ville balnéaire avec goûter gourmand (3,30 € adulte, 3 € pour les 13-18 ans et 2,25 € pour les 3-12 ans) ; promenades en calèche (sur réservation).

Sur l'Ile de Ré

ILE DE RE TOURISME 05 46 09 00 55
5bis, rue de la Blanche - LE BOIS-PLAGE
Cet organisme coordonne le fonctionnement des dix OT des communes rétaises.

OFFICE DE TOURISME D'ARS-EN-RE 26, place Carnot 05 46 29 46 09
Il organise, en saison, des visites du clocher de l'église Saint-Etienne.

OFFICE DE TOURISME DE SAINT-MARTIN Quai N.-Baudin 05 46 09 20 06
Dorénavant situé sur l'îlot, le dynamique office de Saint-Martin organise une visite guidée des fortifications les lundi, mercredi et vendredi matin en saison, et le jeudi matin hors saison (4,58 € adulte, 2,29 € enfant). Une visite de la ville à vélo, avec un guide, doit être mise en place bientôt (au tarif de 5,34 € adulte, 2,29 € enfant, hors location du vélo). L'office tient lieu de billetterie pour les croisières et sorties en bateau, dont l'offre sera cette année encore étoffée (promenade vers Fort Boyard et dans les pertuis, sortie au coucher du soleil, partie de pêche : s'y renseigner).

OFFICE DE TOURISME DE SAINTE-MARIE-DE-RE Place d'Antioche 05 46 30 22 92
Il organise une visite guidée à travers le vieux Sainte-Marie, avec visite du clocher.

© M. VINET - *La Rochelle Eglise Saint Sauveur*

Se rendre à La Rochelle

SNCF

GARE DE LA ROCHELLE 05 46 51 62 22
Place Pierre-Sémard

Informations et vente 08 36 35 35 35. Bagages 05 46 51 62 63. Le TGV Atlantique met La Rochelle à 3 heures de Paris-Montparnasse et 1 heure 30 de Poitiers. Bordeaux est à un peu plus de deux heures, Nantes un peu moins. Lyon est à 6 heures 30, via Poitiers. Un train de nuit permet d'arriver à La Rochelle de bon matin en ayant quitté Marseille la veille au soir. Enfin, plusieurs liaisons quotidiennes permettent de rallier Rochefort et Saintes.

Liaisons aériennes

AEROPORT LA ROCHELLE-LALEU
05 46 42 30 26

L'aéroport est situé au nord de la ville, entre Laleu et le pont de l'île de Ré. Un bus assure la liaison avec le centre-ville, du lundi au samedi de 7h à 19h, avec un départ toutes les 20 minutes et un trajet de 10 minutes environ. La Rochelle est reliée par avion à Clermont-Ferrand (Air France, 1 heure), à Lyon via Poitiers (Air Liberté, 2 heures), ainsi qu'à Londres-Stansted (Buzz, 2 heures 30). La liaison La Rochelle-Paris doit reprendre durant le second trimestre 2002... Affaire à suivre !

Bus et cars

AUTOPLUS 05 46 34 02 22
Rue du Moulin-de-Vendôme - LAGORD

OCECARS 05 46 00 92 12
31, rue Rameau

Bus et cars convergent place de Verdun, où se trouve la gare routière. Autoplus et Océcars desservent à eux deux toutes les communes de l'agglomération, Océcars assurant par ailleurs la desserte de plusieurs villes de Charente-Maritime.

CARS REBUS 05 46 97 52 00

Ce réseau qui fonctionne toute l'année dessert toutes les communes de l'île de Ré à partir de la gare SNCF de La Rochelle (autres arrêts : Grosse Horloge, Place de Verdun et Belvédère). Des cartes de 10 voyages sont disponibles (La Rochelle-Sablanceaux : 18,29 €, Saint-Martin : 38,72 €).

Accès par la route

De Paris (470 km), les autoroutes A6 puis A10 permettent de rallier La Rochelle en 5 heures environ (comptez 32 € de péage). Sur cette même route, Poitiers est à 140 km, soit 1 heure 30. Au Nord, Nantes est à 145 km (1 heure 45), au Sud, Bordeaux à 185 km (2 heures). Pour rallier Lyon, comptez 7 heures 30. A l'Ouest, enfin, c'est l'Océan...

LE PONT DE L'ILE DE RE 05 46 00 51 10

Long de 3 kilomètres, le pont est gratuit pour les vélos (et les piétons bien sûr). Les voitures doivent, elles, acquitter un droit de passage de 16,77 € en haute saison (de mi-juin à mi-septembre) et de 9,15 € en basse saison. Les deux-roues motorisés paient 2,29 €. Des formules d'abonnement (au nombre de passages ou à l'année) sont disponibles, ainsi que des tarifs spéciaux pour les insulaires, les personnes travaillant sur l'île et les propriétaires de résidences secondaires.

© OT. La Rochelle - *Port de la Flotte*

Circuler dans La Rochelle

Transports en commun

BUS ET CARS AUTOPLUS 05 46 34 02 22
Rue du Moulin-de-Vendôme - LAGORD

Tarif unitaire : 1,22 € ; par 7 : 5,98 €. Diverses formules d'abonnements (bus, bus + passeur, bus + vélo, juniors...). Le réseau de bus et de cars Autoplus (24 lignes) permet une desserte très complète de la ville et des communes de l'agglomération, à partir de la gare routière place de Verdun. Itinéraires et horaires disponibles à l'OT.

BUS DE MER AUTOPLUS 05 46 34 02 22

Du 1er avril au 31 mai et du 1er au 30 septembre : tous les jours de 10h30 à 19h30. Du 1er au 30 juin : tous les jours de 9h30 à 19h30. En juillet et août : tous les jours de 9h à 23h30. Du 1er octobre au 31 mars : uniquement week-ends, jours fériés et vacances scolaires, de 10h30 à 18h30. Tarifs : 1,68 € en juillet et août, 1,52 € hors saison. Le Bus de Mer effectue la navette entre le Vieux Port et la plage des Minimes, en une vingtaine de minutes. C'est un moyen de transport pratique (idéal pour passer du centre-ville à ce quartier des Minimes qui mérite d'être découvert, ou en sens inverse, pour rallier le centre en laissant sa voiture au grand parking gratuit qui se trouve face au port de plaisance), insolite, écologique et fort agréable. En fait, c'est une vraie petite croisière, qui constitue à elle seule un motif de balade pour un dimanche après-midi tranquille. Tickets en vente directement sur le bateau.

PASSEUR AUTOPLUS 05 46 34 02 22

Du 1er avril au 31 mai de 7h45 à 22h. Du 1er juin au 30 septembre de 7h45 à 24h. Du 1er octobre au 31 mars de 7h45 à 20h. Tarifs : 0,61 €, abonnement mensuel 15,24 €. Le Passeur est le moyen idéal pour rallier le Vieux Port à partir de la Ville-en-Bois. La traversée est rapide (le Passeur opère à la demande : il arrive dès qu'on l'appelle, grâce au bouton situé à l'entrée du ponton d'embarquement, et nous emmène illico de l'autre côté, même s'il n'y a que nous à bord), écologique (le Passeur est électrique et nous évite de prendre notre voiture) et les horaires plutôt larges. Le Passeur, on ne peut plus s'en passer !

Transport des personnes à mobilité réduite

MINIBUS AUTOPLUS (GIHP) 05 46 43 44 60

Tous les jours de 7h à 19h. Tarif : 2,44 €. Ce service fonctionne à la demande, sur appel téléphonique.

Taxis

ABEILLES TAXIS 60, rue Thiers
05 46 41 22 22/05 46 41 55 55

Le standard, ouvert 24h/24, permet d'appeler un taxi à toute heure du jour et de la nuit. Les taxis Abeille ont participé le 31 décembre dernier à l'opération "taxis gratuits" qui a permis aux fêtards de rentrer chez eux en toute sécurité après avoir fêté la nouvelle année : bravo, et encore merci !

TAXIS AUTOPLUS 05 46 34 02 22

82 bornes d'appel réparties sur les dix-huit communes de l'agglomération permettent de bénéficier de ce service qui relie le centre-ville de La Rochelle à la périphérie pour un prix fixe de 4,88 € pour la zone I, 6,86 € pour la zone II, 9,15 € pour la zone III. L'utilisation des bornes d'appel nécessite l'achat d'une carte (1,07 €), disponible place de Verdun. Ce service est accessible 24h/24, toute l'année.

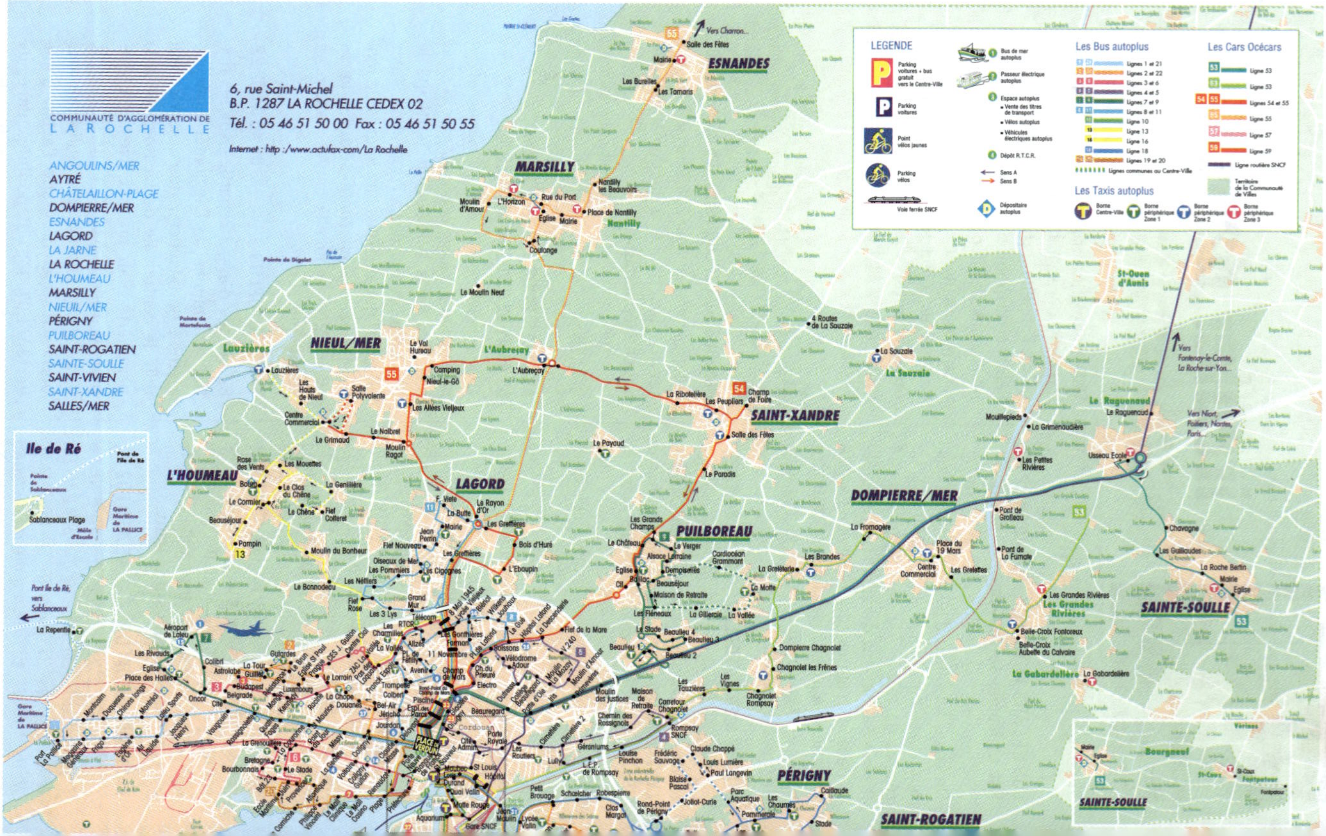
COMMUNAUTÉ D'AGGLOMÉRATION DE LA ROCHELLE
6, rue Saint-Michel
B.P. 1287 LA ROCHELLE CEDEX 02
Tél. : 05 46 51 50 00 Fax : 05 46 51 50 55
Internet : http ://www.actufax-com/La Rochelle
ANGOULINS/MER
AYTRÉ
CHÂTELAILLON-PLAGE
DOMPIERRE/MER
ESNANDES
LAGORD
LA JARNE
LA ROCHELLE
L'HOUMEAU
MARSILLY
NIEUL/MER
PÉRIGNY
PUILBOREAU
SAINT-ROGATIEN
SAINTE-SOULLE
SAINT-VIVIEN
SAINT-XANDRE
SALLES/MER
LEGENDE
Les Bus autoplus
Les Cars Océcars
Les Taxis autoplus
Ile de Ré
ESNANDES
MARSILLY
NIEUL/MER
L'HOUMEAU
LAGORD
SAINT-XANDRE
PUILBOREAU
DOMPIERRE/MER
SAINTE-SOULLE
PÉRIGNY
SAINT-ROGATIEN

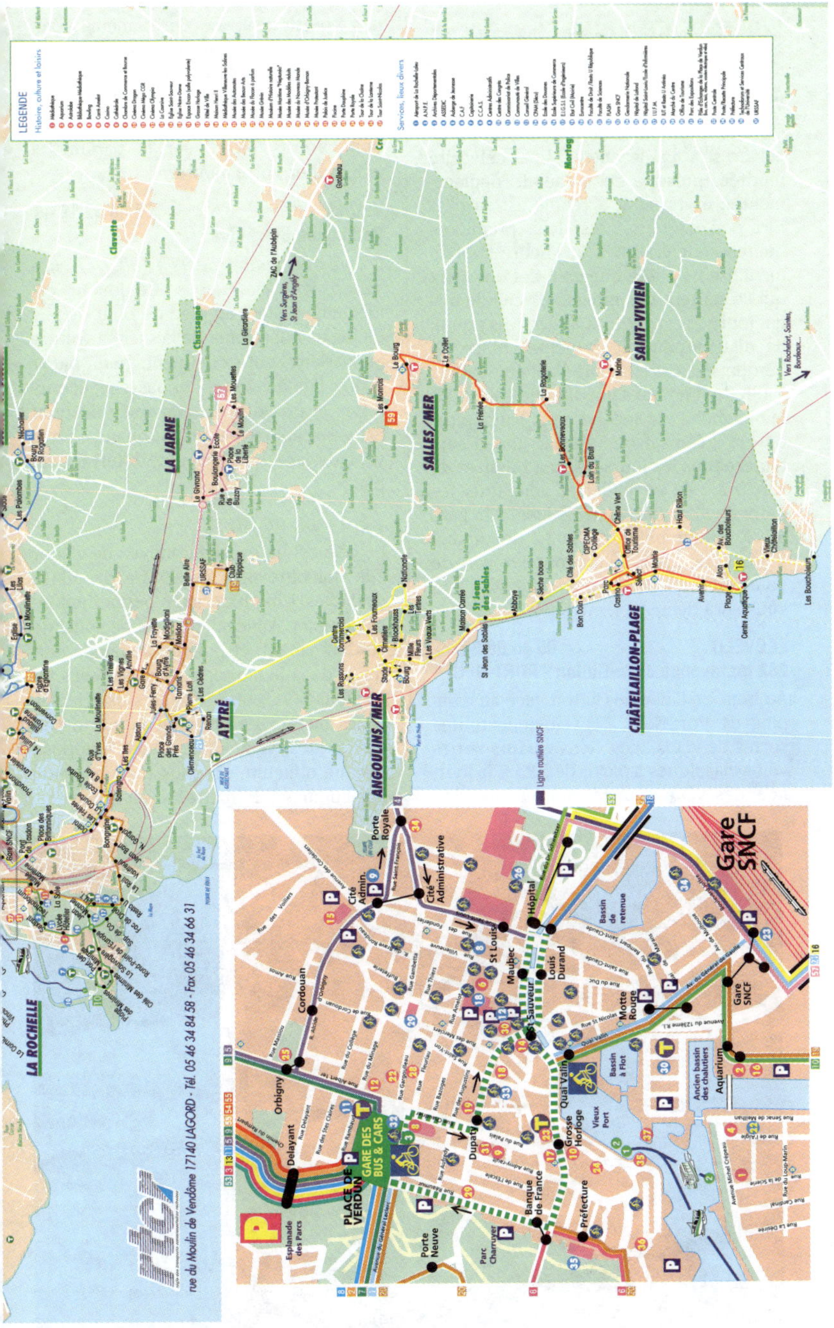
rtcr
rue du Moulin de Vendôme 17140 LAGORD - Tél. 05 46 34 84 58 - Fax 05 46 34 66 31
LA ROCHELLE
LA JARNE
AYTRÉ
ANGOULINS/MER
SALLES/MER
SAINT-VIVIEN
CHÂTELAILLON-PLAGE
Gare SNCF
GARE DES BUS & CARS
PLACE DE VERDUN
LEGENDE

Loueurs de vélos et scooters

VELOS AUTOPLUS 05 46 34 02 22

Ce sont les fameux vélos jaunes si célèbres à La Rochelle. Une célébrité méritée, puisque ce mode de déplacement si pratique et agréable est en plus fort peu coûteux : les deux premières heures sont gratuites et l'heure supplémentaire ne coûte que 0,91 €. Pour ceux qui se sentent des mollets d'acier, le forfait journée est à 9,15 €. Il y a trois points de distribution : le principal, place de Verdun, est ouvert toute l'année de 7h30 à 19h du lundi au samedi et de 13h à 19h le dimanche ; le second, quai Valin, n'est ouvert qu'en saison : en mai, juin et septembre tous les jours de 9h à 12h30 et de 13h30 à 19h, en juillet et août tous les jours de 9h à 19h ; le troisième, à la gare SNCF, fonctionne de fin juin à début septembre, de 9h à 20h. N'oubliez pas de vous munir d'une pièce d'identité qui vous sera demandée en dépôt.

ECOVELO 05 46 00 90 00
282 ter, avenue Jean-Guiton - PORT-NEUF

Au bout de l'avenue Guiton, face au camping de Port-Neuf, Ecovelo loue toutes sortes de vélos : des vélos enfants et des vélos classiques à partir de 5,95 € la journée, des vélos tout terrain ou tout chemin à partir de 9,15 €, des tandems à partir de 15,25 €. Ceux qui craignent les crampes aux mollets peuvent louer des scooters, à partir de 30,34 € la journée avec un forfait de 200 km. Alors, laissez donc votre voiture sur le parking et enfourchez votre monture !

VEL'ILE 05 46 42 19 40
Parking du Belvédère

D'avril à septembre de 9h à 19h, 7j/7. Hors saison, sur rendez-vous. Ce loueur est idéalement situé au pied du pont de l'île de Ré, ce qui permet de laisser sa voiture au parking, côté continent, pour partir visiter l'île à vélo (et, au passage, économiser le péage !). La traversée du pont est assez sportive (surtout quand on a le vent de face), mais après, le terrain est plat...

Sur l'Ile de Ré

Le vélo est un excellent moyen de visiter l'île qui offre près de 90 km de pistes cyclables. Cinq itinéraires permettent de la sillonner. A bicyclette, pas de souci de stationnement, et puis on se faufile partout : dans le labyrinthe des venelles ou les sous-bois, entre les parcs ostréicoles et les marais, en bordure de mer ou au milieu des vignes. Le relief n'oppose aucune difficulté : le plus haut point de l'île culmine à 19 mètres, c'est dire...

©OT. LA ROCHELLE - *Récolte de sel*

CYCLAND

Cycland est présent dans huit villages de l'île, ce qui, en cas de pépin, assure un dépannage rapide. Ils louent toutes sortes de cycles (classiques, VTC, VTT, tandems, vélos enfants, remorques) et vendent des pièces détachées. Exemples de tarifs pour un vélo adulte classique : 1 heure 2,75 €, forfait journée 6,90 €.

A Rivedoux : Les Peux de Sablanceaux
05 46 09 97 54
A Saint-Clément : 154, rue du Centre
05 46 29 29 08
A Saint-Martin : Impasse de Sully
05 46 09 08 66

Loueurs de voitures

EUROPCAR **05 46 41 09 08**
158bis, boulevard Joffre

De la mini au monospace, on y trouve toutes les catégories. Les forfaits à la semaine intéresseront particulièrement ceux qui envisagent de faire beaucoup de kilomètres (324 € pour 7 jours en catégorie B avec 1 750 km inclus, 460 € en kilométrage illimité).

Europcar

Twingo, Scénic, Golf, Mercedes... Europcar vous propose toute une gamme de véhicules pour vos week-ends, vos vacances ou même pour une journée. Faites vous plaisir, nos différentes formules tarifaires s'adaptent à vos besoins. Pour vos déménagements, choisissez nos solutions utilitaires : des véhicules de 2 à 20 m³, des kits d'emballage... Bénéficiez des avantages qui vous sont réservés : 20 % sur les tarifs week-end, semaine, 1-4 jours (offres soumises à conditions, applicables jusqu'au 30/06/2003 en indiquant le contract 455 956 92 à la réservation.)

LITTORAL LOCATION **05 46 50 61 61**
164, boulevard Joffre

Ce loueur indépendant propose différents forfaits journaliers, hebdomadaires ou mensuels. Pour une voiture de catégorie B, 7 jours de location avec 1 250 km coûtent 228,67 €.

Louer une voiture électrique

LISELEC **05 46 51 11 64**
Place B.-Marcet

Inauguré par la CDA en septembre 1999, c'est un service de location de voitures électriques qui fonctionne sur abonnement. Il allie la souplesse d'utilisation de la voiture et les avantages du transport public (pas de souci d'entretien, ni d'assurance). L'abonné se voit remettre un pass qui lui permet de prendre possession son véhicule puis de le restituer dans la station de son choix, 24h/24 et 7j/7. Les stations, équipées de bornes de charge, sont établies aux points névralgiques de la ville (gare SNCF et gare routière notamment). Le stationnement est gratuit aux places réservées. Un système informatique établit la facture en fonction du kilométrage parcouru et du temps d'utilisation. Une formule futée pour rouler branché !

Stationnement

Parkings gratuits

PARKING DU BELVEDERE

Au pied du pont, ce parking est idéal pour y laisser sa voiture, enfourcher un vélo et partir à la découverte de l'île de Ré.

PARKING DE L'ESPLANADE DES PARCS

Ce grand parking situé au nord du parc Charruyer n'est qu'à 10 minutes à pied du centre-ville.

PARKING DES MINIMES

Cet immense parking permet de laisser sa voiture en bordure du port de plaisance, puis de prendre le Bus de Mer qui rallie la Ville-en-Bois et le Vieux Port : plus sympa que d'être coincé dans un bouchon, non ?

Parkings payants

PARKING JEAN-MOULIN

Ce parking relais, situé non loin du Parc des Expositions et ouvert depuis plusieurs années pendant les mois d'été, est devenu permanent. Surveillé 24h/24, il offre un service de navette gratuite vers le centre-ville, de 9h à 21h.

PARKING DE LA PLACE DE VERDUN

Très central, il offre 700 places sur 3 niveaux. Propre et aéré, c'est une aubaine pour se garer en centre-ville.

PARKING SAINT-JEAN-D'ACRE

Au pied des tours, ce parking est bien pratique pour rallier le Vieux Port ou sauter dans une embarcation. En été, vous ne serez cependant pas seul à y avoir pensé.

Où dormir

Intra-muros

AIRES D'ACCUEIL POUR CAMPING-CARS

Quatre espaces à La Rochelle accueillent les camping-cars : le parking Jean-Moulin (entre le Parc des Expositions et le canal de Rompsay, I6, payant), le Môle-du-Lazaret (aux Minimes, hors plan, gratuit), l'Esplanade des Parcs (entre parcs et centre-ville, D2, gratuit) et Chef-de-Baie (tout à côté de la plage et de la promenade littorale, hors plan, gratuit).

Auberge de jeunesse

AUBERGE DE JEUNESSE 05 46 44 43 11
Avenue des Minimes (hors plan)

Fax : 05 46 45 41 48. Fermée à Noël. Carte d'adhésion obligatoire (disponible sur place). En bordure du port de plaisance (un très beau site, hélas un peu difficile d'accès pour les voyageurs non-motorisés, surtout lestés d'un gros sac à dos), cette auberge accueille jeunes et moins jeunes, seuls, en famille ou en groupe, leur proposant hébergement en dortoir de 4 à 6 lits ou en chambre privée (tarifs commençant à 12 € par personne, draps et petit déjeuner compris). Plusieurs formules côté restauration : le self pour les pressés, le grill pour les gourmets et, bonne idée, le panier-repas pour ceux qui auraient décidé de ne pas passer à l'auberge toutes leurs journées ! L'accueil est une mine d'informations et des sorties vélos sont régulièrement organisées, ainsi que, pour les amateurs, des soirées à thème. A signaler enfin : un grand jardin ombragé, avec terrain de volley et tables de ping-pong.

Campings

LE SOLEIL 05 46 44 42 53**
Avenue Michel-Crépeau - Les Minimes (C9)

Du soleil, à La Rochelle, il y en a 2 600 heures par an, alors... Alors cela vaut la peine d'y planter sa tente. Ce camping municipal est particulièrement bien situé, au cœur de la Ville-en-Bois, entre le port de plaisance et le bassin des Grands Yachts. Quant au Vieux Port, on le rejoint d'un coup de passeur. Sous le soleil, exactement.

Chambres d'hôtes

LA CANNE A SUCRE 05 46 41 62 23
33, rue Thiers (F4)

Fax : 05 46 41 10 76. Toute l'année. Tarif 2 personnes : de 83,85 € à 114,34 €, petit déjeuner inclus. En plein cœur de La Rochelle, tout près du Vieux Marché, cette belle maison à la façade ocre et bleue et aux balcons de fer forgé date du XVIIIe siècle et rappelle la richesse des armateurs rochelais. Mais elle est encore plus belle à l'intérieur, avec son vaste salon et sa bibliothèque, ses meubles exotiques, son décor raffiné et ses six chambres d'hôtes délicieusement stylées, particulièrement spacieuses (ce sont presque de véritables suites) et donnant sur un jardin intérieur qui assure leur calme. Une adresse pleine de charme.

Hôtels

FRANCE ANGLETERRE ET CHAMPLAIN***
20, rue Rambaud (D3) 05 46 41 23 99

Internet : www.bw-fa-champlain.com - E-mail : hotel@france-champlain.com - Fax : 05 46 41 15 19 - 36 chambres et 4 appartements de 60,98 € à 88,42 € . Garage privé. Tout près de la place de Verdun, au cœur du centre historique de La Rochelle et à deux pas des parcs, cet établissement installé dans un ancien hôtel particulier possède beaucoup de charme. Les chambres et les pièces communes sont meublées avec grand style (lustres, miroirs, fauteuils d'époque, guéridons), où moulures et dorures distillent une certaine atmosphère. Il donne enfin sur un agréable jardin où il fait bon perdre la notion du temps.

MERCURE YACHTMAN* 05 46 41 20 68**
23, quai Valin (E6)

Fax : 05 46 41 81 24. 44 chambres et suites de 64,03 € à 137,20 €. Petit déjeuner buffet à 8,38 €. Parking privé (7,62 €). Salle de séminaires (50 personnes). Patio avec piscine. Les chambres de ce bel hôtel sont bien sûr équipées de tout le confort moderne : TV, Canal +, climatisation, minibar. Spacieuses, dotées d'une grande salle de bains avec baignoire, d'un coin salon avec table basse et fauteuil, d'un coin bureau pour travailler, elles sont en outre pourvues de nombreux rangements et, pour certaines, d'un petit balcon. Qu'elles aient vue sur cour ou sur le port, elles sont toutes claires et lumineuses, d'une propreté immaculée. A savoir : une très belle chambre à mezzanine (superbe hauteur sous plafond) peut accueillir une famille de cinq personnes. Le restaurant du Yachtman, le Grill Midship, ravira les gastronomes.

COMFORT HOTEL SAINT-NICOLAS**
13, rue Sardinerie (F5) 05 46 41 71 55

Internet : www.comfortstnicolas.com - E-mail : comfortlarochelle@wanadoo.fr - Fax : 05 46 41 70 46 - De 44,21 € à 67,07 €. Petit déjeuner à 7,62 €. 79 chambres climatisées tout confort et studios équipés pour 1 à 4 personnes. Parking fermé surveillé (3,04 €). Elu meilleur hôtel Europe 2002 par Choice Hotel Europe, cet hôtel de charme allie plusieurs atouts pour un séjour découverte plein de sérénité. Situé à deux pas du Vieux Port, au cœur d'un ancien quartier de pêche aujourd'hui plus réputé pour ses brocantes et commerces, il est aussi très accessible pour ceux qui arrivent par le train. L'accueil y est chaleureux et l'on peut profiter d'un jardin d'hiver très agréable, d'un bar, d'un point multimédia, d'une salle de séminaire. Les chambres possèdent une literie de qualité, ce qui favorise indiscutablement le repos.

HOTEL DES ROSIERS 05 46 67 42 27**
56, boulevard André-Sautel (J2)

20 chambres de 22,87 € à 29,73 €. Petit déjeuner 4,27 €. Parking privé gratuit. Un petit hôtel qui n'a pas de charme particulier mais qui propose des chambres d'une propreté indiscutable et à des prix imbattables dans cette catégorie. Les chambres sont insonorisées et équipées de douche ou baignoire, du téléphone et de la télévision (Canal +). A proximité, on trouve commerces alimentaires de qualité et petits restos. Et puis le cœur de La Rochelle n'est qu'à 10 minutes en voiture...

HOTEL TERMINUS 05 46 50 69 69**
Place de la Motte-Rouge (F6)

Fax : 05 46 41 73 12. 32 chambres de 1 à 4 personnes (chambre double de 43 € à 60 €). Petit déjeuner à 5,70 €. Parking privé 5 €. Très bien situé à 5 minutes de la gare, à l'entrée du quartier Saint-Nicolas et tout près du Vieux Port, cet hôtel au charme vieillot a été repris en janvier 2001 par de nouveaux propriétaires qui se sont attelés à sa rénovation. La literie a notamment été changée. Les chambres sont calmes (double-vitrage), équipées de téléviseur et téléphone et les tapisseries à fleurs qui ornent les murs ont un charme délicieusement rétro. Le petit déjeuner est servi dans une belle salle avec piano et le petit salon adjacent, avec ses fauteuils accueillants, est bien agréable pour un brin de lecture ou de conversation.

IBIS VIEUX PORT 05 46 41 60 22**
Place de la Motte-Rouge (F6)

Fax : 05 46 41 93 47. 76 chambres de 46 € à 74 € (dont 3 pour handicapés). Petit déjeuner buffet à 5,56 €. Garage (6,86 €).

Dans une ville qui fut naguère le bastion du protestantisme, il ne faut guère s'étonner qu'un hôtel se soit installé dans une ancienne église. L'hôtel Ibis a conservé de l'église Saint-Nicolas du XVIIe siècle la façade classée, mais ne prétend pas nous faire dormir dans des cellules de moine. Les chambres, même si elles ne sont pas très grandes, sont dotées de tout le confort : climatisation, téléphone, télévision, et, un plus par rapport aux deux autres Ibis de la ville, une baignoire dans toutes les salles de bains. Le principal atout de cet hôtel reste sa situation, non loin du Vieux Port, à 10 minutes à pied de la gare (avec les valises), à 2 minutes du quartier Saint-Nicolas et 5 minutes du centre-ville (sans les valises). A savoir : préférez les chambres du 4e étage, plus calmes et avec une plus jolie vue. Le restaurant de l'hôtel (le Café Sud) est ouvert tous les soirs, de 18h à 23h.

Autres adresses : Ibis Grosse-Horloge - 4, rue Vieljeux (D5) 05 46 50 68 68 - Fax : 05 46 41 34 94 • Ibis Vieille-Ville - 1ter, rue Fleuriau (E4) 05 46 50 52 55 - Fax : 05 46 41 11 36.

HOTEL DE BORDEAUX* 05 46 41 31 22
43, rue Saint-Nicolas (F6)

E-mail : hbordeaux@wanadoo.fr- Fax : 05 46 41 24 43. Fermé du 10 décembre au 10 janvier. 22 chambres de 27,50 € à 58 €. Petit déjeuner 4,6 €. Tenu par Christine et Pierre Leménager, l'Hôtel de Bordeaux propose des chambres simples, mais propres et confortables, dotées du téléphone et de la télévision. Une grande partie vient d'être rénovée, et les améliorations continuent : pose de double-vitrage et installation de nouvelles cabines de douches notamment. Certaines chambres ont les toilettes sur le palier. D'autres disposent d'un petit balcon pour prendre le frais. Le petit déjeuner (pain, beurre, brioche, confiture à volonté) se prend au bar de l'hôtel au rez-de-chaussée.

Résidences hôtelières et de vacances

CAP'AFFAIRES RESIDENCE 05 46 43 27 66
Rue François-Lapeyre (H5)

Cette résidence hôtelière propose toute l'année en location courte ou longue durée une centaine d'appartements meublés dont plusieurs duplex. On apprécie, pêle-mêle : les grandes terrasses de certains studios, l'extrême gentillesse du personnel, la situation en bord de canal pour le footing du matin, l'éclectisme des locataires constitués d'hommes d'affaires, d'étudiants, de touristes en goguette et d'autres qui, ayant succombé au charme de La Rochelle, logent là en attendant de trouver la maison de leurs rêves (toute ressemblance avec des personnages ayant réellement existé n'est pas que purement fortuite).

LE NID DES OISEAUX 05 46 45 45 80
15, chemin des Rossignols - ROMPSAY (hors plan)

E-mail : nid-des-oiseaux@marcireau.fr - Fax : 05 46 44 93 79. Location de bungalows et studios meublés de 2 à 7 personnes. Tarifs : de 189,03 € à 298,80 € la semaine en basse saison. Haute saison : de 365,87 € à 533,57 €. Dans un petit coin de verdure aménagé avec soin (palmiers, piscine, barbecue), tout semble avoir été fait pour favoriser la convivialité, les rencontres, le partage de la bonne humeur. Les bungalows sont aménagés confortablement, mais c'est dehors qu'on a envie de vivre : parcours footing, vélo, canoë, randonnée, ping-pong, animations-détentes. Pour notre bien-être, un sauna et une pièce de relaxation sont à disposition. Les places sont limitées, pensez à réserver...

Extra-muros

Campings

SAINT-JEAN-DES-SABLES 05 46 56 77 50**
18, avenue de Châtelaillon - ANGOULINS

LES CHALETS DE LA PLAGE 05 46 44 57 97**
53, route de la Plage - AYTRE

Location de chalets de bois tout confort de 22 m² à 51 m², d'une capacité de 2 à 6 personnes. Tarifs de 274,40 € à 594,55 € selon la saison et la taille du chalet. Deux adresses pour profiter de l'ensoleillement de notre région. Une grande piscine permet de se rafraîchir quand la mer est basse. A Angoulins, c'est flambant neuf : il faudra quelques années avant que l'espace paysager nous protège du soleil !

LE RICHELIEU 05 46 44 19 24**
73, route de la Plage - AYTRE

Internet : www.camping-richelieu.com - De Pâques au 15 octobre. 97 emplacements de 11,89 € à 14,78 € pour 2 personnes. Location de caravanes et mobil-homes 4-6 personnes toute l'année. Piscine, bar, alimentation, salle et aire de jeux, minigolf. De par la qualité de l'accueil et des équipements, ce camping situé en bordure de la plage d'Aytré, à 50 m de la mer, 5 km de La Rochelle et 1 km du village d'Aytré est digne d'un 3 étoiles. Le parc de 1 ha est plat, engazonné et les emplacements ombragés ou ensoleillés : au choix ! Côté loisirs, les animations sont nombreuses en saison aussi bien pour les adultes que pour les enfants. Cerises sur le gâteau : des réductions pour l'Aquarium et le Musée maritime, un centre équestre à 300 m et pour les plus grands, une navette pour aller en boîte. Ici, les clients deviennent des amis !

CAMPING DU PORT PUNAY 05 46 56 01 53**
Allée B.-Moreau - Les Boucholeurs - CHATELAILLON

Internet : www.camping-port-punay.com - Du 1er avril au 15 octobre. Location de mobil-homes. Tarif camping : 13,72 € pour 3 personnes. C'est assurément un camping à recommander. Christiane et Raymond veillent au bien-être de leurs clients en leur offrant nombre de services (snack-bar, animation, piscine avec Jacuzzi, épicerie, laverie) mais aussi en restant soucieux de la propreté des lieux. Cet endroit calme et ombragé proche de l'océan où des balades aménagées permettent de découvrir le littoral à pied ou en vélo est à coup sûr un bon plan pour des vacances familiales et conviviales !

CAMPING MUNICIPAL 05 46 35 04 07
Rue de l'Océan - ESNANDES

Voici un camping idéal pour la famille : calme, piscine, jeux. Situé près de la côte où il fait bon pêcher à marée basse, se promener en vélo ou à pied. Relooké depuis peu, il offre un excellent point de chute pour des vacances farniente.

CAMPING MUNICIPAL DU PARC***
1, rue du Parc - LAGORD 05 46 00 62 00

Camping de juin à septembre, locations toute l'année. Tarifs : camping à partir de 7 € la nuit ; chalets de 305 € par mois (d'octobre à avril) à 335 € par semaine (en juillet et août). Jeux enfants, minigolf, sanitaires handicapés. Situé au nord de La Rochelle, dans un joli cadre de verdure et à deux pas des petits commerces, ce camping municipal présente bien des avantages. Les emplacements sont boisés et ombragés et les chalets (entièrement équipés) s'intègrent discrètement dans le paysage.

La Rochelle
sous le soleil, c'est quand
même mieux !

AU PETIT PORT DE L'HOUMEAU***
Rue des Sartières - L'HOUMEAU
05 46 50 90 82

De mars à octobre (toute l'année pour les locations). 132 emplacements. Jeux, aires de jeux, location de vélos. Tarifs (pour 2 personnes) : 10,50 € hors saison ; 13 € en saison. Location mobil-homes et chalets à partir de 230 € la semaine. Au pied du pont de l'île de Ré, à 800 m de la mer et 5 km de La Rochelle, ce camping est idéalement situé pour partir à la découverte de la région. Très calme, il propose des emplacements larges et bien délimités, avec un sol herbeux (quel bonheur pour planter les piquets) et l'ombre de grands arbres (quel bonheur en plein été). Monique et Dominique organisent des animations, tels les épiques concours de boules, lui donnant une ambiance joyeuse et bon enfant.

Chambres d'hôtes

BIOASIS ATLANTIQUE 05 46 56 98 16
10, rue Thiers - ANGOULINS

Toute l'année. Trois chambres (3, 5 et 6 personnes). Tarifs : à partir de 28 € de septembre à juin et 37 € en juillet et août. Petit déjeuner 4,50 €. Table d'hôtes sur réservation hors saison : 12 €. Dans une ancienne maison charentaise ceinte de vieux murs de pierre, Mme Kérisit accueille ses hôtes dans des chambres toutes neuves, très claires, donnant sur le jardin. Chaque chambre possède son sanitaire avec douche. Au rez-de-chaussée, une grande salle permet de se restaurer. Tout semble avoir été pensé pour que les hôtes se sentent bien. Les couleurs, le bois, la pierre, la céramique, les fleurs, les arbres : ici on aime la nature et le naturel (Mme Kérisit tient aussi une épicerie de produits biologiques...).

AUBERGE DU VIEUX PUITS 05 46 01 25 25
25, rue du Moulin - CHAGNOLET

Toute l'année. 44,21 € pour 2 personnes. Zoé et Régis ont aménagé, à l'arrière de leur charmante auberge de pur style charentais, des appartements avec entrée indépendante, dotés d'une grande salle d'eau, d'un coin cuisine et d'une terrasse individuelle. L'endroit respire le calme et la campagne, tout en n'étant qu'à 10 petites minutes de La Rochelle par la voie rapide. Bref, une adresse idéale pour se reposer. Petits déjeuners maison et table d'hôte sur réservation, à ne pas manquer.

LE DOMAINE 05 46 44 68 94
56, rue du Péré - PERIGNY

Toute l'année. De 54 € à 80 €. Cinq chambres et un appartement (18 m² à 36 m²), avec sanitaires privés et TV, d'une capacité de 2 à 5 personnes. Ouverte seulement depuis juillet 2001, cette très belle demeure du XVIIIe siècle entièrement rénovée a déjà séduit des hôtes de toutes nationalités. La maison a abrité en son temps le célèbre botaniste Bonplan : ne soyez donc pas surpris que Betty et Didier Longy aient baptisé leurs chambres Myosotis, Pervenche ou Gazania. Les chambres sont spacieuses et pleines de charme, avec murs de pierre, poutres et plafonds lazurés. Aux beaux jours, les hôtes profitent de la piscine et du jardin paysager. Une adresse où il fait bon prendre le temps de discuter et écouter les précieux conseils donnés sur la région par Betty et Didier.

Hôtels

LES 3 ILES* 05 46 56 14 14**
La Falaise - CHATELAILLON

Fax : 05 46 56 23 70. Toute l'année (sauf 15 jours en décembre.). Parking privé. 79 chambres (dont 3 pour handicapés). Terrain de tennis et volley-ball. De 66 € à 120 € pour deux. Petit déjeuner : 8,60 €. Menus de 12,50 € à 22,80 €. En arrivant sur le parking, c'est déjà l'appel du grand large : la vue surplombant la mer, la piscine, les espaces verts. L'orientation de ce bel établissement permet de profiter d'un panorama exceptionnel par temps clair. Les chambres (certaines avec balcon ou mezzanine) peuvent accueillir de 2 à 5 personnes. Certaines sont équipées de kitchenette permettant un hébergement locatif. Un soin particulier a été apporté à la literie. La cuisine du restaurant est dominée par les spécialités régionales, poissons et fruits de mer.

HOTEL DE LA PLAGE 05 46 56 26 02**
1, rue Albert-Ier - CHATELAILLON

Internet : www.hotel-la-plage.fr - Fax : 05 46 56 01 29. Du 1er février au 31 décembre. Parking privé. Chambres de 38,11 € à 60,98 €. Menus à partir de 10,98 €. Face à la plage, cet hôtel de 10 chambres a beaucoup de charme. Est-ce le caractère intime de l'établissement ? Est-ce la proximité de la mer ? Difficile à définir, mais l'accueil y est chaleureux et l'on s'y sent un peu chez soi tout en bénéficiant d'une coupure avec la routine. Le restaurant panoramique est axé sur une cuisine du terroir et, ma foi, on ne s'en plaint pas !

VICTORIA 05 46 30 01 10**
13, avenue Général-Leclerc - CHATELAILLON

Fax : 05 46 56 10 09. Hôtel-restaurant. Toute l'année. 30 chambres (certaines accueillent de 4 à 6 personnes.). De 45,73 € à 60,48 €. Petit déjeuner 5,79 €. Parking privé. Située près de la gare, cette charmante demeure de caractère offre des chambres confortables dans un décor soigné. La terrasse aux beaux jours est fort appréciable. Le quartier est calme et si les chambres n'ont pas vue sur la mer, vous n'êtes qu'à quelques pas de la plage. Le restaurant propose une cuisine régionale : fruits de mer, cagouilles, anguilles.

Résidences de vacances

LES BOUCHOTS 21bis, avenue de l'Abbé-Guichard - CHATELAILLON 05 46 56 31 43

Fax : 05 46 56 81 21. Toute l'année. Prix à la semaine en juillet et août de 411,61 € à 525,45 €. Piscine. Baby-sitting. Ces petites maisons blanches de plain-pied, proches du centre de thalasso offrent un grand confort de séjour pour 2 à 5 personnes : 1 à 2 chambres, cuisine équipée, terrasse, jardin. La mer n'est qu'à 250 m et si vous voulez en savoir plus sur les richesses qu'elle cache, vous pourrez aller vous balader avec le maître des lieux qui en sait long sur le sujet : il est ostréiculteur...

Sur l'Ile de Ré

Campings

LES ILATES** 05 46 29 05 43**
Route du Grouin - LOIX

Du 1er février au 15 novembre. Camping de 10,67 € à 29,73 €. Location de mobil-homes de 196,66 € à 548,81 €. Restaurant. Véritable camping-club de vacances, Les Ilates séduiront avant tout les adeptes de la formule du bungalow ou du chalet mobil-home, avec des emplacements ensoleillés. Le niveau d'équipement mérite bien 4 étoiles : piscine et pataugeoire, 2 courts de tennis, terrain de volley-ball, salle de jeux, bar, restaurant, magasin d'alimentation, location de vélos, tout est sur place. Des animations sont organisées, aussi bien en journée qu'en soirée.

LES CHARDONS BLEUS* 05 46 30 23 75**
Route de la Flotte -
La Noue - SAINTE-MARIE

Toute l'année. Emplacements de 13,72 _ à 18,29 €. Restaurant. Un vrai camping, qui n'a pas succombé à la folie "mobil-home" et qui est un des rares de l'île de Ré à rester ouvert toute l'année : voilà qui est méritoire. Ses 260 emplacements se répartissent sur 3,5 ha et bénéficient de l'ombre bienvenue de pins odorants. Sur place, alimentation, restauration et plats à emporter.

LES FOUGERES** **05 46 09 86 37**
Rue Charles-de-Gaulle - RIVEDOUX

Du 1er avril au 30 octobre. Camping de 9,91 € à 17,38 €. Location de mobil-homes : une semaine pour 4 personnes de 243,92 € en basse saison à 487,83 € en haute saison. Dans la forêt des Bragauds, entre Sainte-Marie et Rivedoux, ce camping tranquille est doté d'emplacements ombragés. Il dispose d'une aire de jeux pour enfants, d'une piscine, d'un terrain de pétanque et d'une table de ping-pong.

Chambres d'hôtes

LA BARONNIE **05 46 09 21 29**
21, rue Baron-de-Chantal - SAINT-MARTIN

D'avril à novembre. 5 chambres de 114,34 € à 167,69 €. Petit déjeuner 9,15 €. Florence et Pierre Pallardy accueillent leurs hôtes dans leur magnifique demeure du XVIIIe siècle, sise dans un grand parc, inscrite à l'Inventaire Supplémentaire des Monuments Historiques et qu'ils ont eux-mêmes restaurée, aménagée, meublée et décorée avec beaucoup de goût. L'atmosphère est au luxe, au calme et à la volupté. Un endroit pour rêver...

LA MAISON DOUCE **05 46 09 20 20**
25, rue Mérindot - SAINT-MARTIN

Toute l'année. Cinq chambres de 85,37 € à 190,56 € (petit déjeuner compris). Il se dégage de cette demeure du XIXe siècle une atmosphère de cocon douillet. Les chambres, toutes différentes, sont meublées et décorées avec raffinement, dans des harmonies de tons clairs très reposants. Du bois, des voilages, des coussins, des tentures créent à l'intérieur un monde à part. A l'extérieur, superbe jardin et très belle terrasse.

Hôtels

LE SENECHAL* **05 46 29 40 42**
6, rue Gambetta - ARS-EN-RE

Du 15 février à la Toussaint et pour les fêtes. 18 chambres de 38,11 € à 121,95 €. Petit déjeuner 6,86 €. Cette vieille maison rétaise à la façade blanche et aux volets verts vient d'être entièrement restaurée par Marina et Christophe Ducharme, qui l'ont agencée, décorée et meublée avec beaucoup de goût, dans un style à la fois rustique et raffiné. La matière brute affleure partout : du bois et de la pierre, savamment mis en scène. Les chambres, disposées autour d'un patio fleuri, sont claires, lumineuses, pourvues d'adorables salles de bains et, pour certaines, de terrasses. Des meubles au charme anglais leur donnent encore un supplément d'âme.

L'OCEAN** **05 46 09 23 07**
172, rue Saint-Martin - LE BOIS-PLAGE

Hôtel-restaurant. Fermé du 5 janvier au 5 février Restaurant fermé le mercredi hors vacances scolaires. Chambres de 57,93 € à 91,47 €. Petit déjeuner 9,15 €. Demi-pension de 59,46 € à 77,75 €. Trois menus de 20,58 € à 27,44 €. Une adresse de charme, incontestablement. Les chambres donnent sur un jardin ombragé ou sur le patio et sont meublées et décorées avec goût, dans des tons de bois clair, avec fauteuils en osier et maquettes de bateaux. La salle de restaurant est chaleureuse elle aussi et on y déguste de bonnes spécialités de la mer : soupe de poissons, dos de cabillaud au thym, huîtres et saucisses aux herbes, filet de bar braisé à la vanille.

© OT. Couarde-Sur-Mer - *Chenal de Goisil*

LE VIEUX GREEMENT*** **05 46 29 82 18**
13, place Carnot - LA COUARDE

Toute l'année, sauf février. 16 chambres (dont une pour handicapés) de 33,54 € à 106,71 €. Petit déjeuner 7,62 €. Dégustation d'huîtres et de tartines gourmandes à toute heure au bar. A côté du kiosque à musique, à l'ombre des tilleuls, cet hôtel propose des chambres bien évidemment dotées de tout le confort moderne, mais surtout pleines de charme et toutes dotées d'une âme. Chaque chambre est différente et possède son propre style, ses meubles, ses couleurs : cabine de bateau ou campagne anglaise, romantique ou Art déco, en harmonie de bleu ou symphonie de vert. Une attention particulière a été apportée aux tentures et voilages, ainsi qu'au luminaire, minutieusement chiné. A la belle saison, le petit déjeuner pris sous la tonnelle est un moment privilégié pour bien commencer la journée.

LE CHAT BOTTE** **05 46 29 21 93**
Place de l'Eglise - SAINT-CLEMENT

Fermé du 25 novembre au 20 décembre et du 5 janvier au 10 février. 19 chambres de 56,41 € à 94,52 €. Petit déjeuner traditionnel 7,17 € ou énergétique 10,06 €. Nul besoin de chausser ses bottes de sept lieues pour rallier cet hôtel de charme situé en plein cœur du village. Les chambres, lambrissées de blanc, très lumineuses, donnent sur le patio ou sur le grand jardin. Du bois clair, de la terre cuite, des meubles au charme de campagne anglaise font de cet endroit un havre de paix. Selon la façon dont on conçoit le bien-être, on peut également profiter de l'espace forme et beauté avec un petit massage ou un enveloppement d'algues, ou se laisser tenter par un goûter gourmand avec cake "chat botté" et confitures maison...

Résidences de vacances

LES MINUTIAS VILLAGE*** **05 46 29 91 73**
1, route de Saint-Martin - LA COUARDE

Toute l'année. Tarif d'une maison pour 4 personnes : de 458 € à 885 € la semaine. Emmanuelle et Didier Houin proposent à leurs hôtes 14 appartements susceptibles d'accueillir jusqu'à 6 personnes (pas plus car ici, on ne fait pas dormir les gens dans le salon, nous confie Didier, attentif au confort de chacun). Installés tout autour d'un grand jardin paysager, tous sont très joliment meublés et décorés, lambrissés de bois blanc cérusé, carrelés de frais et moquettés de bleu. Chacun possède une courette privée avec salon de jardin et barbecue. Une salle de jeux (avec table de ping-pong et Baby-foot) fait le bonheur des jours pluvieux (mais ils sont si rares sur l'île...).

LES GRENETTES*** **05 46 30 22 47**
Route du Bois-Plage - SAINTE-MARIE

Toute l'année (camping de Pâques à la Toussaint). 45 chambres de 54 € à 150 €. Pension et demi-pension. Camping : pour 4 personnes, à partir de 19,82 €. Mobil-home : pour 4 personnes de 289,65 € à 747 € la semaine. Restaurant : menus de 14,48 € à 30,49 €. Dans un parc de 7 ha, à 200 m de la plage, ce complexe touristique offre tous les modes d'hébergement, de ses chambres spacieuses dotées de tout le confort moderne à ses emplacements de camping ombragés, en passant par ses 80 mobil-homes. Un espace aquatique avec piscine chauffée, deux courts de tennis, un terrain de boules et une table de ping-pong sont à la disposition des sportifs, qui peuvent aussi louer des vélos. Une supérette, ouverte en été, permet de se ravitailler. Côté restaurant, la carte fait la part belle aux produits locaux et régionaux : huîtres fines de claire, moules charentaises, filet de bar rôti à la fleur de sel, poisson du jour selon arrivage.

© OT. LA ROCHELLE - *Escalier de l'hôtel de ville*

Découverte

- ► **grande et petites histoires**
- ► **gloires locales**
- ► **quoi de neuf**
- ► **visiter**
- ► **flâner**

Grande et petites histoires

Il était une fois...

Au commencement, il y avait un minuscule village de pêcheurs, établi sur un éperon rocheux (d'où son nom, Rupella ou Rochella, "petite roche"), au fond d'une baie marécageuse. Puis il y eut une belle reine (en toute matière, il faut chercher la femme), sous la protection de laquelle la ville prit son essor : c'est en effet Aliénor d'Aquitaine qui lui octroya sa charte de commune dès la fin du XIIe siècle. Sur le plan économique, le développement de la ville était fortement lié au commerce du sel et du vin, denrées précieuses exportées vers l'Angleterre, la Flandre, la Hollande et la Hanse. Avec le mariage d'Aliénor et de Louis VII, La Rochelle était passée dans le domaine royal. Mais lorsque Aliénor, répudiée, se mit en tête d'épouser Henri Plantagenêt, La Rochelle passa aux Anglais. A partir de là commencèrent les ennuis : reprise par les Français en 1224, rendue aux Anglais en 1360 par le Traité de Brétigny, elle fut reconquise par Du Guesclin en 1372. Mais la ville devait continuer à marquer son indépendance. Au XVIe siècle, les idées de la Réforme s'y développèrent : la ville devint bien vite une place forte du protestantisme et offrit refuge aux chefs de la nouvelle religion. Cela ne pouvait évidemment qu'irriter la royauté, qui finit par véritablement perdre patience lorsque, à ce remue-ménage, s'ajouta le débarquement des Anglais sur l'île de Ré. Cette fois, la coupe était pleine : le siège de La Rochelle allait commencer. Celui-ci devait durer treize mois, pour ne se terminer qu'à l'automne de 1628 par la capitulation de la ville, exsangue, devant les troupes de Louis XIII et la digue de Richelieu. La Rochelle, affamée, décimée, dut alors se résigner à voir ses remparts démantelés. Mais la fière cité ne se laissa pas abattre pour autant. C'est dans le commerce qu'elle trouva un exutoire aux vicissitudes de l'histoire. Le trafic reprit de plus belle, avec de nouveaux partenaires (le Canada, les Antilles, la Guinée) et de nouveaux produits (les peaux, le sucre et... les esclaves). Le port devint bientôt une plaque tournante du commerce triangulaire. Le XVIIIe siècle annonçait cependant son déclin : la perte des colonies d'Amérique et le blocus continental portèrent un coup sévère à La Rochelle. La ville se lança alors dans l'aventure industrielle (industries chimiques, mécaniques et chantiers navals). Puis l'industrie à son tour commença à péricliter. La ville se tourna alors vers la plaisance, le tourisme et les activités tertiaires... Une histoire mouvementée donc, passionnante, qui se lit à ciel ouvert.

Mais qui sont les filles de La Rochelle ?

Oui, qui sont ces filles que chante la chanson ? Leur histoire remonte à la seconde moitié du XVIIe siècle, période à laquelle des colons français commencèrent à s'installer en Nouvelle-France, dans la vallée du Saint-Laurent et en Acadie. Le climat y était rude, les conditions difficiles et les femmes peu nombreuses... Jean-Baptiste Colbert, ministre des Colonies de Louis XIV, entreprit alors de recruter des "Filles du Roi", ainsi désignées parce que les frais de leur traversée étaient entièrement pris en charge par le Trésor royal, pour les envoyer se marier au Canada. Recrutées sur toute la France, choisies "robustes, jeunes, saines et fécondes", elles étaient embarquées à La Rochelle pour entreprendre le grand voyage. Au total, 88 demoiselles rejoignirent ainsi la colonie.

Carte d'identité

Des chiffres...

La Communauté d'Agglomération de La Rochelle, créée le 1er janvier 2000, regroupe 18 communes représentant 140 000 habitants (80 000 pour La Rochelle intramuros). La Rochelle et ses environs immédiats attirent bon an mal an quelque 3 millions de visiteurs, qui ne sont pas insensibles au taux d'ensoleillement record de la région : 2 600 heures de soleil par an, exactement (sauf peut-être l'année dernière...). Autre indice dont La Rochelle peut être fière : celui de la qualité de l'air, avec un indice atmo de mesure de la pollution très faible. Au-delà de cette belle image, quelques chiffres moins brillants : le taux de chômage, à 13 %, est largement au-dessus de la moyenne nationale. Certes, il vaut mieux être chômeur au soleil et en bord de mer que dans la grisaille parisienne ou la noirceur des terrils. Mais cela n'explique pas tout. Les difficultés rencontrées par les secteurs traditionnels de l'industrie (chantiers navals et équipementiers automobiles notamment), mais aussi de la pêche (qui a perdu plusieurs milliers d'emplois) ont fortement pesé sur l'économie du bassin rochelais des vingt-cinq dernières années. Aujourd'hui, la ville se tourne vers des créneaux plus porteurs : la plaisance, avec le plus grand port d'Europe (3 600 places) et un salon nautique international (le Grand Pavois) qui séduit près de 90 000 visiteurs chaque année ; le tourisme, avec de nouvelles attractions (un aquarium flambant neuf qui passe pour le plus grand d'Europe, lui aussi) et des manifestations phares (les Francofolies, près de 70 000 festivaliers à chaque édition ; le Festival International du Film, le deuxième de France après Cannes en nombre de visiteurs) ; la recherche et la formation enfin (plus de 8 000 étudiants entre l'université, l'école de commerce et l'école d'ingénieurs ; La Rochelle s'est par ailleurs dotée d'une médiathèque exemplaire et d'un technopôle prometteur).

... et des lettres

MAIRE DE LA ROCHELLE ET PRESIDENT DE LA CDA : Maxime Bono (PS) a succédé à Michel Crépeau en 1999, après avoir été son adjoint à la Culture.

JUMELAGES : La Rochelle est jumelée à Petrozavodsk (Russie), New-Rochelle (Etats-Unis), Saint-Jean-d'Acre (Israël), Lübeck (Allemagne) et Essaouira (Maroc).

©OT. LA ROCHELLE

gloires locales

Une longue lignée de maires

La Rochelle fut parmi les toutes premières villes de France à être dotée d'une charte de commune et à élire son maire. Plusieurs parmi eux sont restés célèbres.

De Montmirail

Il fut le premier de cette longue lignée, maire de la commune en 1199.

Jean Chaudrier (1323-1392)

Maire de La Rochelle pendant la guerre de Cent Ans, son nom est resté associé au stratagème utilisé pour faire sortir la garnison anglaise de la ville en 1372 : profitant de ce que le capitaine des Anglais ne savait pas lire, il lui présenta un prétendu ordre du roi d'Angleterre lui intimant de sortir avec ses troupes pour une prétendue revue. Lorsque les soldats furent sortis, il ne resta plus aux Rochelais qu'à s'emparer de la place...

Jean Guiton (1585-1654)

Issu d'une vieille famille de protestants rochelais, Jean Guiton devint maire pendant le grand siège de 1628. La légende rapporte qu'il aurait déclaré, poignard au poing, qu'il percerait le cœur de quiconque parlerait de se rendre et que dans un geste un peu emporté, il aurait ébréché d'un coup du même poignard la table de marbre qui se trouve toujours à l'hôtel de ville. Cette promesse n'était malgré tout pas gravée dans le marbre puisque quelques mois plus tard, la ville devait capituler...

Léonce Vieljeux (1865-1944)

Gendre de l'armateur rochelais Delmas avec qui il développa la compagnie Delmas-Vieljeux, maire à partir de 1930, il fut suspendu de ses fonctions en 1940 sur ordre des Allemands. Résistant, il fut arrêté par la Gestapo et envoyé au camp du Struthof où il fut exécuté le 1er septembre 1944.

 - *Port de la Flotte*

Michel Crépeau (1930-1999)

Vendéen d'origine, avocat de formation, Michel Crépeau est élu maire de La Rochelle en 1971 et le reste pendant près de 30 ans, jusqu'à son décès en 1999. Pionnier de l'écologie urbaine, il dote la ville de la première zone piétonne de France dès 1973. L'année suivante, il lance les fameux vélos jaunes et en 1997, c'est la première "journée sans voitures". Cumulard convaincu, il est aussi député de Charente-Maritime à partir de 1973, ministre de l'Environnement de 1981 à 1983, puis ministre du Commerce et de l'Artisanat de 1983 à 1986. Homme affable et bon vivant, il reste une grande figure de la galerie des gloires rochelaises.

Des caractères bien trempés

Dans le domaine sportif aussi, La Rochelle sait se distinguer.

Antoine Albeau

Champion du monde de free style, vice-champion du monde de formula windsurfing, champion de France de funboard (pour la 6e fois) : à 29 ans, Antoine Albeau a le vent en poupe. A la vérité, jamais windsurfer français n'avait affiché si beau palmarès ! Il faut dire qu'Antoine est monté sur les planches très tôt, dans l'école de voile que dirigeait son père à l'île de Ré. Il s'est frotté très jeune à la compétition, a suivi la filière Sport-Etudes de La Rochelle, puis s'est mis à collectionner les titres et les succès : au niveau national d'abord, puis international, puis en tant que professionnel. Du travail, du sérieux, du talent (beaucoup de talent), du charme (beaucoup de charme) : voilà un sportif accompli et comblé. Bon vent !

Isabelle Autissier

C'est vrai, Isabelle Autissier n'est pas née à La Rochelle, ni même dans la région. Mais qu'importe, puisqu'elle l'a adoptée et qu'elle en a été adoptée ! Le coup d'envoi de la carrière de la navigatrice, ingénieur agronome de formation, remonte à 1987, quand elle termine à la troisième place de la mini-transat. Puis les courses s'enchaînent : Figaro, Route de l'or, Boc Challenge, Isabelle fait de plus en plus parler d'elle. Et vient le Vendée Globe 1996 : Isabelle part favorite mais casse un safran. Elle répare, puis repart, hors course, mais qu'importe. A l'approche des soixantièmes hurlants, elle se retrouve prise dans une tempête terrible, ce qui ne l'empêche pas, dans une belle démonstration de l'esprit de solidarité des gens de mer, de tenter de porter secours à son concurrent Jerry Roof, pour qui la tempête sera hélas fatale. La navigatrice arrive finalement aux Sables-d'Olonne juste derrière le vainqueur, mais dans le cœur de bien d'entre nous, c'est elle qui gagne cette année-là... En janvier 1999, c'est à son tour de chavirer et d'être secourue : elle termine le Boc Challenge à bord du voilier de son sauveur, Giovanni Soldini. Aujourd'hui, Isabelle préside l'ECOLE de la mer (Espace de Culture Océane du Littoral et de l'Environnement), dont la vocation est de diffuser et soutenir la culture scientifique et technique et de sensibiliser, notamment les enfants, à l'environnement. Femme libre, toujours tu chériras la mer...

Nicolas Sieger

Nicolas Sieger est un homme qui monte. Jeune professeur de lettres et d'histoire au lycée de Rompsay, il est aussi un alpiniste chevronné et passionné qui, chaque été, part pour les sommets. 1997 est l'année de son premier 6 000 m. Depuis, plus rien ne l'arrête. En 1999, il franchit les 8 000 m. En l'an 2000, il gravit un pic vierge dans une région isolée du Pakistan et baptise le sommet, qui culmine à 7 070 m, Pic La Rochelle. Un bel hommage pour une ville qui culmine au niveau de la mer... A peine est-il rentré d'une expédition qu'il prépare la prochaine. Mais où trouve-t-il le temps de préparer ses cours ? Qu'en pensent ses élèves ? Nous ne sommes pas trop inquiets : s'il partage son savoir comme il sait faire partager ses rêves, avec le même enthousiasme et la même passion communicative, ses élèves sont entre de bonnes mains.

Spécialités locales

Le bien boire

Le cognac

La liqueur d'or... Le cognac est issu d'une double distillation du vin, ensuite vieilli en fûts de chêne pendant de longues années. Pendant cette période, le bois lui communique ses arômes et sa belle couleur ambrée. Le bois laisse le vin respirer également, et s'évaporer : c'est ce que, dans le métier, on appelle la part des anges... Les meilleurs crus sont ceux de Grande et Petite Champagne. Selon le temps passé en fût, il peut être trois étoiles, ou, fin du fin, VSOP (Very Superior Old Pale). Il se déguste en digestif bien sûr, dans un verre maître de chai, mais aussi, de plus en plus, à l'apéritif, allongé d'eau ou de tonic.

Le pineau des Charentes

D'après la légende, le pineau serait le fruit d'une erreur : un ouvrier travaillant dans une cave de Cognac aurait par inadvertance versé du vin nouveau dans un fût contenant encore un fond de liqueur ambrée. Heureusement qu'il eut la curiosité de goûter ce mélange avant de le jeter ! Le pineau, qui se décline en blanc et en rosé, se déguste à l'apéritif, bien frais mais non glacé.

Les vins de pays charentais

Il fut un temps où les vins charentais étaient très réputés : les vins d'Aunis ont pendant longtemps dominé le commerce atlantique, bien avant les vins de Bordeaux et le cognac. Aujourd'hui cependant, les Charentes renouent avec une production viticole de qualité. A côté du vignoble ugni blanc, de jeunes viticulteurs passionnés ont sélectionné des cépages de chardonnay, sauvignon, merlot pour développer un vignoble diversifié. A (re)découvrir donc...

Le bien manger

Les cagouilles ou lumas

Il s'agit des escargots petits-gris dont les Charentais raffolent. Pauvres Anglais, ils ont bien fait de s'en aller ! Les petites bêtes se dégustent grillées, braisées, en pot-au-feu, en soupe, en matelote ou en salade. Le petit-gris est l'emblème du Charentais, que l'on appelle parfois Cagouillard.

Les huîtres

Le bassin de Marennes-Oléron produit environ 50 000 tonnes d'huîtres par an. Les huîtres sont élevées pendant une année ou deux dans des poches grillagées puis affinées en claires, ces bassins aménagés dans les anciens marais salants et dans lesquels une algue microscopique, la navicule bleue, leur donne leur couleur si particulière. Sur les marchés, les huîtres sont numérotées : plus le numéro est petit, plus l'huître est de calibre important. Selon le temps plus ou moins long qu'elles ont passé dans les bassins, les huîtres s'affichent "fines de claire" ou "spéciales". Les Charentais ont plusieurs recettes pour les accommoder : accompagnées de crépinettes, grillées, farcies, ou tout simplement arrosées d'un mince filet de vinaigre et d'échalote hachée.

La jonchée

C'est une spécialité élaborée à base de lait caillé, prélevé à la louche et déposé sur une natte de joncs récoltés dans les marais. Elle se déguste comme fromage ou dessert (délicieuse accompagnée d'arôme à l'amande).

Les moules

Dans le bassin de l'Aiguillon, les moules sont élevées depuis des siècles sur des bouchots, pieux en chêne plantés serrés dans l'eau et sur lesquels les naissains s'accrochent et se développent. Lorsqu'elles sont arrivées à maturité, ce qui leur prend entre un an et dix-huit mois, les moules sont récoltées à marée haute. Elles sont à la base de deux recettes phares de la gastronomie charentaise : la mouclade, où elles sont cuites au vin blanc et à l'échalote et nappées d'une sauce à la crème et au curry, et l'éclade où elles sont disposées bien serrées sur un lit d'aiguilles de pin auquel on met le feu. A déguster avec de grandes tartines de beurre frais et un petit vin blanc de l'île de Ré...

La pomme de terre primeur de l'Ile de Ré

C'est le premier légume français à avoir bénéficié d'une AOC, appellation d'origine contrôlée. Cultivée sous un climat exceptionnellement doux et ensoleillé, elle se décline en cinq variétés : alcmaria, starlette, roseval, charlotte et amandine.

La galette charentaise

C'est un gâteau sec à base de farine, d'œufs, de beurre et de sucre (que des bonnes choses !), parfois agrémenté de petits morceaux d'angélique. On la déguste à toute heure de la journée, notamment à l'apéritif avec un petit verre de pineau.

Les Confréries

Site Internet : www.confreries.com - Les confréries sont constituées autour de passionnés qui ont à cœur de promouvoir la gastronomie et les spécialités du terroir. Ce sont en général de bons vivants, qui aiment se retrouver autour d'une bonne table. Parmi les confréries bien de chez nous, citons la Confrérie de la Cagouille (dédiée au petit-gris), la Confrérie du Franc Pineau (pineau des Charentes), la Confrérie des Galants de la Verte Marennes (l'huître de Marennes), la Confrérie de la Pomme de Terre Primeur de l'Ile de Ré (dédiée au fameux tubercule), la Confrérie du Sel de l'île de Ré (l'or blanc du pays rétais), la Confrérie des Talmeliers de Saint-Honoré d'Aunis et de Saintonge (pain et autres produits de boulangerie-pâtisserie) et la Confrérie des Chevaliers de Saint-Antoine (fabrications charcutières, notamment le grillon charentais).

Le bien parler

Un peu de vocabulaire local

Au marché, le "barbarin" est le rouget-barbet, le "céteau" une petite sole, le "raiteau" une petite raie, les "casserons" de petites seiches, la "loubine" l'autre nom du bar ou loup de mer. Attention, c'est à se rendre chèvre : la "bique" désigne la crevette rose, le "bouc" la crevette grise. Quant aux "sans-sel", ce sont les sardines fraîches. Les "sourdons" enfin désignent les coques. Pour exprimer les quantités : "moitié plus" signifie le double ; pour dire beaucoup, dire "une trâlée". Les grands repas ont parfois leur "coup du milieu", équivalent charentais du trou normand. Après manger, le Charentais est "beunaise" : heureux, content, rassasié, surtout si c'est un "biton" : un bon vivant, un gai luron. S'il vous prend en affection, il n'hésitera pas à vous "biser" (faire la bise), voire à vous faire "de gros lumas" (de gros bisous baveux), même si vous êtes un "rapporté", vous qui venez d'ailleurs... Lorsqu'il "mouille" (pleut) beaucoup, on se retrouve parfois avec des "gouttières" dans la maison (des fuites). C'est que les "dalles" (les gouttières) débordent. Il faut alors "monter au plancher" (au grenier) pour constater l'étendue des dégâts, puis "passer la since" ou "sincer" (passer la serpillière) pour éponger. L'heure de la "débauche" est celle à laquelle se termine la journée de travail, par opposition à celle de l'"embauche". Si l'on vous donne rendez-vous "tantôt", c'est dans l'après-midi. Pas la peine de vous presser pour être "rendu" à l'heure : la notion est assez floue...

Quelques proverbes en patois

"Quant qu'o serat las d'alae mal, ol irat meu" : à force de mal aller, ça finira par aller mieux. "I un pa gardai lés goréts ensemble" : on n'a pas gardé les cochons ensemble. "O moulle ol ét la faete a la cagoulle" : il pleut, c'est la fête à la cagouille. "O vaut meu étre sou que cun, o dure pa si lungtemp" : mieux vaut être soûl que con, ça ne dure pas aussi longtemps !

Quoi de neuf

La nouvelle promenade de la concurrence

Lors de la fameuse tempête de décembre 1999, qui vit les vents souffler jusqu'à 150 km/h et les bateaux voler, la plage de la Concurrence, située en première ligne, fut rien moins que dévastée. Depuis, les vents se sont calmés, les voiliers et vedettes ont abandonné l'idée de la propulsion aérienne et la promenade de la plage a pu être rénovée. Il a tout de même fallu attendre deux années pour que les travaux soient terminés, mais voilà, c'est chose faite : une nouvelle promenade, toute belle, s'étire de la plage au casino, pour le plus grand bonheur des Rochelais. Au fait, savez-vous d'où la plage de la Concurrence tire son nom ? Elle fut ainsi nommée parce qu'elle faisait ombrage aux établissements de bains de mer tout proches, installés depuis le début du XIXe siècle, soit un bon siècle avant elle...

En ville et au travail sans ma voiture

C'est à La Rochelle qu'est née la première journée sans voiture, qui vient de souffler ses cinq bougies et s'est peu à peu étendue à toute la France, à l'Europe, voire au monde entier. Ce jour-là, la ville appartient aux piétons, cyclistes et autres adeptes des rollers, patins à roulettes, skate-boards et trottinettes. Ce jour-là, l'accès au centre-ville est interdit aux camions, voitures et autres engins thermiques. Ce jour-là, seuls sont admis les véhicules électriques. L'an dernier, la traditionnelle date du 22 septembre est tombée un samedi. Tout au long de ce jour de fête, la ville a vibré des animations organisées : démonstrations et initiations sportives, grand footing dans la ville, parcours d'adresse, ateliers, expositions sur l'effet de serre et sur la sécurité routière, visite de jardins. Mais ce n'est pas tout, car pour la première fois, c'est toute une semaine qui a été mise à profit pour lancer une opération-test : "Au travail sans ma voiture". Du lundi au vendredi, des volontaires qui s'étaient engagés à effectuer sans leur voiture leur trajet domicile-travail ont ressorti leurs vélos, pris le bus ou redécouvert le plaisir de la marche à pied. La Rochelle est si belle quand on prend le temps de l'admirer...

Un tramway nommé Citadis

Poursuivant sur sa lancée, la ville a, le 22 septembre dernier, ouvert sa ligne de tramway expérimental. Le pari de ce CITADIS nouvelle génération, relevé conjointement par la CDA et ALSTOM qui le fabrique sur son site d'Aytré, est de diviser le prix d'un tel équipement par deux, afin de le mettre à la portée des villes de taille moyenne. Les partenaires se sont donnés trois ans pour y parvenir. Pendant ces trois années, le tramway sera donc expérimenté sur le tronçon-test des Minimes et ne prendra pas de passagers. CITADIS va se faire désirer...

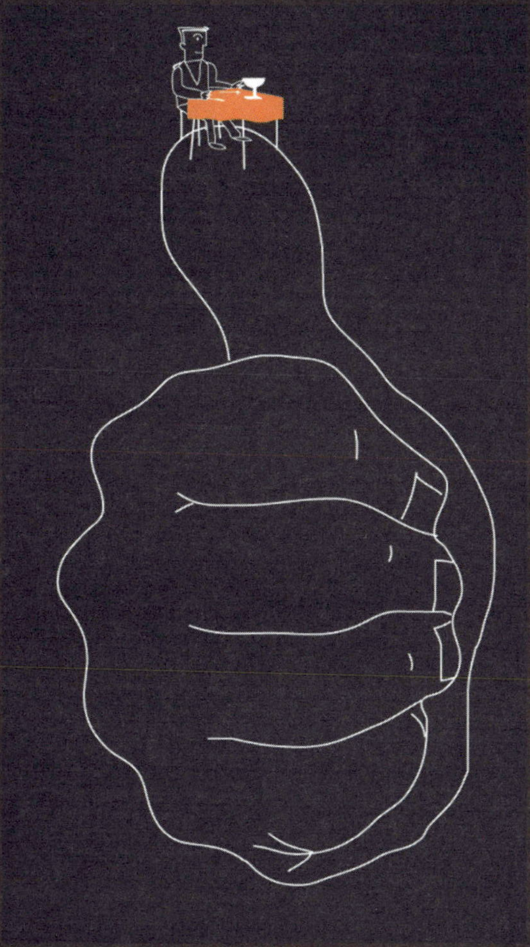

Visiter

Sites

Les ports

Que serait La Rochelle sans ses ports ? Au commencement, il y a le Vieux Port, qui occupe cet emplacement depuis le XIIe siècle. Très tôt fortifié, il est un des plus beaux symboles de la ville, avec les tours qui le dominent. On distingue l'avant-port, le bassin d'échouage, le bassin des grands yachts et le bassin à flot extérieur ou bassin des chalutiers. Un peu plus au nord, près du pont de l'île de Ré, il y a La Pallice, le port de commerce, huitième des ports français, avec plus de 7,5 t de marchandises (essentiellement du bois, des céréales et des matières énergétiques) et dont le trafic ne cesse d'augmenter. Non loin se trouve Chef de Baie, le port de pêche entièrement rebâti en 1994, dont les esprits chagrins déplorent l'irrépressible tendance à prendre l'eau. Enfin, rive sud, la plaisance a élu domicile au port des Minimes, qui s'affiche comme la première marina de France avec ses 3 600 places. Une ville, quatre ports : une ville dans chaque port...

Monuments

La cathédrale

Après la victoire du parti Catholique sur les Réformés en 1628, il fut décidé de doter la cité rebelle d'une cathédrale. La première pierre en fut posée en 1742, d'après les plans des architectes Jacques et Jacques-Ange Gabriel, à l'emplacement de l'ancien temple protestant, opportunément détruit par un incendie. Le manque d'argent interrompit les travaux à plusieurs reprises et ce n'est qu'en 1784 que l'édifice put enfin être consacré, sans d'ailleurs que sa façade soit terminée. A l'intérieur, jetez un œil aux peintures de la coupole de la chapelle absidale, réalisées par le peintre rochelais William Bouguereau (1825-1905). Dans la chapelle des Marins (la 3e du bas-côté gauche), sont conservés des ex-voto peints entre le XVIIe et le XIXe siècle.

La grosse horloge

C'est l'ancienne porte de l'enceinte qui séparait le port de la cité. Sa base date du XIVe siècle et était à l'origine percée de deux ouvertures, l'une pour les piétons, l'autre pour les attelages. Aujourd'hui, on ne distingue plus qu'une seule arcade. Le beffroi qui la surmonte et qui abrite la cloche et l'horloge est un ajout du XVIIIe siècle. Il est orné de colonnettes, pilastres et trophées marins.

La maison Henri II

En juillet et août, sauf le week-end, de 10h à 12h et de 14h à 18h, le reste de l'année sur rendez-vous. Entrée gratuite. Ce logis Renaissance fut construit vers 1555 pour Hugues de Pontard, seigneur de Champdeniers. Sa façade de pur style Henri II, avec ses deux pavillons, sa galerie et sa loggia, mérite que l'on s'y attarde. Les détails de sculpture (colonnettes, rosaces, frises, lucarnes) révèlent une grande richesse d'inspiration et une parfaite maîtrise d'exécution. L'édifice abrite aujourd'hui le musée d'Archéologie et d'Histoire de l'Aunis.

LES TOURS DE LA ROCHELLE
05 46 34 11 81

Visite libre ou accompagnée, tous les jours de 10h à 19h du 1er avril au 30 septembre, de 10h à 12h30 et de 14h à 17h30 du 1er octobre au 31 mars (sauf mardi et jours fériés). Tarifs : adulte 3,96 €, réduit 2,44 €. Gratuit pour les moins de 18 ans et les 1ers dimanches de chaque mois d'octobre à *mai.* Les trois tours de Saint-Nicolas, de la Chaîne et de La Lanterne forment le symbole le plus puissant de La Rochelle. Elles complétaient les fortifications de la cité belle et rebelle et ont survécu à la destruction de l'enceinte après le siège de 1628 et la capitulation de la ville devant Richelieu et Louis XIII. La tour Saint-Nicolas, ainsi nommée en hommage au patron des navigateurs, fut construite la première à la fin du XIVe siècle. Dessinée sur un plan pentagonal, d'une hauteur de 42 m, cette forteresse abrite un labyrinthe d'escaliers et de couloirs aménagés dans l'épaisseur des murs et desservant plusieurs salles, certaines voûtées d'ogives. La tour servit longtemps de prison. Aujourd'hui y sont exposés des plans, maquettes et diaporamas retraçant l'évolution du port depuis ses origines. Le chemin de ronde et la plate-forme de guet offrent un magnifique panorama sur la rade. Quant à la légère inclinaison que la tour affiche quand on l'admire de la mer, elle n'est pas due à un effet d'optique mais à l'enfoncement de ses fondations. La tour de la Chaîne fut érigée face à la tour Saint-Nicolas, quelque dix années plus tard. Elle doit son nom à la grosse chaîne qui, durant la nuit, était tendue entre les deux tours pour fermer l'entrée du port. Si l'on en croit Rabelais, la même chaîne aurait servi à attacher Pantagruel dans son berceau. La tour servit un temps de poudrière. Aujourd'hui, elle abrite une exposition permanente sur le thème "La Rochelle : capitale atlantique, capitale huguenote". La tour de La Lanterne (dite aussi des Quatre Sergents) fut édifiée au milieu du XVe siècle. Haute de 70 m, surmontée d'une flèche gothique octogonale, elle tient son nom de la lanterne de pierre qui la surmonte et qui servait jadis de fanal, éclairant et guidant les navigateurs. Elle servit également de prison, passé qui lui a laissé de superbes graffitis dessinés par soldats et prisonniers (dont des bateaux de toute beauté). En 1822, deux des "quatre sergents Carbonari" arrêtés pour avoir fomenté un complot contre la Restauration y furent emprisonnés. Du haut de la tour, on peut admirer un panorama unique sur la ville, la rade et les îles.

L'HOTEL DE VILLE 05 46 41 14 68

Visite commentée tous les jours à 15h et 16h en juillet et août ; en juin et septembre, tous les jours à 15h ; d'octobre à mai, samedi et dimanche à 15h. Tarifs : adultes 3,05 €, enfants et étudiants 1,52 €. Renseignements à l'OT. Edifice composite, l'Hôtel de Ville fascine par la richesse de son architecture. Son enceinte de style gothique flamboyant est surmontée d'un chemin de ronde sur mâchicoulis et d'une tour-beffroi. Passée cette enceinte, on se retrouve dans une vaste cour rectangulaire dominée par la façade Renaissance du corps de logis construit sous Henri IV, le roi préféré des Rochelais. Celle-ci est rythmée par arcades, colonnes, piliers et niches à la mode italienne. La galerie du rez-de-chaussée possède un superbe plafond à caissons et répète à l'envi le chiffre aux initiales mêlées d'Henri IV et de Marie de Médicis. Remarquez également le magnifique escalier à balustrade qui mène à l'étage. A l'intérieur, la salle des Echevins est décorée des armoiries des maires qui se sont succédé à la tête de la ville. Le cabinet de Jean Guiton conserve sa mythique table de marbre ébréchée.

Musées

MUSEE DES BEAUX-ARTS 05 46 41 64 65
28, rue Gargoulleau

Tous les jours sauf le mardi de 14h à 17h. Tarif : 3,50 € adulte, tarif réduit 2,44 €, gratuit pour les moins de 18 ans, les étudiants et les chômeurs. Le musée occupe depuis 1844 le second étage du palais épiscopal édifié sous Louis XVI. Il offre un beau panorama de la peinture européenne du XVe au XXe siècle avec une nette prédilection pour le XIXe siècle, représenté par des enfants du pays comme William Bouguereau, Théodore Chassériau ou Eugène Fromentin. Une bibliothèque et une section d'études et de fonds anciens occupent le reste du palais.

MUSEE DU NOUVEAU MONDE 05 46 41 46 50
10, rue Fleuriau

Du lundi au samedi de 10h30 à 12h30 et de 13h30 à 18h, le dimanche de 15h à 18h. Fermé mardi. Tarif : 3,50 € adulte, tarif réduit 2,44 €, gratuit pour les moins de 18 ans, les étudiants et les chômeurs. Installé dans un magnifique hôtel particulier datant de la seconde moitié du XVIIIe siècle et ayant appartenu aux Fleuriau, riche famille d'armateurs rochelais, le musée retrace l'évolution des relations entre La Rochelle et le Nouveau Monde depuis le XVIe siècle. Il rappelle combien la ville et ses négociants se sont enrichis par le commerce entretenu avec le Canada, la Louisiane et les Antilles et également par le commerce triangulaire : vente de tissus et achat d'esclaves sur les côtes d'Afrique, vente de ces esclaves et achat de produits coloniaux (café, cacao, épices) au Nouveau Monde, revente de ces produits coloniaux en Europe. La collection comprend peintures, gravures, dessins, sculptures, cartes anciennes et objets d'art décoratif, ainsi que de belles pièces de mobilier. Comptez environ 1 heure 30 pour tout voir.

MUSEE D'ORBIGNY-BERNON 05 46 41 18 83
2, rue Saint-Côme

Du lundi au samedi de 10h à 12h et de 14h à 18h, dimanche de 14h à 18h. Fermé mardi. Tarif : 3,50 € adulte, tarif réduit 2,44 €, gratuit pour les moins de 18 ans, les étudiants et les chômeurs. Musée éclectique, le musée d'Orbigny-Bernon se divise en trois sections. La première, au rez-de-chaussée, est consacrée à l'histoire locale et retrace notamment les épisodes du siège de 1628, de l'essor économique du XVIIIe siècle ou encore du complot des quatre sergents. La seconde, qui occupe le premier étage, est consacrée aux arts décoratifs européens et plus particulièrement à la poterie, aux émaux, à la verrerie et à la porcelaine. La troisième enfin, au second étage, renferme une précieuse collection d'art d'Extrême-Orient : porcelaines chinoises, instruments de musique anciens du sud-est asiatique, costumes de mandarin...

MUSEUM D'HISTOIRE NATURELLE
28, rue Albert-Ier 05 46 41 18 25

Du mardi au vendredi de 10h à 12h30 et de 13h30 à 17h30 (jusqu'à 18h de mi-juin à mi-septembre), samedi et dimanche de 14h à 18h. Fermé lundi et jours fériés. Tarif : 3,50 € adulte, tarif réduit 2,44 €, gratuit pour les moins de 18 ans, les étudiants et les chômeurs. Au cœur du jardin des plantes, ce musée abrite de belles collections d'histoire naturelle et d'ethnographie. Le cabinet de curiosités de Clément Lafaille, véritable musée du musée, regorge de merveilles, tandis que la galerie de zoologie nous fait rencontrer la girafe de Charles X (la première girafe vivante introduite en France, cadeau du pacha d'Egypte Méhémet Ali) ou encore le dodo, oiseau aujourd'hui disparu. Le musée a depuis plusieurs mois entrepris

© Manuel THIERRY - *Carrelet*

un programme de modernisation et reste ouvert (gratuitement) pendant les travaux.

MUSEE MARITIME NEPTUNEA
Bassin des Chalutiers - Place Bernard-Moitessier 05 46 28 03 00

Du 1er avril au 30 septembre tous les jours de 10h à 18h30 (19h en juillet-août) ; du 1er octobre au 31 mars de 14h à 18h. Fermé du 12 novembre au 5 février, sauf vacances scolaires. Visite en partie commentée, en partie libre. Tarifs : adultes 7,62 €, jeunes 5,34 €. Tarif groupe. Bar et restaurant sur le pont supérieur du France I tous les jours d'avril à octobre, boutique et librairie maritime, galerie d'art abritant des expositions temporaires. Situé sur le site de l'ancienne criée et du bassin des chalutiers, le musée se visite en deux temps. A quai, il propose diverses expositions ayant pour thèmes “l'aventure sous la mer, du capitaine Nemo au commandant Cousteau”, “la pêche rochelaise” ou encore “du vent dans les voiles”. A flot, amarrés le long des quais, un rassemblement unique de navires dont le France I, la dernière frégate météorologique française, qui se visite intégralement, l'Angoumois, chalutier de pêche classé monument historique ou encore la Calypso, navire océanographique du commandant Cousteau, qui n'est malheureusement pas encore visitable. On aperçoit enfin tout à côté le Slip-Way, cale de carénage construite au cours de la dernière guerre pour la mise au sec et la réparation de navires pesant jusqu'à 700 tonnes. Comptez 2 à 3 heures pour la visite.

MUSEE DES AUTOMATES 05 46 41 68 08
ET MUSEE DES MODELES REDUITS
Rue Désirée

De novembre à janvier de 14h à 18h, de février à mai et en septembre-octobre de 10h à 12h et de 14h à 18h, en juin, juillet et août de 9h30 à 19h. Parking gratuit. Tarifs pour chaque musée : adultes 6,50 €, enfants 4 €. Billet jumelé : adultes 10 €, enfants 5,50 €. Tarifs spéciaux pour les groupes. Situés l'un à côté de l'autre dans la ville en bois, non loin de la médiathèque, ces deux musées dévoilent de merveilleuses collections, qui raviront tous ceux, adultes aussi bien qu'enfants, qui ont su conserver en eux une part de rêve. Le musée des Automates expose 300 pièces animées, anciennes et contemporaines, de l'acrobate au chapeau (1890) au joueur de bonneteau (essayez de deviner ce qui va se trouver sous les chapeaux), de l'élégante aux parfums à la dame du Second Empire, des personnages inspirés d'Hergé à Colombine écrivant à Pierrot. On déambule entre ces personnages aux mécanismes précis et aux traits délicats, avant de déboucher sur une reconstitution particulièrement réussie du quartier de Montmartre, avec ses petits commerces (ne manquez pas la boucherie-charcuterie avec son étonnant avaleur de saucisses), ses cafés, ses cabarets, son peintre, son poivrot, et même son métro. A côté, le musée des Modèles réduits expose sa collection de petites voitures, de la célébrissime Ford T de 1912 à la Ferrari de Niki Lauda, en passant par la Phantom de Rolls Royce et autres Maserati. Puis ce sont les maquettes de bateaux qui nous convient à un voyage dans le temps et autour du monde : la Santa Maria de Christophe Colomb, la Barque d'honneur de Napoléon, le Victory de l'Amiral Nelson, le Pourquoi Pas du commandant Charcot. Un spectacle naval retrace la grande aventure des découvertes. Un peu plus loin, on pénètre dans le monde des profondeurs sous-marines, avant de refaire surface dans la salle des chemins de fer. Là, les passionnés de train (et ils sont nombreux par ici) pourront contempler un gigantesque circuit, ainsi que la maquette de la gare de La Rochelle. Bref, deux musées à ne pas manquer.

MUSEE DU FLACON A PARFUM

33, rue du Temple 05 46 41 32 40

Toute l'année du mardi au samedi de 10h à 12h et de 14h30 à 19h ainsi que le lundi après-midi. En juillet et août, toute la journée sans interruption et les dimanche et jours fériés de 15h à 18h30. Tarifs : adultes 4,12 €, groupes et étudiants : 3,66 €. Gratuit pour les moins de 10 ans. Au premier étage de la boutique La Saponaire, ce musée fondé par Anne et Jean Séris expose une rarissime collection de flacons à parfum (un millier de pièces originales en provenance du monde entier), de miniatures, de boîtes à poudre et d'étiquettes qui retracent plus d'un siècle et demi d'histoire. C'est l'Histoire (avec un grand H) que content les flacons créés pour commémorer les exploits de Jean Mermoz, le couronnement de l'Empereur du Japon ou encore la Libération de la France. Du flacon créé sous le régime soviétique, vendu dans les magasins d'Etat sous une forme rappelant celle d'un bidon d'huile, aux boîtes à concreta inspirées de l'imagerie du Ku Klux Klan, chaque pièce est particulièrement évocatrice. La petite histoire explique quant à elle pourquoi tel parfumeur a adopté tel emblème, en hommage caché à une dame par exemple. Les maîtres des lieux sont des gens passionnés qui sauront tout vous raconter.

MUSEE D'HISTOIRE PROTESTANTE

2, rue Saint-Michel 05 46 50 88 03

Du 1er juillet au 15 septembre de 14h30 à 18h (sauf dimanche). Le reste de l'année sur rendez-vous. Adultes : 1,52 €, étudiants : 0,76 €. Gratuit pour les enfants. Visites guidées sans supplément. Ce musée évoque l'histoire du protestantisme à La Rochelle depuis l'acquisition par la cité de son statut de ville libre (au XIIe siècle) jusqu'à l'Edit de Tolérance de 1787. A voir notamment : un exemplaire de la confession de foi de La Rochelle (1571), une bible imprimée à la Rochelle (1606), une table et une chaire entièrement démontables (datant de la période, entre 1685 et 1787, où le culte était voué à la clandestinité).

L'AQUARIUM 05 46 34 00 00

Bassin des Grands Yachts

Tous les jours : octobre à mars de 10h à 20h, avril à juin et septembre de 9h à 20h, juillet et août de 9h à 23h. Entrée : adultes 9,90 €, étudiants 6,86 €, gratuit pour les moins de 3 ans. Tarifs groupe. Que d'eau, que d'eau ! Installé à deux encablures du Vieux Port, sur le bassin des grands yachts, le nouvel aquarium impressionne : six fois plus vaste que le précédent, il présente dans 65 bassins reliés par 18 km de réseau plus de 10 000 animaux marins évoluant dans 3 millions de litres d'eau. Vous n'aurez pas trop de 2 heures pour admirer le ballet des méduses, identifier le poisson clown, jouer à cache-cache avec les murènes, trembler devant les terribles requins, avant de visiter la serre tropicale où vous attendent les piranhas. Suggestion futée : profitez des nocturnes organisées en juillet et août. La visite de nuit est magique et vous aura permis, au préalable, d'aller admirer le coucher du soleil depuis la terrasse du café situé au pont supérieur...

Aux alentours

LES PARCS A HUITRES DE CHATELAILLON-PLAGE - LES BOUCHOLEURS

La visite des parcs à huîtres, organisée par l'OT de Châtelaillon, est conviviale et instructive. Il s'agit d'une visite commentée qui s'effectue à marée basse, en charrette tractée et avec dégustation d'huîtres et de vin blanc.

EGLISE FORTIFIEE D'ESNANDES

05 46 01 34 64

Billet groupé avec le musée de la Mytiliculture. Petite église romane du XIIe siècle, fortifiée aux XIVe et XVe sur tout son pourtour, ses murs de 3,85 m d'épaisseur sont surmontés d'un chemin de ronde à créneaux et archères. La ligne de mâchicoulis court entre deux échauguettes d'angle. La guerre de Cent Ans a ainsi transformé un modeste édifice religieux en une véritable place forte au système défensif comparable à celui d'une forteresse. A l'intérieur, mobilier du XVIIIe siècle.

MAISON DE LA MYTILICULTURE
Esnandes 05 46 01 34 64

Du 15 juin au 31 août, tous les jours de 10h à 12h30 et de 14h à 19h30 ; du 1er avril au 14 juin et du 1er au 14 septembre, tous les jours sauf mardi de 14h à 19h ; du 1er février au 31 mars et du 15 au 30 septembre les lundi, mercredi et samedi de 14h à 18h ; en octobre et novembre le samedi de 14h à 17h. Billet combiné avec la visite de l'église : adultes 5,64 €, enfants 3,35 €. Tarifs groupe. Situé dans une des maisons du Parc Naturel Régional du Marais poitevin, ce musée retrace l'histoire de la baie de l'Aiguillon et l'évolution des techniques de l'élevage des moules depuis le XVe siècle.

CHATEAU DE BUZAY 05 46 56 63 21
10, rue du Château - LA JARNE

En juillet, août et septembre, tous les jours de 14h30 à 17h30. Pour les groupes sur rendez-vous du 15 mai au 15 octobre. Visite guidée 3,81 €. Situé à la Jarne, à 7 km au sud de La Rochelle, ce château fait partie de la Route historique des Trésors de Saintonge. Construit en 1771 pour un riche armateur, c'est un joyau de l'architecture classique. Il présente cette grande qualité d'avoir conservé ses boiseries et son mobilier d'époque et garde l'atmosphère d'une demeure habitée. Ses jardins à la française qui s'étendent sur 5 ha de parc et de verdure le mettent parfaitement en valeur.

EGLISE SAINT-PIERRE
ET MUSEE DES GRAFFITI ANCIENS
Marsilly 05 46 01 36 23

De mars à octobre, le lundi de 15h30 à 18h30 et du mardi au dimanche de 10h30 à 12h30 et de 14h30 à 18h30. Entrée 2,29 €. Erigée au XIIIe siècle et fortifiée au XIVe, l'église de Marsilly a souffert comme beaucoup d'autres des soubresauts de l'histoire, notamment des péripéties de la guerre de Cent Ans et des guerres de Religion. Aujourd'hui, son clocher-porche abrite un curieux musée : le musée des Graffiti anciens. Sont ici rassemblés des moulages de graffiti découverts dans les monuments de la région : églises, prisons, moulins notamment. Les plus vieux datent du XIIe siècle et les plus récents de la Seconde Guerre mondiale. Du haut de l'église s'étend un vaste panorama sur la région du nord de l'Aunis, la baie de l'Aiguillon et les marais alentour.

RESERVE NATURELLE 05 46 56 41 76
DU MARAIS D'YVES
RN137 - Yves

Tous les jours en période de vacances scolaires ; hors vacances scolaires : les mercredi et dimanche de 14h à 18h. Visites guidées commentées. Exposition, boutique. Gérée par la LPO, cette réserve est un des sites du littoral où l'observation de la faune est la plus aisée. Les oiseaux sont vraiment tout près : échassiers, oies, canards s'ébattent dans la lagune sous le regard des chevaux de race "highland" qui paissent à côté. Plusieurs visites sont proposées : visite à l'observatoire, sortie flore, découverte de la réserve, sortie "face-cachée", sortie crépusculaire.

MARTELL COGNAC 05 45 36 33 33
Place Edouard-Martell - COGNAC

De novembre à février, visites sur réservation uniquement. En mars, avril, mai, octobre : visites la semaine de 9h30 à 17h. De juin à septembre : visites tous les jours de 9h45 à 17h et le week-end de 10h30 à 15h30. Comptez une bonne heure pour visiter ce magnifique établissement. La fabrication de cette liqueur des dieux qu'est le cognac est une histoire d'amour entre l'homme et la nature. C'est en 1715 que Jean Martell a construit ce mini-empire et lorsqu'on visite sa maison "La Coquille", on est troublé par cet intérieur figé à l'époque du XVIIIe siècle : sextant, compas, meubles, vaisselles, cheminée, écrits sont autant de pièces rares et authentiques ; tout est fait pour apprendre, comprendre intelligemment le travail accompli dans les plus pures traditions, depuis les vendanges en passant par la distillation, les mariages entre eaux-de-vie (œuvre du maître de chai), la tonnellerie, le stockage, le transport par les gabares pour finalement déguster un cognac dans la boutique Martell.

L'Ile de Ré

Entre Pertuis breton et Pertuis d'Antioche, en face de La Rochelle à laquelle elle est reliée par un pont depuis 1988, l'île de Ré se présente comme une longue bande de terre s'étirant sur 30 kilomètres, contre 5 kilomètres seulement dans sa plus grande largeur. Classée site naturel protégé, l'île charme par son authenticité, même si elle est aujourd'hui très fréquentée. C'est à la basse saison qu'on préfère la visiter, quand le calme y est revenu. Sa population permanente de 16 500 habitants se partage entre 10 villages, chacun avec son caractère. L'éclat des façades blanches aux volets verts, les venelles où l'on se perd, les roses trémières sont leurs points communs. L'île égrène aussi des plages de sable blond, des petits ports typiques, des sous-bois odorants. On y visite des marais salants, des parcs à huîtres, des écluses à poissons. Bref, Ré la Blanche est un petit bout de terre entre ciel et mer qui vaut d'être exploré.

L'ABBAYE DES CHATELIERS

Fondée au XIIe siècle par des moines cisterciens, l'abbaye constitue le plus vieil édifice religieux de l'île et a subi les vicissitudes d'une histoire tourmentée : rivalités franco-anglaises, guerres de Religion et Révolution ont été pour elle synonymes d'outrages et de destruction. Il n'en reste pas moins que ses vestiges où le vent joue à cache-cache continuent de dégager une réelle majesté, surtout quand, au coucher du soleil, la lumière les embrase.

Ars-en-Ré

Au cœur des marais salants, Ars (1 340 habitants), classé parmi les plus beaux villages de France, se repère de loin grâce à son clocher noir et blanc.

L'EGLISE SAINT-ETIENNE

L'église Saint-Etienne domine Ars de sa flèche peinte en noir et blanc, servant d'amer (de point de repère) aux bateaux naviguant dans le pertuis. Construite au XIIe siècle et remaniée au XVe siècle, elle combine style roman (son beau portail et sa nef) et gothique (le chœur). L'OT organise, en saison, des visites du clocher.

Le Bois-Plage

Bourg vigneron, Bois-Plage (2 222 habitants) est entouré de vignes, de bois et de plages (d'où son nom). Il regroupe trois hameaux : le Bois, le Morinand et le Roulant.

LE BOIS DE TROUSSE-CHEMISE

Immortalisé par Aznavour, ce bois est parcouru de sentiers interprétatifs. La petite histoire veut que lorsque les Anglais abandonnèrent le siège de l'île en 1627, les Rétaises troussèrent leur chemise pour leur montrer leur... mépris.

LE CHENAL DE GOISIL

Sur la côte nord de La Couarde, ce chenal emprunté par les petits bateaux de plaisance ménage une jolie balade.

La Couarde

Avec sa longue plage de sable fin et sa base nautique animée, La Couarde (1 170 habitants) est une des stations balnéaires les plus courues de l'île (et une des plus anciennes : Mistinguett la fréquentait).

La Flotte-en-Ré

Second village de l'île (avec Ars) à être classé parmi les plus beaux de France, c'est aussi un des deux seuls ports (avec Saint-Martin) à accueillir aussi bien les pêcheurs que les plaisanciers. La Flotte compte 2 729 habitants.

LE KIOSQUE A MUSIQUE

Il trône au centre du village. En été, l'harmonie locale y donne des concerts.

Loix

A l'écart des foules, Loix (615 habitants) est une presqu'île dans l'île. C'est le village le plus paisible, le plus authentique, à découvrir en vélo bien sûr, ou bien à pied.

L'ECOMUSEE DU MARAIS SALANT
Route de la Passe - LOIX 05 46 29 06 77

Matin et après-midi du 1er juin au 30 septembre, après-midi seulement du 15 février au 1er juin et du 1er octobre au 11 novembre. Fermé du 11 novembre au 15 février. Situé sur la Prise de la Lasse, l'écomusée du Marais salant propose à ses visiteurs de partir à la découverte des marais rétais. Une petite exposition retrace tout d'abord leur histoire et détaille les techniques de production de l'"or blanc", maquette à l'appui. Ensuite, une visite guidée permet de se rendre sur le site et d'y découvrir la flore et la faune spécifiques des marais. Une boutique vend les produits du marais (sel, fleur de sel, salicorne), à des prix intéressants.

LA MAISON DU PLATIN 05 46 09 61 39
4, cours Félix-Faure

Tous les jours de Pâques à la Toussaint de 10h30 à 12h30 et de 14h30 à 18h. Le dimanche en juillet et en août de 14h30 à 17h30. Hors saison sur rendez-vous pour les groupes. Adulte 3,50 €, enfant 2 €. Les quatre niveaux d'exposition de cet écomusée sont consacrés à l'histoire maritime et aux coutumes rétaises, racontées à l'aide de photos d'époque, de maquettes et de costumes. Y sont également rassemblés des objets provenant des fouilles de l'abbaye des Châteliers. Des jeux de piste sont organisés pour les enfants. La Maison du Platin organise par ailleurs des visites guidées à thème (les ruelles de La Flotte, l'abbaye des Châteliers, les parcs à huîtres, le platin).

LE MARCHE MEDIEVAL

La cour pavée du marché, entourée de ses pittoresques halles du XIIe siècle, mérite à elle seule le détour.

LE MOULIN DU MORINAND

Le moulin du Morinand est le dernier moulin à vent encore intact sur l'île, ayant conservé son toit conique et ses ailes.

LE PORT

Toujours très animé, quelle que soit la saison, le port de La Flotte réunit chalutiers et voiliers. Son étonnante jetée courbe date de 1840. Sur le quai, les terrasses des cafés, restaurants et glaciers ne désemplissent jamais.

Les Portes-en-Ré

Entre forêt du Lizay et bois de Trousse-Chemise, les Portes (658 habitants) s'ouvrent sur plages et marais. Si l'on vous dit que le village abrite une population très huppée, cela peut s'appliquer aux habitants des somptueuses villas qui s'y cachent comme à ceux de la réserve ornithologique...

RESERVE ORNITHOLOGIQUE DE LILLEAU DES NIGES 05 46 29 50 74

De mi-juin à mi-septembre tous les jours de 10h à 12h30 et de 15h à 19h. Hors saison, samedi, dimanche et jours fériés de 15h à 18h. Pour les groupes, toute l'année sur réservation. Accueil à la Maison du Fier (expositions, projections, activités de découverte). Chaque année, cette réserve de 220 ha au cœur des marais du Fier-d'Ars sert d'escale, de site de nidification et d'hivernage à plus de 300 espèces d'oiseaux, dont les aigrettes garzettes, bécasseaux huppés, bernaches gravants, tadornes de belon, huîtriers pie et autres chevaliers gambettes. Des chemins parcourent le site en accès libre, mais cela vaut définitivement la peine de participer aux sorties découvertes organisées par la LPO qui gère la réserve.

Rivedoux

C'est le premier village que l'on découvre en arrivant sur l'île, entouré de vastes plages de sable doré et de parcs ostréicoles. Rivedoux compte 1 757 habitants.

LE PORT ET LES PARCS A HUITRES

Le port lilliputien de Rivedoux abrite des barques multicolores, qui se retrouvent à toucher le fond à marée basse, tandis que les parcs à huîtres se découvrent.

Saint-Clément-les-Baleines

Ancien village de homardiers, Saint-Clément (767 habitants) tient son nom des baleines qui en des temps lointains venaient s'échouer sur La Conche toute proche.

L'ARCHE DE NOE 05 46 29 23 23
Route du Phare

Tous les jours du 31 mars au 31 mai de 14h à 19h (10h30 à 19h les week-ends de Pâques, 1er mai et 8 mai) ; du 1er juin au 3 septembre de 10h30 à 19h et du 4 septembre au dernier jour des vacances de la Toussaint de 14h à 18h30. Entrée : 8,38 € adulte, 5,34 € enfant (tuyau futé : les OT de l'île distribuent des tickets de réduction). Cette arche abrite de plus en plus de résidents : psittacidés (perroquets) du monde entier (nouveau spectacle de vol libre), émeus, lémuriens, singes, tortues marines, insectes et papillons, mais aussi plus de 500 animaux naturalisés au Naturama du Monde et tous les oiseaux de l'île de Ré. Le musée des coquillages présente une collection de 10 000 spécimens, tandis que le musée océanographique expose des fonds marins reconstitués avec coraux naturels. Côté flore, bananiers, palmiers, bougainvillées sont à l'honneur au parc zoologique. Quant à l'histoire, c'est celle de la marine reconstituée à travers scènes et maquettes et celle du bagne de l'île de Ré évoquée à travers personnages de cire et photos d'époque. Et pour voyager et rêver un peu, la salle des trésors abrite de beaux objets et curiosités. Bref, prévoyez au moins 2 heures pour la traversée.

LE PHARE DES BALEINES 05 46 29 18 23

Tous les jours toute l'année. Tarifs : adulte 1,98 €, enfant 0,99 €. Si vous voulez jouir d'une vue imprenable sur l'océan, les plages et les marais salants, grimpez les quelque 250 marches de ce phare qui peut se targuer d'être l'un des plus hauts (57 m) et des plus vieux de France (il date de 1854). En été, foule oblige, il faudra vous armer de patience, mais le panorama vaut largement ce petit effort : par temps clair, vous pourrez voir jusqu'aux côtes vendéennes. Quant aux baleines, si vous les apercevez, mieux vaudrait peut-être redescendre et arrêter le rosé des Dunes...

Une autre façon de voyager
voyage
voyage
La télé de tous les voyages
Une chaîne
voyage.fr
PATHÉ!
Disponible sur le câble et CANALSATELLITE

Saint-Martin

Considérée comme la capitale de l'île, Saint-Martin (2 640 habitants) a gardé partout des traces de son histoire : des ruelles médiévales, une église du XIIe siècle, des hôtels particuliers construits du XVe au XVIIIe siècle, une citadelle et des fortifications du XVIIe siècle, un port construit au XVIe et modifié au XIXe siècle... Mais Saint-Martin est aussi et surtout une ville vivante et animée, où il fait bon flâner.

LE CLOCHER DE L'EGLISE

Fermé entre Noël et février. L'ascension du clocher offre une vue splendide sur la ville et son port de plaisance : c'est, avec celui du phare des baleines, le plus beau panorama de l'île. A savoir : en saison, le clocher est ouvert jusqu'à minuit et la vue nocturne est encore plus belle.

LES FORTIFICATIONS

Edifiées par Vauban suite au siège anglais de 1627, les fortifications qui ceinturent la ville constituent un intéressant but de promenade, à faire seul ou avec un guide (visites organisées par l'OT). Elles représentent près de 14 kilomètres de remparts sur l'océan, avec 2 portes et 5 bastions et demi-lunes. La citadelle, qui accueillait jusqu'en 1938 les bagnards en route pour la Guyane ou la Nouvelle-Calédonie, abrite aujourd'hui une prison et ne se visite donc pas.

MUSEE ERNEST-COGNACQ 05 46 09 21 22
Hôtel de Clerjotte - Avenue Bouthillier

Toute l'année : en hiver de 10h à 12h et de 14h à 17h (fermé mardi), en saison tous les jours de 10h à 13h et de 15h à 19h. Situé dans le très bel hôtel de Clerjotte, manoir Renaissance classé Monument historique et dont l'architecture mérite à elle seule le détour, le musée abrite les collections d'art, d'ethnologie et d'histoire Ernest Cognacq, du nom du fondateur de la Samaritaine, originaire de l'île. On peut y admirer des faïences de Delft, des porcelaines de Chine, de superbes maquettes de navires racontant cinq siècles de la marine à voile, une collection de cartes anciennes et d'autres souvenirs. Le musée accorde également une place importante à la peinture, avec des expositions d'artistes qui se sont inspirés des paysages et de la lumière de l'île.

Sainte-Marie-de-Ré

Sainte-Marie (2 650 habitants) est un des plus vieux villages de l'île, avec ses ruelles étroites et son église au beau clocher gothique.

LES ECLUSES A POISSONS

Visite d'avril à août. Hors saison sur rendez-vous. Renseignements à l'OT ou auprès de l'ADEPIR (05 46 30 25 28). Elément important du patrimoine rétais, ces écluses dont l'origine remonte au Moyen Age fonctionnent sur un principe fort simple : recouverts à marée haute, les murets retiennent les poissons prisonniers lorsque la marée descend. Il en reste aujourd'hui une dizaine sur toute l'île.

LE PHARE DE CHAUVEAU

Accessible à marée basse, il signale une des zones de pêche à pied les plus prisées de l'île.

©M. VINET

Flâner

Le Coderando 17

Le Comité Départemental de Randonnée Pédestre en Charente-Maritime est une association loi de 1901 sans but lucratif, dont la mission est de créer et entretenir des sentiers de randonnée grâce à son réseau de bénévoles qui mènent eux-mêmes les opérations de débroussaillage, de balisage et de nettoyage. Pour tous renseignements, contacter :

Comité Départemental de Randonnée Pédestre
L'Aubrée - 17350 TAILLANT
05 46 90 16 45

Le sentier du littoral de La Rochelle à Esnandes

Longueur du sentier : 15 km (4 heures). Jusqu'à L'Houmeau : 4,5 km, Nieul-sur-Mer : 10 km, Marsilly : 12 km. Vent d'ouest et parfum d'iode, cette balade littorale suit les falaises taillées par la mer dans les couches de sédiments de l'ère secondaire. L'érosion a entrecoupé ces falaises de quelques dépressions jadis utilisées en marais salants.

Départ : parking du Belvédère.

1. Suivre la piste cyclable qui passe sous le pont routier et monter sur le chemin côtier. Longer le marais de Pampin.

Anciens marais salants, cette zone humide est classée Réserve Naturelle Volontaire. Banale au premier abord, elle présente en fait plusieurs biotopes : fossés, bassins, levées lui permettant d'accueillir une faune et une flore variées. Pour entretenir cet espace et éviter le développement des friches, la ville de La Rochelle a passé un accord avec un agriculteur pour installer un troupeau de vaches "maraîchines", une race ancienne délaissée par l'élevage industriel.

2. Après le lieu-dit "le Casino", accès possible, en direction d'un château d'eau, au bourg de L'Houmeau tout proche.

Le sentier littoral évite deux maisons aujourd'hui situées au bord de la falaise et parvient à la passerelle du Port du Plomb (restaurant La Camfouine). La franchir. Continuer sur la falaise (à droite, les pieds dans l'eau, dégustation de fruits de mer).

3. Au parking de Digolet, possibilité de rejoindre en 45 minutes Nieul-sur-Mer (balade de 10 km-2 heures 30 ; retour bus possible, ligne 54-55). Le sentier littoral passe près du golf de la Prée et parvient au Port de la Pelle.

4. Au lieu-dit "les Grottes", accès possible (balisage jaune) en 30 minutes au bourg de Marsilly (balade de 12 km-3 heures ; retour possible ligne 55 ; en profiter pour visiter son église et le remarquable musée des Graffiti). Continuer sur le sentier littoral, passer à Coup de Vague pour arriver à la pointe Saint-Clément.

Table d'orientation permettant de découvrir la baie de l'Aiguillon. A marée basse, c'est une immense étendue de vase que l'on découvre. La vitesse d'envasement de la baie de l'Aiguillon est considérable : en 20 ans, 2 m de vase se sont déposés. Cette sédimentation est renforcée par les bouchots qui font barrage et par les moules qui filtrent la vase. On pourra descendre sur le rivage voir la falaise d'une dizaine de mètres de haut. Formée de sédiments de profondeur (au jurassique, il y a 130 millions d'années), elle est faite de calcaire dur dans lequel on ne trouve que des micro-fossiles. C'est une falaise vive : la mer attaque la falaise et emporte les éboulis.

5. Suivre le chemin bitumé puis un sentier qui domine les marais et parvient, ombragé, au bourg d'Esnandes (balisage jaune). Pour aller à l'église, traverser la rue de la République et continuer vers l'est. Visite possible du musée de la Mytiliculture. Pour aller à la mairie (arrêt de bus), longer à droite la rue de la République sur 100 mètres.

Le sentier du littoral de La Rochelle à Aytre

Longueur du sentier : 10 km (3 heures). Des tours de La Rochelle, partons sur le sentier du littoral en suivant d'abord la falaise de la pointe des Minimes. Arrivée au cheval de fonte d'Aytré, en traversant le parc des Cèdres.

Départ : tour Saint-Nicolas. Autre possibilité : partir du parking Saint-Jean-d'Acre et prendre le passeur Autoplus pour se rendre directement aux Minimes.

1. De la tour Saint-Nicolas, longer le quai bordé d'un square et emprunter le pont basculant datant de 1927 qui marque l'entrée de l'ancien bassin des Chalutiers. Suivre à droite l'allée du Bout-Blanc parallèle à l'avenue Michel-Crépeau jusqu'à la station météorologique.

A gauche, la médiathèque est établie dans l'ancien quartier de la Ville-en-Bois : suite à la création d'un bassin à flot extérieur en 1862, des hangars et maisons en bois furent construits sur ce site.

Les trois rangées de robiniers offrent l'une des plus belles vues sur l'entrée du Vieux Port, marqué par les deux fameuses tours : celle de la Chaîne et Saint-Nicolas. Plus en avant vers la mer, les troncs torsadés et meurtris sont ceux des tamaris familiers des bords de mer et des marais de Charente-Maritime. Par gros temps, les vagues viennent arroser leur pied sans perturber leur croissance.

Voiliers 2 mâts au Grand Pavois.

Entre les pavés, l'indomptable nature reprend discrètement ses droits sous la forme d'une petite herbe : le plantain corne de bœuf ou "pied de corbeau". Sa fragilité n'est qu'apparence, car cette herbe ne croît correctement que si elle est régulièrement piétinée.

Poursuivre sur la digue et continuer devant l'entrée du port de plaisance. On arrive aux Minimes. Longer un instant la petite plage (restaurant L'Equinoxe) et le chemin piétonnier.

Du chemin des falaises, vue sur l'île de Ré, Fort Boyard et Oléron. Le chemin littoral passe devant le bâtiment moderne de la Porte Océane et file jusqu'au Bois des Pères.

Continuer sur le sentier littoral, hélas bitumé, étroit et qu'il faut partager avec les vélos. Contourner une maison établie au bord de la falaise, descendre sur les rochers et remonter sur la falaise (attention aux heures de marée !).

2. Aux premières cabanes d'ostréiculteurs d'Aytré, emprunter un chemin à gauche. Faire 100 m à gauche sur la route puis tourner à droite sur un chemin qui passe sous la voie ferrée. Contourner le lac, traverser l'entrée du parking et continuer dans la même direction le long d'un terrain de sport par un joli chemin ombragé jusqu'à un carrefour. Le traverser et prendre à droite du 1er immeuble en direction d'une façade peinte (étrave d'un paquebot). Laisser celui-ci à gauche, passer à côté d'une école maternelle puis emprunter une ruelle en face.

3. Tourner à gauche rue Ernest-Renan jusqu'au carrefour avec la D937. La traverser et continuer à gauche dans le parc des Cèdres puis dans le parc municipal d'Aytré. Rejoindre la mairie par l'impasse des Charmilles.

4. Devant la mairie, une sculpture de fonte de Renonciat représente un cheval de légende surgissant des flots.

Retour en bus ligne 19 ou 57.

©INTER ILES - *Ruelle Iles de Ré*

A table

- restaurants
- produits gourmands
- chez soi

Restaurants

Mode d'emploi

La méthode suivie pour la réalisation du guide est la suivante : tout au long de l'année, chaque établissement retenu dans le Petit Futé a été testé environ deux fois, par des membres différents de la rédaction et bien entendu de façon incognito. Cela évite au maximum les a priori, ou les commentaires teintés de la subjectivité d'une seule personne. Notre chapitre est classé en plusieurs sous-rubriques :

Début de mois : plus de 24,40 € à la carte.
Milieu de mois : entre 16,80 € et 24,40 € à la carte.
Fin de mois : moins de 15,25 € à la carte.
Cuisine des provinces : une cuisine venue des régions autres que la nôtre.
Cuisine d'ailleurs : une sélection de restaurants étrangers classés par pays.
Virées gourmandes : établissements situés hors ville et son agglomération.

Pour chaque établissement, nous indiquons : les jours de fermeture, les différents menus proposés, le prix moyen à la carte (sans les vins).

Début de mois

CHEZ SERGE 46, cours des Dames **05 46 50 25 25**

Ouvert tous les jours, dimanche y compris. Menu déjeuner à 29 € et dégustation à 60 €. A la carte, de 54 € à 68 €. Serge était une institution à La Rochelle. Aujourd'hui, une nouvelle équipe reprend le flambeau : réaménagement des salles, nouveau décor à la fois sobre et chaleureux, tables d'une mise à la fois élégante et moderne, et un grand, très grand chef en cuisine : Pascal Auger, qui nous a concocté une carte à mettre nos papilles en émoi. Jugez-en plutôt : asperges fondantes à la cannelle et panisses, mousseline aux saveurs torréfiées de café ; langoustines de la Cotinière contisées de laurier, coco de pays et noix de pécan ; foie de veau épais au Pineau, melon caramélisé, poivre du Penja et crème de racines ; et en guise de dessert, audacieuses aubergines cristallisées, crème à la badiane et ananas, sorbet basilic. **Faiblesse :** un menu supplémentaire serait le bienvenu au dîner. **Talent :** l'alliance des produits frais de notre région et des épices et saveurs d'ailleurs.

LES FLOTS 1, rue de la Chaîne **05 46 41 32 51**

Fermé dimanche soir et lundi hors saison. Menu midi en semaine, à 21 €. Menu fruits de mer à 30 €. Aubade gastronomique à 52 €. Grégory Couteanceau dirige Les Flots, une bien belle adresse de la gastronomie rochelaise. Sa carte est dominée par les produits de la mer : poissons, fruits de mer et crustacés, excellemment préparés et présentés. Pressé de foie gras aux Granny Smith confites au vieux porto, viennoise de morue fraîche gratinée à la moutarde de fruits, chaud-froid d'ananas Victoria rôti aux fines épices et sablé breton au beurre salé témoignent de la recherche d'une réelle originalité et d'une grande maîtrise. Aux beaux jours, la terrasse sur le Vieux Port est un must. En hiver, le feu dans la cheminée est un pur bonheur. **Faiblesse :** l'adresse est prisée, pensez à réserver. **Talent :** lauréat 2001 du Trophée Gosset de la meilleure carte de champagnes, le restaurant possède aussi une éblouissante carte des vins.

Grand Pavois.

LE PRINCE ALBERT **58, rue Albert-Ier**
05 46 41 06 60

Fermé samedi midi, dimanche soir et lundi. Bon, d'accord, cette adresse est un peu excentrée. Au moins, vous n'aurez pas de problème pour vous garer ! Et disons-le sans détour, cette maison en mérite bien un, justement, de crochet. Sans tapage, M. et Mme Antoine nous y régalent de quelques classiques savamment revisités et réalisés de main de maître. Parmi les différents menus proposés, celui à 22,87 € a retenu notre attention, excité nos papilles et comblé notre palais : terrine de foie gras au pineau accompagnée de son pain toasté aux oignons et aux noix ; tarte fine de rouget à la tomate et au pistou ; plateau de fromages ; choix de desserts. Pour ceux que rien n'effraie, le menu à 32 € propose un repas gargantuesque mais princier... **Faiblesse :** pour aller prendre un verre avant ou après le repas, il n'y a pas grand-chose à proximité. **Talent :** une cuisine et une atmosphère qui ont su rester familiales.

© OT. La Rochelle - *Entrée du vieux port*

LES QUATRE SERGENTS
49, rue Saint-Jean-du-Pérot **05 46 41 35 80**

Fermé lundi. Menus à 12,96 €, 18,11 €, 22,71 € et 32,01 €. Menu enfant 6 €. A la carte, environ 32 €. On ne présente plus Les Quatre Sergents. Quoique... Qui peut sans faillir les nommer tous les quatre ? Alors, pour se rafraîchir la mémoire, il faut absolument venir et revenir dans ce temple de la gastronomie rochelaise qui a attribué à ses quatre menus le nom de ces officiers. En compagnie du Sergent Goubin, on peut par exemple déguster un persillé de canard et vinaigrette de miel, suivi d'un dos de cabillaud à l'infusion de romarin et terminer par une succulente charlotte aux poires. La maison ne travaille que de beaux produits et sait les préparer et les présenter savamment. La carte est un modèle d'équilibre entre spécialités de la mer et spécialités du terroir, viandes et poissons. Quant au cadre... **Faiblesse :** elle est humaine, nous n'en avons pas trouvé. **Talent :** un cadre exceptionnel, sous une verrière 1900 qui abrite un merveilleux jardin d'hiver.

RICHARD COUTANCEAU Plage de la Concurrence **05 46 41 48 19**

Fermé dimanche. Menus de 35,83 € à 68,60 €. Carte de 45 € à 85 €. Sans conteste le meilleur restaurant de La Rochelle, dont c'est encore la carte qui parle le mieux : salade de homard, dariole d'araignée de mer et asperges en beignets niçois ; matelote d'anguilles, son pétale de lard doré au four à l'étuvée de jeunes poireaux taillés épais, sauce au vin rouge cuite le temps qu'il faut ; moelleux au chocolat tiède accompagné d'un coulis de griottines et de vin de Banyuls... Et derrière la magie des mots, la magie des mets : car en la matière, M. Coutanceau est un orfèvre. Service attentionné sans être trop présent, salle décorée avec goût et sobriété, vue sur l'océan par-delà les baies vitrées : bref, tous les ingrédients sont réunis pour passer une inoubliable soirée. **Faiblesse :** puisqu'il faut en trouver une, nous dirons qu'extérieurement parlant, le bâtiment dans lequel est installée cette grande adresse de la gastronomie surprend... **Talent :** la cuisine de la mer est particulièrement à l'honneur.

AU VIEUX PORT 4, place de la Chaîne **05 46 41 06 08**

Menus à 21 € (à midi) et 58 €. A la carte, environ 40 €. La famille Coutanceau a décidément bien des talents. Au Vieux Port, c'est Christopher qui est aux commandes et nous concocte de bien belles préparations : tarte fine de Saint-Jacques sur ses légumes provençaux à la fleur de thym et basilic ; épaule d'agneau de lait des Pyrénées laquée d'épices et cuite longuement au four du boulanger ; poêlée de griottes en feuilles de sarrasin au thym frais et poivre glacé. **Faiblesse :** on apprécierait quelques amuse-bouches à la place des olives qui sont certes délicieuses mais un peu déplacées dans cette gamme de prix ; et puis si ce n'est pas trop demander, quelques petits-fours avec l'addition... **Talent :** une cuisine inventive et parfaitement maîtrisée.

Faiblesse et talent

Telles deux notes de bas de page, Faiblesse et Talent concluent cette année chacun des commentaires. Un peu comme la léchouille reconnaissante ou le coup de canine agacé, par lesquels un renard attablé aurait eu envie de manifester sa (dés)approbation. Ainsi ces deux petites phrases récapitulent notre point de vue, de façon un peu manichéenne certes, mais pour plus de précision, voyez le texte.

Milieu de mois

L'ANNEXE 05 46 50 67 71
45, rue Saint-Nicolas

Midi et soir du lundi au samedi. De cette annexe-là, nous ferions bien notre cantine ! Cette nouvelle adresse nous est en effet apparue très prometteuse. Pour un déjeuner rapide mais gourmet, la formule à 9,90 € est idéale : un plat à choisir entre salade fraîcheur aux deux saumons et confit de canard pommes sautées, puis un dessert avec salade de fruits frais, clafoutis aux griottes ou fromage blanc à la crème. C'est frais, c'est bon, servi avec le sourire et efficacité. Les gros appétits trouveront quand même que c'est un peu léger. Qu'à cela ne tienne : il leur reste la formule à 13,42 € avec entrée, plat et dessert (par exemple, rillettes de saumon à l'aneth, sauté de lapereau ratatouille et balluchon aux pommes sauce caramel), ou encore le menu à 21,34 € qui permet d'élargir le choix à toute la carte. La salle en jaune et bleu est toute pimpante mais s'il fait beau, n'hésitez pas : réservez une table en terrasse, à l'ombre des parasols. **Faiblesse :** on n'en a pas encore trouvé. **Talent :** service très efficace.

AUX ENFANTS D'EDOUARD 05 46 30 54 63
62, rue Saint-Nicolas

Menu 16 _ (1 entrée ou 1 dessert + 1 plat). Chaque année voit s'installer un nouveau cuisinier dans ce petit local de la rue Saint-Nicolas. Mais un rien d'intuition nous laisse penser que cette fois Daniel Damour va occuper les lieux pour un certain temps. Ouvert depuis quelques mois, il vous est conseillé de réserver votre table. Certes l'endroit n'est pas grand mais Daniel s'est déjà fait une bonne réputation dans d'autres lieux de la ville et comme personne l'ignore à La Rochelle tout se sait très vite. Œuf en meurette, salade de gésiers et magret fumé, rillettes de saumon, tartare de bœuf, blanc de seiche persillé, cœur de rumsteack sauce poivrade, crumble aux fruits rouges, pain perdu aux pommes avec chantilly et sauce cannelle ; c'est copieux, c'est frais, ça sent bon comme quand grand-mère nous concoctait des p'tits plats avec amour, l'accueil est chaleureux. Un vrai plaisir et ne nous dîtes plus qu'on ne sait pas où bien manger à La Rochelle ! **Faiblesse :** pas de terrasse pour les beaux jours. **Talent :** faire avec simplicité des alchimies culinaires réussies.

LE BISTROT ROCHELAIS 14, rue Saint-Jean-du-Pérot 05 46 41 17 03

Tous les jours, service continu toute la journée. Menu à 18,29 €. Ce restaurant sert, comme son nom l'indique, une cuisine bistrotière faite de plats simples élaborés à partir de produits frais et bien préparés. En été, la formule moules-frites est toujours gagnante et dispute le succès aux salades et tartares. En hiver, pot-au-feu maison, tartiflette au bleu, bœuf bourguignon et spécialités de choucroute réchauffent le cœur et le corps. Les desserts ne sont pas en reste, avec notamment une très bonne crème brûlée. Service efficace et attentionné. **Faiblesse :** le décor des salles est en revanche plutôt sombre et chargé. **Talent :** aux beaux jours, la terrasse est bien agréable.

LA BONNE ASSIETTE 67, rue de Périgny 05 46 27 00 90

Formule entrée-plat 22 €, plat-dessert 19 €. C'est un nouveau chef qui s'est installé aux commandes de ce restaurant situé face au canal de Rompsay. A la carte s'affichent des spécialités du Sud-Ouest : salade périgourdine, canard sous toutes ses formes (foie gras, andouillette ou brochette grillée à la fleur de sel), dommage que les légumes qui accompagnent ne soient pas à la hauteur : les frites sont un peu lourdes ou les légumes parfois trop cuits. Côté desserts, l'hésitation est permise entre profiteroles au chocolat et terrine de crêpes. **Faiblesse :** les prix sont bien trop élevés pour une cuisine qui demande à être améliorée. **Talent :** le foie gras de canard.

LA BOUCHERIE 58, rue Sénac-de-Meilhan 05 46 30 48 30

7j/7 de midi à minuit. Menus de 8,99 € à 19,50 €. Formule express midi 7,55 €. Une adresse tout à fait recommandable pour les amateurs de viande, et ils sont nombreux, même à La Rochelle ! Steaks, entrecôtes et autres pavés se laissent déguster de bonne grâce et même les accompagnements sont bons, notamment les légumes (ce qui est un critère...). La Boucherie organise tous les mois des soirées à thème (alsacienne, auvergnate, marocaine...), pour ne pas laisser la monotonie s'installer dans nos assiettes. **Faiblesse :** euh... **Talent :** personnel nombreux et très aimable, assurant un service rapide (pratique quand on vient dîner juste avant le ciné).

LE BOUTE EN TRAIN 7, rue des Bonnes-Femmes 05 46 41 73 74

Fermé dimanche. Dans un décor d'inspiration marine plutôt que ferroviaire, le Boute en Train propose une excellente cuisine de bistrot à partir des produits du marché. Son menu carte à 19,82 € est remarquable, tant par le choix qu'il offre que par la qualité des préparations : tartines de moelle à la fleur de sel, carpaccio de thon au gingembre, tartare maison, dos de cabillaud poêlé à la mangue, tarte Tatin aux abricots, moelleux au chocolat ne sont que quelques-uns des mets proposés. **Faiblesse :** rançon du succès, l'adresse est courue : pensez à réserver. **Talent :** une carte dont la lecture fait saliver.

LE CHAMPETRE 22, rue Verdière **05 46 41 12 17**

Tous les soirs sauf mercredi de 19h à 0h30. Menu à 18 €. Carte : de 22 € à 24 €. Ludovic et Mathias sont des accros de la bonne chère, élaborée à partir de produits d'une irréprochable fraîcheur et cuisinés en bons petits plats revigorants, comme on les aime. La carte change au gré des saisons et nous a ainsi permis de déguster cet hiver des rognons flambés au cognac à la moutarde à l'ancienne et une tourte paysanne champêtre : de quoi supporter ensuite tous les frimas ! A l'étage, une salle accueille les groupes pour fêter un anniversaire, arroser une fin de stage ou tout simplement se retrouver entre amis dans une ambiance plus intimiste (réservation possible midi et soir). **Faiblesse :** si vous êtes au régime, passez votre chemin ! **Talent :** on apprécie le service jusqu'à tard dans la soirée.

LE COMPTOIR DES VOYAGES 22, rue Saint-Jean-du-Pérot **05 46 50 62 60**

NOUVEAU

Adapter des recettes du monde entier aux exigences de la grande cuisine et aux produits de notre région et nous convier le temps d'un dîner à un tour du monde au prix unique de 22 € : voilà un concept séduisant. Nous nous sommes donc, dès l'ouverture en octobre dernier, précipités au comptoir d'embarquement, pour découvrir une très belle salle décorée de cartes anciennes, affiches et peintures. Côté service, rien à redire, tout fut parfait. Côté assiettes, certaines préparations nous ont en effet fait décoller : les gros nems de nos côtes à l'araignée de mer et leur velouté crémeux de maïs doux étaient remarquables, le filet de rascasse et aubergine farcie aux petits légumes de Méditerranée, sauce Granny et curry de Madras également. En revanche, le couscous de sardines et sa sauce escabèche relevée manquaient un peu de finesse. **Faiblesse :** hélas terriblement cher. **Talent :** superbe carte de vins étrangers.

LE LOPAIN'KESS 6, rue Chef-de-Ville **05 46 41 01 14**

NOUVEAU

Fermé dimanche. Yvan a ouvert il y a quelques mois et c'est déjà un franc succès. Le Lopain'Kess (rendez-vous des copains dans le jargon des bouchers) est un restaurant-bar à vin. Vous pouvez venir déguster des tapas à la française accompagnées d'un verre de vin déniché par l'équipe : si vous avez le coup de cœur, vous repartez avec votre bouteille sous le bras. Sympa la formule ! Côté cuisine, rien à redire : une cuisine bistrotière simple (salade de cervelas, tête de veau) ou plus recherchée (la spécialité de la maison : la brandade de coin-coin au foie gras), mais toujours impeccablement réalisée. Côté ambiance : chaleureux et convivial à souhait. **Faiblesse :** la vôtre, les gars, en orthographe : "marmitte" et "ravigotte" ne se porteraient pas plus mal avec un seul t... **Talent :** on ne sait lequel choisir, entre le service très sympa, la déco réussie, l'incroyable rapport qualité-prix du menu à 10,50 € (avec entrée, plat, dessert, verre de vin et café !).

LE MAIL 16, allée du Mail **05 46 34 12 52**

Tous les jours de 9h à 23h sans interruption. Menu express 13,90 €, tradition 19,51 €, dégustation 27,44 €, gastronomique 45 €. Menu enfant 7,16 €. Bien connu des Rochelais, ce restaurant-brasserie situé sur le Mail propose de bonnes spécialités : poêlée de lotte et Saint-Jacques aux pâtes fraîches, duo de bar et sole à la fondue de poireaux, carré d'agneau à la crème d'ail et mojettes, entrecôte d'un kilo pour deux. Parmi les différents menus, le menu Tradition permet par exemple de goûter au saumon gravlack, avant de se laisser tenter par la brochette de magret de canard sauce moutarde à l'ancienne et de terminer en beauté par une tarte au citron meringuée (avec une épaisse couche de meringue, mmh...). **Faiblesse :** à la carte, les prix sont tout de même un petit peu élevés. **Talent :** la présentation des viandes et poissons dans la vitrine de l'entrée, qui permet d'en constater la fraîcheur de visu.

LA MAREE 1, avenue de Colmar **05 46 41 19 92**

Tous les jours. Menus : midi express 8,99 €, marin 12,50 €, pêcheur 15,55 €, pleine mer 23,17 € et mareyeur 23,63 €. Comme le phénomène dont il tire son nom, ce restaurant a selon les années connu des hauts et des bas, mais la dernière pêche est plutôt bonne, grâce à un nouveau chef qui travaille fort bien les produits de la mer : soupe de poissons et poissons fumés maison, morue en écaille au balsamique de Modène, filet de lieu au pavot bleu et sésame sont quelques-unes des spécialités, bien préparées et joliment présentées. Pour les amateurs de fruits de mer, le plateau est à 21,34 €, tandis que le panaché d'huîtres (6 fines de claire et 6 spéciales) est à 14,03 €. **Faiblesse :** lorsque le restaurant fait le plein (ce qui est souvent le cas), la salle a tendance à devenir un peu bruyante et enfumée. **Talent :** les desserts ne sont pas en reste, présentés à votre table sur un plateau pour que vous puissiez faire votre choix.

LA ROSE DES VINS 16, rue des Cloutiers **05 46 41 87 43**

Fermé dimanche et lundi. Formules à 10,98 € et 14,48 €. Didier Barbe vous accueille en ami dans ce bistrot à vins où de nombreux habitués viennent se régaler d'une excellente cuisine de terroir, agrémentée de petites touches exotiques : un foie gras sous flamme pour lequel on irait rôtir en enfer, un fondant magret de canard grillé aux fruits, un remarquable boudin au piment d'Espelette, un blanc-manger inoubliable et une tarte au chocolat que les plus fins connaisseurs s'accordent à considérer comme exceptionnelle. L'ambiance est très conviviale (le vin servi au verre ou en pichet y contribue sûrement un peu) et les discussions vont bon train d'une table à l'autre. Vous l'aurez compris au nombre de superlatifs employés : nous adorons cet endroit. Nous lui jetons beaucoup de roses, mais c'est mérité. **Faiblesse :** si vous ne buvez que de l'eau, vous allez lui faire mal au cœur, à Didier. **Talent :** l'accueil à la bonne franquette.

LA SOLETTE 11, rue de la Fourche **05 46 41 06 33**

Fermé dimanche et lundi. Notre adresse préférée pour la pause-déjeuner des samedis ensoleillés, après avoir chiné au marché aux puces et à la brocante. Sur une placette adorable, à l'ombre d'un arbre plus que respectable, La Solette a disposé quelques tables (oui, l'endroit nous met d'humeur poétique). Point de menu, mais des spécialités affichées sur l'ardoise : en entrée, poutargue ou foie gras mi-cuit maison ; en plat, pâtes aux moules et safran ou seiches à l'encre ; en dessert, crumble aux pommes et fruits rouges ou poires et figues pochées au caramel de vin et crème anglaise. Avec ça, un ou deux verres de vin, et puis peut-être un petit solex en digestif (spécialité à base de café, liqueur, tequila, chantilly et cannelle). Ensuite, on ferait bien une petite sieste sur le muret... **Faiblesse :** le service est parfois un peu débordé. **Talent :** une cuisine à la fois simple et inventive élaborée à partir de produits très frais.

LES DEUX TOURS 12, rue Saint-Jean-du-Pérot **05 46 41 14 44**

Tous les jours (si, si, c'est ouvert, il faut pousser la porte assez fort). Menus de 14,50 € à 25,15 €. Nouveau chef et nouvelle formule pour cette adresse qui a conservé sa décoration d'inspiration marine, avec sa fresque et ses tons jaune et bleu. Deux salles, l'une sur rue, l'autre à l'étage, accueillent les dîneurs. La carte, ainsi que les plats proposés à l'ardoise, affichent leur préférence pour les produits de la mer : carpaccio de saumon au gros sel, soupe de poissons, cabillaud rôti à la fondue de poireaux, anguilles à la persillade. C'est copieux et l'on a envie d'un dessert léger pour terminer : quenelles de chocolat ou coupe de sorbets. **Faiblesse :** ce sont les entrées et les desserts que nous avons préférés. **Talent :** service très souriant et sympathique.

LE YACHTMAN-GRILL MIDSHIP 23, quai Valin **05 46 41 20 68**

En face du bassin à flot, au pied du phare, ce restaurant met à l'honneur les produits de la mer. Le menu du jour à 14,50 €, servi le midi du mardi au vendredi, en fonction du marché, est d'un excellent rapport qualité-prix : émincé de raie sur salade de roquette, gratin de seiches et pommes de terre au romarin, pêche confite sur lit de fraises et glace vanille sont parfaits de fraîcheur et de saveur. Le menu dégustation, à 29 €, se joue, lui, en quatre actes : soupe de poissons maison et sa rouille sétoise, langoustines en vapeur de poireaux et leur vinaigrette tiède aux poivrons doux, cabillaud en tagine, volcan coulant au chocolat et son coulis passion. **Faiblesse :** la salle n'est pas très grande, venez tôt (il est toujours possible de réserver la salle à l'étage et, aux beaux jours, de déjeuner autour de la piscine). **Talent :** le jeune chef, issu du lycée hôtelier de La Rochelle, n'en manque pas.

Fin de mois

L'ATELIER GOURMAND 7, rue Saint-Michel 05 46 41 71 23

Le midi du mardi au samedi et le soir du jeudi au samedi. Plat du jour à partir de 8,85 €. Ce charmant restaurant propose de bonnes spécialités, d'une fraîcheur irréprochable et très bien présentées : tartare de bœuf ou de saumon, brochette de magret aux poires, assiette fromagère (camembert chaud accompagné de salade verte, pommes de terre, jambon de pays et jambon fumé poêlé). Les assiettes, aux prix compris entre 8,85 € et 10,67 € sont copieuses, mais s'il vous reste une petite place, jetez un œil à la carte des desserts : gazpacho de pêches, macaron au chocolat, carpaccio à l'ananas sont tous très tentants. Le café est servi avec un petit cannelé. L'accueil et le service sont efficaces et sympathiques. **Faiblesse :** dommage que le restaurant ne soit pas ouvert plus souvent en soirée. **Talent :** un cadre qui offre un plus incontestable, avec deux jolies salles, dont une en mezzanine, et, pour les beaux jours, une agréable terrasse dans une rue piétonne calme et ombragée.

LE BISTROT DE JEAN-PIERRE 15, rue du Docteur-Bigois 05 46 42 05 29

Fermé samedi et dimanche soir. Menu du jour 10 €. Menu carte 19 €. Voilà une adresse idéale pour aller déjeuner le dimanche, après avoir flâné au marché de La Pallice. D'ailleurs, la clientèle ne s'y trompe pas : certains habitués fréquentent l'endroit depuis plus de vingt ans ! Il faut dire que le rapport qualité-prix est irréprochable, le service adorable et l'ambiance populaire et bon enfant. Pequillos farcis, salade de saumon et pommes à l'huile, caille rôtie, cabillaud et pommes au lard : tout est frais, bon et copieux. **Faiblesse :** la salle de devant est un peu bruyante et enfumée (cela participe aussi à l'atmosphère...) ; si vous n'êtes ni bruyant, ni fumeur, préférez l'arrière-salle. **Talent :** atmosphère, atmosphère, ce bistrot a vraiment une gueule d'atmosphère.

LE CAFE POPULAIRE 4, rue d'Ottawa 05 46 42 61 39

Fermé samedi. Menu à 8,84 € ou 9,45 €. Plat unique : 6,40 €. Au Café Popu, pas de chichi : un menu fixe écrit chaque jour au tableau, dans lequel on choisit, selon sa faim, le plat unique, le repas complet avec entrée, plat, fromages et dessert ou bien le même avec deux entrées. Le pichet de vin (plus qu'honnête) est déjà servi sur la table, ainsi que la corbeille de pain (un pain au levain à la croûte brune et à la mie tendre, comme on les aime). Concombres à la crème, poisson frit, daube de bœuf servie avec pommes de terre et salade : c'est simple, frais et bon, comme à la maison. Les fromages sont bien choisis, ce qui tombe bien parce qu'il reste du pain et un peu de vin. Une petite compote pour terminer et le parcours s'achève sans faute. Le service est souriant, le cadre de verdure reposant (en été, on sort les tables dans le jardin) : que demander de plus ? **Faiblesse :** faut connaître ! **Talent :** un peu de nourriture spirituelle après ces nourritures terrestres ? Le Café Popu organise régulièrement des lectures et récitations de poésie, le vendredi soir ou le dimanche matin.

CHEZ ARTHUR 4, rue des Carmes 05 46 41 16 50

Fermé dimanche. Menus de 9,10 € à 18 €. Voilà bientôt 40 ans que Jeannot est derrière les fourneaux et presque autant que Momo son épouse le seconde (quand on aime on ne compte plus). Ici on vous reçoit simplement, sans chichi, mais si chaleureusement que vous vous sentez comme chez vous (peut-être mieux que chez vous...) d'autant que les patrons ne sont pas avares de leur temps. Jeannot, c'est du frais qu'il cuisine : rillettes de maquereau, langoustines flambées au whisky, saumon mariné à l'aneth, encornets à l'encre, entrecôte sauce roquefort, riz au lait fait maison comme le reste : un régal. A consommer sans modération. **Faiblesse :** c'est une adresse qui se mérite et le passage par le bar freine les moins téméraires... tant pis pour eux ! **Talent :** simplicité, convivialité 7j/7.

L'EQUINOXE 14, rue de l'Ange-Gardien 05 46 45 22 00

Tous les jours. Fermé en décembre et janvier. Menus à 8,99 €, 12,04 € et 17,99 €. Menu enfant 6,86 €. C'est avant tout pour sa terrasse merveilleusement située sur la plage des Minimes que l'on vient à L'Equinoxe : de l'heure du déjeuner à celle du dîner, on y passerait des après-midi entières à y observer le jeu du soleil sur la mer. Mais contrairement à ce qui arrive parfois dans ce genre d'endroit, la cuisine est bonne et le service efficace sans être expéditif. La carte affiche de quoi contenter tous les appétits : bon choix de salades gourmandes (la nordique avec rillettes de saumon, saumon fumé maison, tarte au poisson et hareng-pommes à l'huile est une bonne pêche), pizzas, croques campagne, mais aussi marmites de moules servies avec des frites, tartare de saumon, brandade de morue gratinée, assiettes de fruits de mer, et des desserts comme on les aime (tarte au citron meringuée, profiteroles au chocolat). **Faiblesse :** la petite salle à l'étage, au-dessus de la cuisine. **Talent :** les parents apprécieront de pouvoir laisser sans souci leurs enfants jouer devant.

LE JARDIN 5bis, rue Gargoulleau 05 46 41 06 42

Fermé dimanche. A deux pas du marché, ce Jardin est un havre de paix que l'on goûte particulièrement aux beaux jours : dans une charmante courette ombragée, bercée par le vent agitant les feuilles des palmiers, on vient déguster la cuisine de Claudie qui s'articule entre salades (landaise, nordique, chèvre chaud et noix, de 6,86 € à 8,38 €), délicieuses et copieuses tartines (brie aux noix, jambon serrano, tomates mozzarella, 9,15 €) et tartes salées (poireaux, épinard-chèvre, poulet-roquefort, 6,86 €). L'endroit fait également salon de thé, pour nous permettre de déguster les desserts de Claudie tout l'après-midi : tarte aux quetsches, crumble aux fruits rouges, moelleux au chocolat, à accompagner d'un thé ou d'un chocolat à l'ancienne. Si le temps est à la pluie, rassurez-vous : une salle aux tons clairs vous accueillera, à moins que vous ne préfériez la véranda. **Faiblesse :** la nôtre, devant le choix de desserts... **Talent :** sur les murs, les tableaux de Claudie vous feront oublier la grisaille (et puis, allez aussi jeter un œil à la lunette des toilettes : pour vous mettre de joyeuse humeur, elle est remarquable !).

LE LYAUTEY 2, boulevard Maréchal-Lyautey 05 46 42 64 30

Plusieurs menus de 7,62 € à 36,59 €. Fait également traiteur. Cela devient presque une lapalissade : on mange bien, et pour pas cher, à La Pallice (désolé, c'était facile mais on n'a pas pu s'en empêcher). Au Lyautey, on déguste une bonne cuisine familiale, du petit menu du jour (plat du jour plus dessert) au repas gastronomique, gargantuesque. La semaine est rythmée de quelques rendez-vous incontournables : le mercredi, c'est choucroute-jarret, le vendredi, c'est couscous. La maison prépare aussi la paella et des plateaux de fruits de mer sur commande. L'ambiance est conviviale et les habitués sont nombreux à en avoir fait leur cantine. **Faiblesse :** il ne faut pas redouter la promiscuité (mais bon, vous êtes justement venu pour la convivialité, non ?). **Talent :** les généreuses portions.

PENSION CHEMIN 25, rue Albert-Ier 05 46 41 10 58

Du lundi au samedi de 11h30 à 14h. Pas de réservation. Fermé en août. Voilà une adresse assez incroyable, du genre de celles que l'on aimerait garder pour soi, mais bon, notre mission (et nous l'avons acceptée) est tout de même de faire profiter nos lecteurs de nos bons plans ! Cette discrète pension de famille, qui œuvre depuis trois générations, est une véritable aubaine pour budgets serrés et gens pressés. Pour 6,71 €, on nous sert une entrée (la petite assiette de charcuterie nous attend déjà sur la table), le plat du jour (par exemple, un bœuf bourguignon-carottes), puis, au choix, une part de fromage ou un dessert (tartes, flans, compotes...). L'ambiance est très conviviale, le service adorable et efficace, la cuisine est simple et bonne : que demander de plus ? Un café à 0,46 € ? Allez, on va même en prendre deux ! **Faiblesse :** en forme de petit conseil futé : les desserts partent vite, aussi si vous tenez absolument à la tarte aux fruits, allez la chercher tout de suite ! Ne vous inquiétez pas, tout le monde fait la même chose... **Talent :** le charme rétro de l'endroit, avec ses papiers peints fleuris, ses lustres, ses tableaux.

LE SOLEIL BRILLE POUR TOUT LE MONDE 13, rue des Cloutiers 05 46 41 11 42

Tous les jours, midi et soir sauf dimanche et lundi. Le soleil brille pour tout le monde dans les assiettes : des tartes salées, des quiches, des salades, des plats du jour tout simples élaborés à partir de produits frais. Parmi les desserts, le crumble aux pommes et à la cannelle est à se mettre à genoux, le tiramisu à se rouler sous la table (c'est d'ailleurs la signification littérale de ce mot d'origine italienne : “tire-moi de là-dessous”). **Faiblesse :** toute petite salle à l'intérieur. **Talent :** petite terrasse aux beaux jours, quand le soleil brille aussi dans le ciel.

LA TAVERNE DE TASDON 83, avenue Emile-Normandin 05 46 44 95 14

Formule entrée, plat, fromage ou dessert à 9,50 €. Vin au verre de 0,80 € à 2,20 €. A l'odeur alléchés, nous l'étions certainement : une rôtisserie-bar à vins, quelle bonne idée ! Nous n'étions apparemment pas les seuls : le restaurant était presque complet, ce qui est plutôt bon signe pour une nouvelle adresse. Dommage tout de même qu'il nous ait fallu attendre dix bonnes minutes avant que quelqu'un vienne nous accueillir. Dommage aussi qu'il ne restait plus rien à la rôtissoire : même si la poule confite était honnête, nous aurions aimé goûter aux travers de porc grillés. Dommage enfin que le service soit si débordé... **Faiblesse :** c'est le démarrage, nous espérons que tout va s'arranger... **Talent :** bons petits vins de propriété.

LE TEMPLE 9, rue de la Ferté 05 46 41 15 04

Fermé dimanche. Nouveau décor, nouvelle formule pour cette adresse bien sympathique. Tous les midis, du lundi au samedi, il est possible de déguster le plat du jour (par exemple, hachis Parmentier à la provençale ou bœuf bourguignon servi avec frites et salade), précédé d'une entrée (œuf mayo, assiette de crudités, tarte salée) ou suivi d'un dessert maison (mousse au chocolat, crème caramel, tarte Tatin), pour la modique somme de 7,62 €. A la carte, des plats traditionnels servis copieusement (andouillette, pavé de saumon grillé, calamars à la romaine), mais aussi de délicieuses salades (la salade orientale est un très bon choix) et divers croques madame et monsieur. **Faiblesse :** salle un peu enfumée. **Talent :** excellent rapport qualité-prix.

Cuisine des provinces

Auvergne

LES TERRASSES DU MARILLAC 25bis, avenue des Minimes 05 46 44 92 78

Fermé lundi soir, mardi soir, jeudi soir et samedi midi hors saison. Quatre menus de 9,45 € (à midi en semaine) à 19,82 €. Menu enfant 6,86 €. 10 % de réduction pour les étudiants en semaine. Plats à emporter. Pour un petit voyage au pays des volcans, les Terrasses de Marillac sont tout indiquées, qui nous régalent de spécialités telles que truffade, tripoux, chou farci, punti, charcuteries du pays, gâteau aux châtaignes, millard aux fruits. De la cuisine qui tient au corps, en accord parfait avec le décor rustique de la salle où pendent au plafond jambons et saucissons, cuivres et objets de ferme. Une atmosphère chaleureuse donc, même si... **Faiblesse :** ben oui, en plein mois de novembre, nous avons eu un peu froid (mais il faut reconnaître que, de mémoire de Renard, rarement journée de novembre n'avait été aussi glaciale !). **Talent :** en été, la terrasse offre une vue magnifique sur le bassin Marillac.

Bretagne

CREPERIE DES HALLES 1, rue des Cloutiers 05 46 27 93 97

Fermé dimanche. Menu 8,40 €. La formule déjeuner de cette nouvelle adresse, qui permet de déguster une galette avec trois ingrédients au choix puis une crêpe au sucre, à la confiture ou au chocolat et une bolée de cidre, attire déjà bien des amateurs et ils ont raison car galettes et crêpes y sont vraiment bonnes (de 2 € à 7 € à la carte). Les spéciales "grill" sont de vrais plats qui permettent aux plus affamés de manger à leur faim (excellente "grill roquefort" : galette, steak haché à cheval, champignons, sauce roquefort, salade). **Faiblesse :** devanture un peu froide mais qui devrait bientôt être améliorée... **Talent :** sympathique cadre "fermier" avec vieux objets en bois.

LA GALETTIERE 9, rue de la Chaîne 05 46 28 29 59

Fermé lundi. Dimanche : de 12h à 22h non-stop. Menus à 10,52 € (galette + crêpe dessert), 14,48 € (galette + fromage + crêpe dessert) et 16,77 € (apéro, galette, fromage, dessert). Une nouvelle équipe tient La Galettière, une vraie crêperie bretonne qui propose galettes au sarrasin et leurs préparations salées et crêpes dessert au froment et leurs douceurs sucrées. Les galettes sont copieuses, notamment la galette de l'Océan à base de Saint-Jacques et fondue de poireaux. Les crêpes dessert sont tout aussi délicieuses et le choix est important. Un verre de cidre vous sera offert pour chaque menu commandé. **Faiblesse :** la nôtre devant le choix. **Talent :** l'ouverture le dimanche.

Pays basque

LA TABLE BASQUE 05 46 45 32 02
37, avenue des Minimes

Fermé mercredi (samedi et dimanche midi hors saison). Le midi, formules à 9,45 € et 12,04 €. A la carte environ 21 €. Ambiance typiquement basque dans ce restaurant qui propose un large choix de spécialités toutes plus alléchantes les unes que les autres : pâté basque, jambon serrano, sardines à la plancha, morue biscayenne, thon piperade, axoa, gâteau basque, pour n'en citer que quelques-unes. A déguster bien installé à la terrasse, face au bassin Marillac, ou dans la jolie salle aux couleurs du pays. **Talent :** un endroit si convivial qu'on s'y croirait, au Pays basque. **Faiblesse :** mais non, on n'y est pas.

Cuisine d'ailleurs

Espagne

LA BODEGA 21, quai du Gabut 05 46 27 50 36

Tous les jours jusqu'à 1h du matin. Tapas à 1,83 € la portion, plats à 9 €. Au-dessus de l'entrée, une inscription donne le ton : "Réservé aux gens polis et bien élevés, interdit aux grincheux". Il est vrai que rien ici ne justifie que vous perdiez votre sourire ou vos bonnes manières : accueil sympathique, cadre agréable (cave voûtée au plafond de laquelle pendent les jambons), spécialités basques et espagnoles parmi lesquelles une belle carte de tapas. Vous pourrez ainsi picorer tortillas, tomates séchées, anchois marinés, sardines au basilic, chorizo, serrano, fromage de brebis, pimientos del piquillo, en sirotant, pourquoi pas, un pichet de sangria. Viva España ! **Faiblesse :** todo bien ! **Talent :** une adresse où l'on peut dîner tard le soir.

Grèce/Turquie

LA CORNE D'OR Avenue Jean-Monnet 05 46 34 99 99

NOUVEAU

Spécialités grecques et turques le soir seulement, formule de brasserie traditionnelle le midi. Plusieurs menus de 10,52 € à 22,72 €. Grande capacité d'accueil pour groupes de 80 à 200 personnes l'été. Menu spécial étudiant. C'est donc le soir qu'il faut venir manger à La Corne d'Or, non pas que les plats servis à midi nous déplaisent, loin de là, mais parce que le soir, c'est le grand jeu du dépaysement, d'une excellente cuisine qui nous transporte entre Grèce et Turquie. Feuilles de vigne farcies, épinards au yaourt, gratin d'aubergines à la viande, boulettes de bœuf et d'agneau, assiette de loukoums, le tout arrosé d'un retsina ou d'un vin de Crète, et c'est le sirtaki que l'on a envie de danser. L'accueil et le service sont charmants et le décor de la salle très agréable. **Faiblesse :** la nôtre, devant l'assiette de pâtisseries... **Talent :** l'assiette de mezze !

Inde

LE KASHMIR 7, rue des Cloutiers 05 46 34 88 45

Tous les jours jusqu'à 23h. Menus à 9 €, 13 € et 16 €. Plats à emporter. Certainement le meilleur restaurant indien de La Rochelle. La carte tient sur une page, mais toutes les spécialités y sont : tandoori, tikka massala, curry, korma, biryani, à base d'agneau, de bœuf, de poulet, de légumes, de crevettes ou de poisson. Le menu servi à midi permet par exemple de déguster une très bonne et fraîche salade raïta, suivie d'un curry de poulet très honnête servi avec du riz basmati. En supplément, le pain nan au fromage est délicieux. **Faiblesse :** la déco est kitschissime, mais elle participe de l'ambiance... **Talent :** accueil et service sympathiques.

Italie

TEATRO BETTINI 3, rue Thiers **05 46 41 07 03**

Fermé dimanche et lundi. Pizzas de 6,86 € à 12,20 €. A la carte, environ 21 €. Service traiteur : pizzas et plats à emporter. Mirko a réussi à faire de cette adresse du centre-ville au décor de théâtre un lieu de rendez-vous incontournable pour les amateurs de vraies et bonnes pizzas, cuites au feu de bois et préparées à partir de produits frais et de qualité. Mais la gastronomie italienne telle que la conçoit Mirko ne s'arrête pas là : lasagnes maison, frais carpaccio, fondant osso-buco, sepioline (petites seiches) figurent en bonne place sur sa carte. Et pour terminer, un tiramisu à la recette allégée pour alléger notre conscience et un petit digestif au choix : grappa, Fernet-Branca, sambuca. Bon à savoir : pour ceux qui songeraient à fêter ici leur anniversaire, un gâteau spécial peut être préparé sur commande. **Faiblesse :** pas forcément idéal pour un dîner romantique ! **Talent :** ambiance bon enfant et joyeuse assurée !

Japon

SUSHI NAMI 2, rue des Cloutiers **05 46 07 65 68**

Fait également des plats à emporter. Tenu avec entrain par deux frères, Franck et Arnaud, formés dans une école de très haute réputation au Japon, ce restaurant nippon, vraiment bon, attire une clientèle fidèle, qui vient parfois de loin pour déguster ses sushis et autres spécialités. Tout est d'une extrême fraîcheur (le poisson est acheté tous les jours au marché) et réellement savoureux. **Faiblesse :** assez cher cependant. **Talent :** même les Japonais le trouvent excellent, ce qui est tout de même le test suprême.

Maghreb

LA GOULETTE **05 46 41 52 55**
17, rue des Dames

Tous les jours midi et soir, sauf dimanche. Couscous : 10,52 € (à emporter : 8,99 €). Pâtisserie orientale 1,52 €. Ce petit restaurant est une adresse en or. Sur l'ardoise, vous ne trouverez que quelques plats, mais quels plats ! Le couscous tunisien aux trois viandes et légumes frais aux sept parfums est une belle réussite, la pastilla (feuilleté au poulet et amandes parfumé à la cannelle) est exquise, le tajine au poulet, pruneaux et amandes servi avec une semoule aux raisins secs est une merveille. Les marmites vous sont apportées directement de la cuisine à votre table et si vous réussissez à tout manger, vous pouvez en redemander. C'est fin et copieux, servi avec bonne humeur, et les prix sont très doux. Aux beaux jours, quelques tables en terrasse viennent augmenter la capacité d'une salle qui a aussi ses attraits, dans une cave voûtée joliment décorée. **Faiblesse :** les places sont limitées, venez tôt ! **Talent :** une cuisine particulièrement ensoleillée.

LA PETITE FATMA 71, rue des Saulniers 05 46 37 16 74

Tous les jours sauf samedi midi et dimanche. Tajines à environ 11 €, couscous 12 €, à déguster sur place ou à emporter. La Rochelle est jumelée à Essaouira au Maroc, est-ce pour cette raison que ce nouveau restaurant a vu le jour ? Située près du canal de Rompsay, La Petite Fatma propose des salades (cuites mais froides), des bricks à l'œuf ou au thon, toutes sortes de couscous et de tajines. On peut également, en étant prévoyant (deux heures avant), commander un couscous ou un tajine à emporter. **Faiblesse :** c'est un peu excentré mais bon, c'est toujours moins loin qu'Essaouira ! **Talent :** un décor très sympa avec beaucoup de tapis et de tentures.

Asie

CAP SAINT JACQUES 10, place des Cordeliers 05 46 41 39 49

Ouvert 7j/7 midi et soir. Menu 7,50 _ le midi. Livraison à domicile gratuite (pour une commande de 15 _ minimum). Ceux qui ont eu la chance de visiter ce beau pays connaissent sûrement cette très belle plage à 120 km de Saïgon "Le Cap Saint Jacques". Dans ce restaurant rochelais, une famille vietnamienne vous accueille pour vous faire partager les richesses de leur pays. Richesse culinaire bien sûr avec un choix époustouflant : plus de 120 plats à la carte ! Des nems mais aussi des crêpes de riz croustillantes ou cuites à la vapeur aux crevettes et au porc (banh xéo ou banh cuon), boor-boun vietnamien, marmite des huit bonheurs, fondues vietnamiennes au bœuf. Vous êtes assuré d'obtenir la fraîcheur et la qualité. La salle spacieuse est décorée d'instruments de musique traditionnelle et d'artisanat local : éventails, tableaux, vaisselles, pousse-pousse sur les tables. Si vous souhaitez acquérir un de ces beaux objets, faites votre demande au patron. Tout est possible. **Faiblesse :** situé hors des circuits touristiques. **Talents :** c'est aussi sa force.

Autre adresse : marché couvert de La Couarde dans l'Ile de Ré.

Cafétérias et restauration rapide

Cafétéria

TOQUENELLE Centre Commercial Beaulieu 05 46 68 08 10

Tous les jours de 11h30 à 14h30 et de 19h à 21h30 (22h le samedi). Service bar dès 8h. Cette cafétéria située à l'entrée du centre commercial possède bien des atouts. Avant tout, on apprécie, à côté du self traditionnel qui propose un large choix d'entrées, plats et desserts, l'existence de différents stands permettant de varier les plaisirs : le grill, la pizzeria, la crêperie, le bar, et, pour les plus pressés, la sandwicherie. Plusieurs adresses en une seule : de quoi contenter toute la famille ! En plus, c'est bon et bon marché : un repas complet coûte une dizaine d'euros, des menus sont prévus pour les enfants à 2,90 € et 3,66 €. Bref, on comprend pourquoi les habitués s'y pressent. **Faiblesse :** l'odeur de cigarette, parfois. **Talent :** la variété.

Restauration rapide

LE CEDRE 22, rue des Templiers **05 46 41 03 89**

Le Cèdre est une très bonne adresse pour déguster des spécialités libanaises, sur place ou à emporter. Les sandwichs ont toujours beaucoup de succès : pour un prix compris entre 2,59 € et 5,03 €, on choisit son pain (quatre variétés) et sa garniture (shawarma, kafta, falafel, maqaniq, tous délicieux). Les assiettes à 5,49 € se composent à la demande et permettent par exemple de goûter au houmos, accompagné de crudités. **Faiblesse :** à quand quelques tables à l'intérieur ? **Talent :** la terrasse est très agréable en été.

MAC DONALD'S Avenue Albert-Einstein - Les Minimes **05 46 44 00 66**

7j/7, de 10h à minuit. Menu Big Mac 5,50 €, Mac Morning 3 €. Ces Mac Donald's, semblables à tous les Mac Do de France, de Navarre et de la World Company, ont malgré tout chacun leur clientèle. Aux Minimes, les cinéphiles, qui ont décidé de se faire un bon film plutôt qu'un dîner fin, viennent en soirée pour s'y sustenter d'un rapide hamburger avant la séance tandis qu'en journée, les étudiants qui n'ont plus la frite viennent y reprendre des forces avant la reprise des cours. A Angoulins, où une aire de jeux leur est réservée, ce sont les enfants qui sont à la fête. **Faiblesse :** une fois n'est pas coutume, joker... **Talent :** on apprécie que l'hygiène soit une des priorités de l'enseigne.
Autre adresse : RN137 - Angoulins 05 46 56 26 07.

PATAT' A TOUT Rue Alfred-Kastler - Les Minimes **05 46 50 51 45**

Du mardi au samedi de 11h30 à 14h30 et de 18h30 à 23h, dimanche de 18h30 à 22h. Cette enseigne s'est fait une spécialité de la pomme de terre au four garnie : crème, bacon et reblochon (pour la Savoyarde, 4,80 €), chèvre, tomate, oignon (pour la Berger, 4,90 €), et bien d'autres ingrédients qu'il est possible de combiner selon son bon plaisir (4 ingrédients : 5,20 €). Salades et desserts (glaces, yaourts, fruits) complètent la formule. **Faiblesse :** faut aimer les patates, mais qui ne les aime pas ? **Talent :** c'est bon, rapide, servi avec le sourire.

QUICK Rue de la Libération - C.Cial de Beaulieu - PUILBOREAU **05 46 35 46 96**

7j/7 de 11h à 23h (vendredi et samedi jusqu'à minuit). En face du garage Opel, une nouvelle bâtisse sur deux étages abrite deux salles non-fumeurs, d'une capacité de 130 places assises et, pour les beaux jours, une belle terrasse avec deux aires de jeux. Le personnel est très serviable et s'empressera de vous servir les incontournables hamburgers-frites accompagnés de sauce aux câpres, sauce au poivre ou encore sauce tartare : voilà qui change agréablement du duo ketchup/mayonnaise ! D'ailleurs, ici, on n'assure pas un service "drive" mais un "service au volant". **Faiblesse :** encore un joker ? **Talent :** les sauces !

Salons de thé

D'JOLLY 16, rue Chaudrier **05 46 41 26 95**

Tous les jours sauf dimanche, de 9h à 19h30. Le célèbre glacier-confiseur-pâtissier a déménagé de la rue Dupaty pour s'installer rue Chaudrier, où il s'est doté d'un grand salon de thé. Sa vitrine est un enchantement, enchantement qui se prolonge une fois entré dans la boutique. Glaces et entremets glacés, entremets pâtissiers, tartes et gâteaux sont tous aussi tentants. Alors, ne tentons pas de résister et allons nous asseoir pour déguster, pourquoi pas, un saint-honoré avec un café. Ou plutôt, non, un paris-brest et un thé parfumé. Ou peut-être une tarte aux fruits rouges et un vin chaud. Ou alors un macaron à la rose et un chocolat à l'ancienne. Que le choix est difficile ! **Faiblesse :** l'addition grimpe très vite. **Talent :** la carte propose également des tartes salées, des salades, des galettes et un plat du jour.

INFINI'THE 27, rue Dupaty **05 46 41 77 10**

Salon de thé toute l'année, du mardi au samedi, l'après-midi. Restauration légère d'avril à novembre, du mardi au vendredi, le midi (formule soupes à partir de 6,86 €, salades à partir de 8,38 €). Tout au fond de la boutique, se blottit un salon de thé comme on les aime : une salle claire, de la musique douce, des tables espacées, et, surtout, un vrai choix de thés en provenance de toutes les régions du monde. 85 variétés sont proposées, à déguster accompagnées de délicieuses pâtisseries maison comme le gâteau pommes-amandes, le cake à l'orange ou le pain d'épices aux cerises. En saison, on peut également y déjeuner de copieuses salades ou encore de soupes à l'ancienne reconstituantes. La formule brunch, conséquente, permet aux lève-tard de prendre leur déjeuner en même temps que leur petit déjeuner, en attendant sereinement l'heure du dîner. **Faiblesse :** nous sommes nombreux à attendre le brunch du dimanche ! **Talent :** tout est infiniment frais.

Virées gourmandes

LA MAISON DES MOUETTES 1, route de la Plage - AYTRE **05 46 44 29 12**

Fermé lundi. Après s'être formé auprès des plus grands chefs (Cagna, Ducasse, Gagnaire, Lorain, Troisgros : excusez du peu), Johan Leclerc, Rochelais d'origine, a repris la Maison des Mouettes et transformé l'établissement en temple de la gastronomie. Si vous vous laissez séduire par le menu Plaisir à 32 €, préparez-vous à une farandole de saveurs : petits enroulés de thon et langoustines au tandoori pour commencer ; médaillons de lotte, velouté de peperoni, crémeux de brandade et tomates confites pour continuer ; fondante jonchée de pays pour patienter ; nectarines jaunes au thym et leur granité pour terminer. Enfin, pas tout à fait, car le chef vous régalera encore de mignardises (ah, le petit baba...), venant clôturer un magnifique repas au cours duquel il vous aura également offert amuse-bouches, pré-entrée et avant-dessert. Que les appétits d'oiseau ne s'affolent pas : la Maison des Mouettes a prévu pour eux un Petit Menu à 19,67 €. **Faiblesse :** nous n'en avons pas trouvé. **Talent :** aux beaux jours, la superbe terrasse qui domine l'océan, face à la plage d'Aytré.

AUBERGE DU VIEUX PUITS 25, rue du Moulin - CHAGNOLET **05 46 01 25 25**

Table d'hôte, sur réservation. Menu à 15,24 €. Cette adresse située à dix petites minutes de La Rochelle est une aubaine pour gourmets gourmands (et inversement). Jugez-en plutôt : le soir où nous nous sommes invités à dîner (en ayant pris la précaution de jeûner toute la journée), nous nous sommes vu régalés d'un potage de pot-au-feu pour commencer, de rillettes de poule et de farci charentais pour continuer, puis d'une tartiflette au saumon (la spécialité du chef) en guise de plat de résistance, avant de goûter à un magnifique camembert venu directement de Normandie et de terminer par une glace vanille et sa confiture de figues maison. Un petit calva par là-dessus et nous étions bon pour aller nous coucher (cela tombe bien, l'auberge fait également chambres d'hôtes). **Faiblesse :** si vous ne connaissez pas Chagnolet, munissez-vous d'une boussole, ou mieux, d'une baguette de sourcier pour trouver le Vieux Puits, car l'auberge n'est pas très bien indiquée. **Talent :** d'un bout à l'autre du repas, Zoé et Régis, qui ont aménagé leur belle salle de façon rustique et conviviale, sont aux petits soins pour leurs hôtes.

© OT. LA ROCHELLE - *Grotte à Saint Palais sur Mer*

BAINS DES FLEURS 76, boulevard de la Mer - CHATELAILLON **05 46 56 00 58**

Tous les jours sauf mercredi de Pâques, jusqu'à mi-septembre. Hors saison : vendredi, samedi et dimanche. Fermé en novembre, décembre et janvier. Terrasse sur l'océan. Voilà une adresse pour vrais amateurs de galettes et crêpes, les premières à la farine de sarrasin, les secondes au froment, toutes élaborées artisanalement avec les meilleurs produits. Le choix est impressionnant, des plus simples (les "sans façon" et les "modestes") aux plus audacieuses (les "shaddocks", comme par exemple la César au fromage et raisins macérés au pastis ou la Berton : banane et chorizo). Toutes sont en tout cas extrêmement copieuses (les "plantureuses" et les "prospères" portent bien leur nom...). Et les sucrées ne sont pas en reste : aux fruits frais, à la confiture, au chocolat, à la crème de marron, au salidou (caramel au beurre salé), elles sont divines... **Faiblesse :** quel dommage que la saison ne dure pas plus longtemps ! **Talent :** et pour ne rien gâcher, l'accueil et le service sont très sympas.

LES FLOTS 52, boulevard de la Mer - CHATELAILLON **05 46 56 23 42**

Fermé de mi-décembre à fin janvier et le mardi. Menu à 21,04 €. A la carte, environ 30 €. Situé juste en face de la plage, ce restaurant est une très bonne adresse : pour sa jolie salle au décor marin étonnant, pour sa petite terrasse sur les planches, pour son service à la fois efficace, plein d'humour et bon enfant, mais aussi et surtout pour sa cuisine délectable et généreuse. Jugez-en plutôt : croustillant de petits-gris ou papillote de moules pour commencer ; cabillaud en écailles de pommes de terre ou parmentier de joue de bœuf pour continuer ; plateau de fromages ; poire farcie au chocolat amer ou macaron au chocolat et pistache pour terminer. Enfin, pas tout à fait car il y a encore les délicieux petits-fours servis avec le café. **Faiblesse :** l'adresse est connue, pensez à réserver. **Talent :** le menu est vraiment un grand moment gastronomique.

LE PLATIN **05 46 56 06 06**
56, avenue de l'Abbé-Guichard - Les Boucholeurs - CHATELAILLON

A l'origine, le platin était le nom de la bande de terre découvrable qui, à marée basse, permettait aux pêcheurs d'aller à pied jusqu'à l'île d'Aix. Aujourd'hui, il faut savoir nager. En tout cas, au Platin, la pêche est toujours bonne : on y déguste des barques de fruits de mer extra frais (47,26 € pour deux), des huîtres, des langoustines, des tourteaux, des moules de bouchots (notamment sous forme de mouclade), du bar grillé aux herbes, de la sole aux amandes ou meunière (la version XXL, soit environ 400 g, est à 20,12 €). Trois menus copieux s'ajoutent à la carte (à partir de 15,09 €). Votre Renard préféré s'est ainsi régalé avec le premier d'une excellente soupe de poisson, suivie d'une aile de raie aux câpres cuite juste ce qu'il faut et d'une fondante crème aux framboises. **Faiblesse :** votre Renard a désespérément passé la soirée à en chercher, et n'en a pas trouvé. **Talent :** service parfait, salle joliment décorée, vue panoramique sur la mer, tout y est.

DI ANGELO 64, avenue de la Libération - DOMPIERRE-SUR-MER 05 46 35 32 12

Tous les jours sauf dimanche midi. Pizzas de 4,50 € à 7,30 €, pâtes fraîches de 4,57 € à 7,93 €, menu enfant 5,03 €. Egalement pizzas à emporter. Depuis plus de vingt ans, cette pizzeria familiale sert de bonnes et copieuses pizzas à une clientèle d'habitués : abruzzese, calzone, calabrese, toutes préparées avec soin à partir d'ingrédients de qualité. La carte propose également des salades (qui figurent à la rubrique hors-d'œuvre mais suffisent à un repas), des pâtes fraîches préparées à la carbonara, à la bolognaise, aux spinacci, et pour les carnivores invétérés un choix de viandes parmi lesquelles nous avons retenu l'escalope milanaise ou à la marsala ou encore l'osso-buco comme là-bas. L'accueil est charmant et la petite salle au décor inspiré de l'Italie conviviale. **Faiblesse :** la radio en fond musical. **Talent :** la pizza au mètre, que l'on peut déguster à volonté le vendredi soir à partir de trois personnes (7,47 € par personne).

LA CANFOUINE Port du Plomb - L'HOUMEAU 05 46 50 97 89

Fermé lundi soir. Carte uniquement, environ 20 €. La Canfouine est une petite maison de pêcheurs idéalement située en bord de mer, face à l'île de Ré, tout près du charmant port du Plomb. La maison est accueillante, aussi bien aux beaux jours qui permettent de profiter de la terrasse qu'aux jours frileux où l'on apprécie le feu dans la cheminée. On y déguste des huîtres ultra-fraîches, d'excellentes rillettes marines, de la soupe de poissons, des escargots farcis, de la seiche à l'américaine ou encore en blanquette. **Faiblesse :** la marmite de poissons peut-être, un peu moins savoureuse que le reste ; ah, et puis la perruche qui nous casse les oreilles ! **Talent :** les rillettes (on insiste !) sont vraiment exceptionnelles ; les desserts sont très bien aussi, notamment la tarte aux pommes, caramélisée juste ce qu'il faut et dont la pâte ressemble à celle d'un crumble (mmh...).

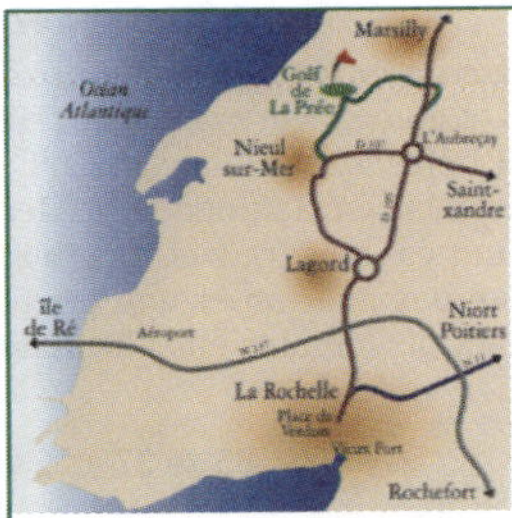

GOLF DE LA PRÉE LA ROCHELLE

Golf de La Prée

Marsilly - 17137 Nieul-sur-Mer
Tél. 05 46 01 24 42 - Fax 05 46 01 25 84
www.golflarochelle.com - e-mail : golflarochelle@wanadoo.fr

- Face à la baie de l'Aiguillon et à l'île de Ré, dans un décor chaleureux, le golf vous accueille tous les jours, toute l'année.
- Restauration de qualité, produits frais, service à toute heure, possibilité de dîners sur réservation.
- Menus à partir de 11,90 €.

LA FLEUR DE SEL 2, rue Maréchal-de-Lattre-de-Tassigny - L'HOUMEAU 05 46 50 95 90
Fermé dimanche soir et lundi. Menus à 20,60 €, 23,63 € et 32,02 €. Menu enfant 8,84 €. Dans cette belle maison charentaise toute de pierres et de poutres, donnant sur une charmante placette au centre du village, on déguste une cuisine gastronomique réalisée de main de maître : tourte de faisan et salade de noisettes, noisettes de cerf aux airelles et mille-feuille de légumes, croustille mi-figue mi-raisin et sa glace au caramel. Jacki Joyeux est un grand chef et le démontre. **Faiblesse :** même en cherchant bien... **Talent :** excellent rapport qualité-prix, le premier menu permettant de choisir, après la mise en bouche, une entrée, un plat et un dessert parmi toutes les propositions de la carte.

GOLF DE LA PREE Marsilly **05 46 01 24 42**

Tous les jours de 11h30 à 16h pour le déjeuner, dîner sur réservation pour petits groupes. Menus à partir de 11,89 €. A la carte, environ 20 €. Golfeurs et non-golfeurs amoureux de sa situation face à la baie de l'Aiguillon se retrouvent pour déjeuner dans la vaste salle ou sur la terrasse du restaurant du golf, où l'on déguste une cuisine traditionnelle et des plats d'inspiration brasserie qui changent chaque jour. Tout est très frais et fort bien réalisé. **Faiblesse :** ce serait quand même dommage de ne pas aller taper une petite balle. **Talent :** un cadre de verdure exceptionnel, à seulement dix minutes en voiture de La Rochelle.

LES PIEDS DANS L'EAU **05 46 37 43 93**
127, route du Port - Lauzières - NIEUL-SUR-MER

Hors saison : samedi soir et dimanche midi. En saison : tous les jours sauf jeudi (week-end midi et soir). Nathalie et Jean-Claude Brochard sont avant tout éleveurs d'huîtres. Dans la petite salle claire qui domine leurs viviers, ils offrent la possibilité aux amateurs de fruits de mer et de crustacés de venir se régaler de produits on ne peut plus frais, à moindres frais qui plus est. Assiettes d'huîtres affinées, spéciales ou grand cru (de 6,10 € à 14,48 € les 12, avec un verre de vin blanc), plateau de fruits de mer ou assiette de dégustation, sardines grillées ou poêlée de moules en éclade sont autant de spécialités que l'on savoure "les pieds dans l'eau" (sans oublier la superbe soupe de poissons, une des meilleures de la région à notre humble avis). **Faiblesse :** prendre la précaution de réserver et de s'assurer que l'établissement est bien ouvert de crainte d'être déçu ! **Talent :** Nathalie et Jean-Claude préparent également des plateaux à emporter, prêts à déguster.

Sur l'Ile de Ré

LE BISTROT DE BERNARD 1, quai de la Criée - ARS **05 46 29 40 26**

De février à la Toussaint et pour les fêtes. Hors saison, fermé lundi et mardi. Menus à 19,82 € et 28,20 €. A la carte, environ 42 €. Bernard Frigière façonne le poisson comme un artiste. Non seulement celui qu'il propose à sa table, une des plus créatives de l'île, mais aussi celui qui inspire ses sculptures, plusieurs fois distinguées : ainsi travaille-t-il le bar aussi bien en bronze qu'en pot-au-feu aux huîtres. **Faiblesse :** la nôtre, pour n'avoir pas le don d'ubiquité qui nous permettrait de ne pas avoir à choisir entre la très belle salle, la terrasse ou la tonnelle. **Talent :** le menu à 28,20 € est une véritable aubaine, qui permet par exemple de déguster une mousseline de langoustines au coulis de homard, puis un croustillant d'agneau de sept heures, une terrine maison de chèvre aux fines herbes, avant de terminer sur un bernina au chocolat.

LA CABANE DU FIER Le Martray - ARS **05 46 29 64 84**

De mars à novembre. Carte uniquement, environ 25 €. Dirigée elle aussi par la famille Frigière, cette cabane est une adresse à ne pas manquer (attention dans le virage, car justement, on la manque facilement). Sur l'ardoise s'affiche un programme particulièrement appétissant : mousseline aux trois poissons, agneau de sept heures (si fondant, servi avec un délicieux gratin de pommes de terre), baba au rhum (avec juste ce qu'il faut de rhum) et qui croque aux pommes (qui mériterait, lui, peut-être un peu plus de croquant). **Faiblesse :** la salle décorée façon cabane avec ses objets chinés et sa vue sur les viviers pourrait créer une ambiance chaleureuse, si ce n'étaient les courants d'air, qui peuvent être glaçants en novembre. **Talent :** pour les amateurs, les huîtres peuvent être servies avec leur crépinette.

L'ECAILLER 3, quai de Sénac - LA FLOTTE-EN-RE 05 46 09 56 40

De mi-mars à mi-novembre, fermé dimanche soir (et lundi hors saison). Carte uniquement, environ 40 €. L'Ecailler fait partie des meilleures tables de l'île. Le décor est à la fois rustique et raffiné, avec pierres et poutres apparentes, parquet et boiseries claires, créant une atmosphère aussi chaleureuse qu'intime. A la carte, des préparations alliant spécialités de la mer et produits de la terre, parfaitement cuisinées : palourdes sautées au thym, galette de tourteau au maïs, supions poêlés au laurier et sirop d'érable, effeuillée de raie gratinée au brie de Meaux. **Faiblesse :** dommage qu'un petit menu bien pensé ne permette de se régaler à moindre prix. **Talent :** des alliances de saveurs très réussies.

LA POISSONNERIE DU PORT 4, quai de Sénac - LA FLOTTE-EN-RE 05 46 09 68 22

Du 15 février au 15 novembre. A la carte, minimum 30 €. Vente à toute heure de poissons et fruits de mer (plateaux à emporter). L'établissement se vante de ne pas posséder de congélateur et c'est tant mieux ! Les poissons, fruits de mer, coquillages et crustacés que l'on déguste ici, dans la petite salle décorée de tableaux ou en terrasse sur le quai, sont d'une fraîcheur irréprochable. A la carte, sont proposés huîtres fines, palourdes, langoustines, homards, langoustes, tandis que les poissons affichés sur l'ardoise varient selon arrivage. **Faiblesse :** les pâtisseries ne sont pas faites maison, et alors ? La tarte au citron meringuée et le gâteau au chocolat et nougatine sont à tomber. Après tout, chacun son métier et les vaches seront bien gardées. **Talent :** les crevettes sautées sont un délice, à essayer absolument.

LA ROUTE DU SEL Place de l'Eglise - LOIX 05 46 29 06 83

NOUVEAU

Restaurant-crêperie. Moins de 15 €. Cette Route du Sel qui vient d'ouvrir est une bonne adresse pour déguster galettes (la beurre demi-sel est à 1,98 €, la complète à 5,49 €, les spéciales de 5,79 € à 9,45 €) et crêpes (incontournable, la caramel à la fleur de sel). La carte propose également quelques viandes grillées et des coupes glacées. **Faiblesse :** bon, alors, tu tires ou tu pointes ? **Talent :** très agréable terrasse sur la place de l'Eglise, d'où admirer les prouesses des boulistes.

L'AUBERGE DE LA RIVIERE 05 46 29 54 55
27, avenue des Salines - LES PORTES

Fermé en janvier et mercredi hors saison. Menus à 19,82 € et 48,78 €. Menu enfant 9,91 €. A la carte environ 54 €. Rémy Massé est un jeune chef prometteur, dont la seule lecture de la carte ravit les papilles : minute de langoustines et huîtres marinées à l'huile vanillée, filet de bar poêlé, velouté aux huîtres et tomates confites, moelleux au chocolat coulant et sa glace vanille bourbon. La salle aux tons ocre et beige, avec ses tables habillées de jolies nappes et fort bien mises, est à la fois chaleureuse et lumineuse. **Faiblesse :** trousse-chemise d'accord, mais aussi déboutonne-pantalon ! **Talent :** le menu Trousse-chemise permet de goûter un grand moment de gastronomie à petit prix.

LES VIVIERS 573, route de la Corniche - RIVEDOUX 05 46 09 86 22

De Pâques à la Toussaint. Menus à 10,98 €, 19,67 € et 24,09 €. Menu enfant 7,32 €. A la carte, 23 €. Vente à emporter toute l'année (plateaux de fruits de mer de 39,64 € à 64,03 € pour deux, à commander la veille). Fermé lundi. On déguste ici fruits de mer et crustacés d'une irréprochable fraîcheur : huîtres, palourdes, langoustines, tourteaux, crevettes, Saint-Jacques, mais aussi des moules (préparées à la marinière, à la charentaise, en mouclade ou au pineau et servies très copieusement) et de très bons poissons (aile de raie aux salicornes, fricassée de seiches rétaises, pot-au-feu de la mer). Un bon petit vin de pays par là-dessus et le bonheur est dans les viviers. **Faiblesse :** qui a demandé une viande ? **Talent :** la fraîcheur bien sûr.

LE CHAT BOTTE 20, rue de la Mairie - SAINT-CLEMENT 05 46 29 42 09

Fermé du 25 novembre au 20 décembre et du 5 janvier au 10 février. Plusieurs menus de 20,58 € à 58,69 €. A la carte, environ 50 €. La salle est déjà un régal pour les yeux, spacieuse mais intime, palissée de bois et décorée avec goût, largement ouverte sur la terrasse et le jardin. Mais le vrai bonheur est dans l'assiette : foie gras poêlé aux pommes, croustillant de turbot au beurre de truffes, barbue ivre de crabe, demi-canard colvert rôti aux figues, tarte chaude au beurre de caramel, macaronnade au chocolat. **Faiblesse :** la nôtre... ; du coup, nous n'arrivons pas à nous décider. **Talent :** la gamme de menus fort bien pensés.

AUBERGE DE LA CHAUVETIERE 1, rue de Beurelière - SAINTE-MARIE 05 46 30 21 56

Fermé de début janvier à mi-février. Menus à 12,20 € et 16,01 €. A la carte, 26 €. Fait également traiteur. Dans cette grande maison rétaise aux volets bleu lavande, on déguste une excellente cuisine traditionnelle, qui met en avant les produits du terroir cuisinés selon des recettes éprouvées saupoudrées d'un soupçon d'inventivité : carpaccio de bar à la fleur de sel, aumônière de maigre au foie gras, crème brûlée à l'ancienne. **Faiblesse :** on se sent si bien accueilli dans cette auberge qu'on a du mal à en repartir. **Talent :** de beaux produits, d'une fraîcheur irréprochable, parfaitement mis en valeur.

LA BALEINE BLEUE Ilot du Port - SAINT-MARTIN 05 46 09 03 30

Fermé du 12 novembre au 20 décembre et les lundi et mardi hors saison. Trois formules déjeuner : plat et dessert 21,34 €, entrée et plat 24,39 €, entrée, plat et dessert 28,97 €. Le soir, à la carte, environ 37 €. La Baleine Bleue est une institution à Saint-Martin, un grand nom de la gastronomie rétaise, ouverte aux influences du monde. Jugez-en plutôt : sashimi de saumon et pousses de gingembre à l'aigre-doux, croustillant de boudin antillais et bouquet de salades mélangées, thon rouge de ligne cuit en rôti et épinards au wakame, rôti de chevreau farci à l'ail vert et poêlée de shii-takés, moelleux tiède au chocolat fondant et sa tuile croquante à la menthe poivrée. Il y a de quoi crier : "cétacé", non ? **Faiblesse :** attention aux suppléments liés au choix de certains plats dans les formules déjeuner, qui peuvent assez sensiblement alourdir l'addition. **Talent :** trois espaces possédant chacun leur caractère : la très agréable terrasse face au port, le patio lumineux ou la salle intime à l'étage.

LE BISTROT DU MARIN 10, quai Nicolas-Baudin - SAINT-MARTIN 05 46 68 74 66

Trois chambres à louer au week-end ou à la semaine dont deux avec vue sur le port et une kitchenette, possibilité 4 couchages. Toute l'année. Environ 20 €. Ce bistrot qui accueille les marins affamés sert une délicieuse cuisine du jour, qui se décline sur l'ardoise en deux entrées (le jour où nous y avons jeté l'ancre : maraîchère de légumes ou salade de gésiers), deux plats (filet de maigre au chou ou suprême de volaille aux champignons) et deux desserts (tarte Tatin ou crème brûlée). Une petite carte permanente permet de déguster huîtres, andouillette ou entrecôte. Tout est très frais, les cuissons sont parfaites et les portions généreuses. **Faiblesse :** le chef, seul en cuisine, ne peut évidemment pas aller plus vite que la musique, mieux vaut ne pas être pressé. **Talent :** aimable carte de vins de propriété, utilement commentée.

Produits gourmands

Nous tenons à citer les heureux lauréats ayant été primés au concours Saveurs Poitou-Charentes 2002 sur le secteur de La Rochelle :

LE PALAIS DES PAINS 11, avenue Schumann 05 46 42 69 82
Pain bis tradition.

GAEC BUREAU JACKY ET CHRISTOPHE Le Breuil - DOMPIERRE-SUR-MER 05 46 91 00 45
Pineau des Charentes.

CAMUS GERARD 121, avenue de Rompsay 05 46 27 16 22
Farci charentais cuit au four - présent sur le marché de La Rochelle.

PANNETIER J.-J. Zac de Beaulieu 05 46 67 18 46
Grillon charentais - présent sur le marché de La Rochelle.

Charcuteries et plats cuisinés

LACAUD CHRISTIAN 27, rue du Temple 05 46 41 19 16

Tous les jours sauf dimanche. La devanture est de celles qui donnent envie de prendre à la lettre l'expression “faire du lèche-vitrine” : cailles farcies en gelée, boudin blanc truffé, galantine à la pistache, poularde sauce suprême, volaille aux langoustines, savent émoustiller les papilles. La clientèle ne s'y trompe pas, qui vient nombreuse et reste fidèle à cette adresse considérée comme une référence. Un conseil tout de même : au lieu de nettoyer les vitres avec votre appendice lingual, poussez la porte et passez commande : ce sera encore meilleur.

PRIEUR GUY 19, rue Saint-Nicolas 05 46 41 25 00

Tous les jours, sauf dimanche, de 7h à 13h et de 16h à 19h45. Boucher-charcutier artisan, Guy Prieur ne propose que des produits dont il garantit l'origine. Parmi les spécialités à déguster, signalons le farci poitevin et le rillon charentais, mais également tout un choix de tartes salées, salades, crudités, des plats préparés tels que tomates farcies, brandade de morue ou hachis Parmentier. Et pour les barbecues des beaux jours, des viandes marinées et des brochettes variées. Il n'y a plus qu'à rajouter une pincée de sel de l'île de Ré, et le tour est joué !

Viandes et Volailles

BOUCHERIE COLIGNY 68, avenue Coligny 05 46 34 10 44

Que voilà une excellente adresse, où l'accueil et le service au client sont de même qualité que celle des différents produits proposés, ce qui n'est pas peu dire. Chez ce boucher, volailler, rôtisseur, charcutier et traiteur, le pâté de sanglier aux noisettes est un pur bonheur, les paupiettes sont goûteuses à souhait. Et pour les lapins, on peut être sûr qu'ici on ne nous en posera pas un (et que cela ne soulèvera pas le moindre lièvre, hum...) : les petites bêtes à grandes oreilles sont des Rex du Poitou, d'une très grande qualité d'élevage, et on vous remettra des recettes pour les cuisiner.

CHEZ TONTON GRAILLOU 44, rue du Marché - CHATELAILLON 05 46 56 27 99

De 7h à 13h et de 15h30 à 19h30. Fermé mercredi. La spécialité de la maison, c'est le cochon : d'ailleurs, en peluche ou en porcelaine, les cochonnets ont envahi la boutique (mais ceux-là ne sont pas à manger). Cathy et Didier Humblot ne vendent que de la viande de qualité, aux origines certifiées : le porc de Poitou-Charentes bien sûr, l'agneau du Poitou, les volailles fermières de Challans. Le magasin est d'une propreté exemplaire : on mangerait par terre. Enfin bon, on n'est pas des gorets.

L'AUTRUCHE DE LAURETTE 2, rue de la Cave - MARSILLY 05 46 01 87 56

Laurette s'est fait une spécialité de l'élevage d'autruches et vend à la ferme, sur commande, de la viande fraîche sous forme de pavés, rôtis, tournedos, steaks, viande à fondue ou à bourguignon (d'autruche bien sûr). Il s'agit d'une viande goûtue qui présente en outre l'avantage d'être diététiquement correcte. Et comme tout est bon dans l'autruche, Laurette fait aussi des conserves, pâtés, rillettes, terrines et sautés. Elle fait visiter son élevage et est présente le vendredi après-midi au marché de la rue Gargoulleau.

Cafés et thés

INFINI'THE 27, rue Dupaty 05 46 41 77 10

Du mardi au vendredi de 10h à 19h, le samedi de 10h à 12h et de 14h à 19h. Darjeelings, Oolongs, Earl Grey, thés verts, parfumés, mélangés, d'Inde, de Chine ou de Russie, tous les thés du monde se retrouvent dans cette charmante boutique où l'art du thé est érigé en art de vivre. Chaque thé possède ses caractéristiques et ses vertus : certains sont à déguster au petit déjeuner, d'autres sont réservés aux fins d'après-midi, certains sont iodés, d'autres boisés : il ne faut pas hésiter à demander conseil si l'on n'est pas encore initié. La boutique propose également une sélection d'infusions aux essences naturelles, ainsi que des tisanes biologiques et un savoureux cacao amer à préparer à l'ancienne. Enfin, nombre de jolis objets, de la théière au livre consacré au thé, raviront les amateurs.

SAVEUR CAFE 4bis, rue Thiers 05 46 41 52 98

Du mardi au samedi de 8h30 à 18h30 (dès 8h le samedi). Quatre petites tables accueillantes permettent de déguster à toute heure de la journée un excellent café, fraîchement torréfié, avant, pourquoi pas, d'en emporter un petit paquet : Guatemala, Brésil, Colombie, Zimbabwe, autant de saveurs différentes, autant de découvertes. D'ailleurs, c'est ici que nous venons quand, après un bon déjeuner, nous avons envie d'un "vrai" café, que nous pouvons commander, selon le travail de l'après-midi, long ou serré (voire très serré !). La boutique propose également un joli assortiment de thés (80 sortes), des infusions, ainsi que des biscuits, gâteaux, chocolats, confitures, sans oublier des émaux de Chine et autres idées cadeaux.

Chocolats et confiseries

JEANNE D'ALBRET 10, rue Chaudrier 05 46 41 17 40

Mère d'Henri IV et figure de proue du protestantisme, la reine de Navarre a prêté son nom à ce chocolatier-confiseur, lui-même une figure de proue en son domaine. Parmi les spécialités qui font la gloire de la maison : les Rochelines au cognac, les Galets de La Rochelle, les Mojettes, les Carrés du Marais (caramels au beurre salé). De quoi convertir les moins gourmands et enchanter tous les palais.

ILE DE RE CHOCOLATS 15, avenue de Philippsburg - SAINT-MARTIN 05 46 09 22 09

Visites guidées gratuites en semaine, l'après-midi. Artisan chocolatier, confiseur et pâtissier, Daniel Vallegeas accueille les gourmands pour la visite de ses ateliers. Parmi ses spécialités : huîtres en chocolat, chocolats et caramels à la fleur de sel, ganache au cognac. Après la visite, instructive, on peut déguster ces douceurs au salon de thé, accompagnées d'un chocolat chaud maison ou d'une pâtisserie fine.

Fruits et Légumes

COULEUR MARCHE 20, boulevard André-Sautel 05 46 28 21 62

Tous les jours de 8h à 20h (de 8h à 13h dimanche et jours fériés). Livraison à domicile. Une adresse incontestablement futée pour s'approvisionner en fruits et légumes frais : le magasin est facile d'accès, les horaires larges, l'accueil et le service charmants et attentionnés, le choix est vaste et la qualité irréprochable. Fruits du terroir ou fruits exotiques sont toujours parfaits, les légumes sont joliment présentés dans de grands paniers. Couleur Marché propose aussi un bel étal d'herbes fraîches et d'olives, de fruits et légumes secs, d'épices et de conserves gastronomiques. La maison confectionne à la demande des corbeilles de fruits qui font de gourmands cadeaux.

MAISON PONS 24, rue du Temple **05 46 41 05 26**

Ouvert lundi. Les fruits et les légumes sont tous ici de premier choix : vous pouvez les acheter les yeux fermés (mais ce serait quand même dommage de ne pas les ouvrir, tant cette fraîcheur et ces couleurs sont un régal pour eux aussi). Si vous hésitez entre deux variétés, demandez conseil : le personnel est attentionné et prêt à renseigner. En été, devant la boutique, s'installe un stand proposant de délicieux cocktails de fruits pressés, à emporter et à déguster avant de reprendre le lèche-vitrine.

LE COMPTOIR MARAICHER DES GANDES Dompierre **05 46 37 12 69**

Du mardi au samedi de 15h à 19h, dimanche de 9h à 12h30. Entre Dompierre et Saint-Xandre, ce Comptoir Maraîcher vend, selon la saison, melons, pommes de terre, tomates, salades, courgettes, poivrons, mais aussi des pommes, des produits laitiers, du miel, des pâtés et charcuteries. Sa spécialité est la betterave cuite au four.

Fromages

LA FERME DE CANDE - GAEC DES 4 SAISONS Dompierre **05 46 37 01 03**

Christelle et Sébastien Babin proposent leurs produits frais fabriqués à la ferme de manière artisanale avec le lait provenant de leur troupeau d'une cinquantaine de vaches de race. Yaourts nature, yaourts aromatisés avec des arômes naturels, yaourts aux fruits, crèmes-desserts au chocolat, lait entier, crème fraîche, beurre et fromages peuvent être achetés à la ferme, les mercredi et vendredi de 16h à 19h et le samedi de 10h à 12h30 ou au marché de La Rochelle les mercredi et samedi matin.

FROMAGERIE LEFORT Chemin du Corps-de-Garde - LOIX **05 46 29 04 11**

Visite gratuite de la ferme tous les jours de 17h30 à 20h. Vente à la ferme tous les jours de 10h30 à 13h et de 17h30 à 20h. Catherine et Richard Lefort élèvent des chèvres dont le lait sert à la confection de délicieux fromages que l'on peut acheter sur place ou sur les marchés de Bois-Plage, Ars, Loix et Les Portes.

Glaciers

ERNEST LE GLACIER Rue du Port **05 46 50 55 60/05 46 45 19 87**

Vous en avez rêvé, Ernest l'a fait : plus de 70 parfums de glaces et de sorbets, des plus classiques aux plus osés, à déguster en pot ou en cornet. Tout ici est fait maison, ce qui participe pleinement au succès. D'ailleurs, la file d'attente qui se forme été comme hiver est un signe qui ne trompe pas !

OLIVIER GLACIER 24, rue de la Chaîne **05 46 41 47 14**

Si vous êtes un vrai amateur de glaces, qu'il pleuve, qu'il vente ou qu'il fasse beau, venez déguster les glaces d'Olivier. Pas de routine pour lui, il crée de nouveaux parfums à la demande ou sur inspiration et c'est sa femme qui sert de cobaye. Y a pire comme épreuve ! Commencez par goûter la vanille, c'est un truc de pros. Et si vous avez une fête en famille il n'y a qu'à commander : Olivier préparera les parfums de votre choix dans des bacs prévus à cet effet.

PARAD'ICE Boulevard de la Mer - CHATELAILLON **05 46 30 00 13**

En saison uniquement. Christophe Klein est un artisan glacier qui connaît son métier : ses glaces et sorbets, qu'il fabrique sur place à partir de produits naturels sélectionnés, nous font fondre de plaisir. Parmi les parfums proposés, signalons le sorbet cacao, fort en chocolat, et pour les nostalgiques des goûters d'enfance, la glace au Nutella.

LA MARTINIERE Quai de la Poithevinière - SAINT-MARTIN-DE-RE **05 46 09 20 99**

De Pâques à la Toussaint. Sur place ou à emporter. La Martinière est une institution à Saint-Martin, où elle élabore et fait déguster ses glaces artisanales depuis maintenant plus de 30 ans. Ses glaces sont de qualité exceptionnelle et la variété des parfums laisse pantois. Il n'y a qu'à en juger par les embouteillages qui s'y créent en été...

Marchés

MARCHE CENTRAL DE LA ROCHELLE

Principalement consacré aux produits de bouche, il se tient tous les matins sous la vieille halle et est élargi aux rues avoisinantes les mercredi et samedi. Haut en couleur, c'est un véritable lieu de vie et de rencontres, où producteurs locaux et fermiers vantent et vendent leurs beaux produits dans la joie et la bonne humeur.

BARTHELEMY — 05 46 41 80 50

Ce maître-fromager affineur est une aubaine pour les Rochelais, qui, en dehors du marché, n'ont plus désormais de fromagerie en centre-ville. Tous les produits qu'il propose, rigoureusement sélectionnés, ont de quoi ravir les renards à l'odeur alléchés. Il faut goûter en particulier aux fromages de chèvre, à bêler de plaisir, et aux beurres crus de baratte, qui se passent de tout baratin...

CHARCUTERIE CAMUS — 05 46 41 62 83

Parmi les spécialités de la maison, à déguster sans modération, citons le farci charentais, le boudin blanc ou encore les petits fagots charentais. La maison, primée au concours Saveurs Poitou-Charentes (médaille d'or), fait également traiteur et organise cocktails et buffets.

CHARCUTERIE DE LA FERME — 05 46 83 71 94

La ferme en question est celle de La Badoire à Cabariot, à une quarantaine de kilomètres de La Rochelle près de Tonnay-Charentes. Les produits proposés sont 100 % naturels, sans colorant ni conservateur, et l'on peut être sûr que les animaux qui y sont élevés n'ont jamais mangé que de bonnes céréales. Ici, on peut, sans rosir ni tortiller, affirmer que dans le cochon, tout est bon !

CHEZ MELIE — 05 46 41 23 00

La devise de la maison : "chez Mélie, le poisson sourit". Et les clients aussi... Car les habitués sont toujours aussi nombreux à venir y choisir des poissons d'une extrême fraîcheur, qui paraissent presque leur cligner de l'œil. Sans tomber dans le mélo, disons que Mélie est une institution, immanquable, à La Rochelle.

Le marché.

LA FERME DE NINE — **06 10 15 79 33**

Tous les jours sauf lundi et jeudi. A La Ferme de Nine, au marché couvert, Fabienne nous régale de pains biologiques cuits au four à bois, tous plus délicieux les uns que les autres. Les pains spéciaux sont particulièrement recommandables : aux graines de lin, pavot ou tournesol, aux noix, aux raisins ou encore aux olives. Pour les plus gourmands, viennoiseries et petits gâteaux sont eux aussi bien tentants, tout comme les quiches aux épinards, aux tomates et au fromage. Et pour notre plus grand plaisir Fabienne déménage pour un banc plus grand.

JEAN-JACQUES PANNETIER — **05 46 41 65 96**

Une autre des institutions du marché... Jean-Jacques Pannetier, fils de charcutier, est tombé tout jeune dans le métier et est devenu un grand nom de la charcuterie. Médaillé du grillon charentais (son fagot charentais, petit pâté aromatisé à la sauge et au cognac et enveloppé dans une crépine de porc, mériterait une médaille lui aussi), il propose également des produits de rôtisserie, des plats cuisinés et des spécialités comme saumon fumé et foie gras. La maison, qui possède un grand laboratoire à Beaulieu, fait aussi traiteur.

PRIVAT — **05 46 41 10 08**

En provenance directe du bassin de Marennes-Oléron, les huîtres de Serge Privat sont toujours irréprochables : ici, on apporte chaque jour un démenti à cet étrange dicton qui veut que l'on ne consomme les huîtres que les mois en “r”. De toute façon, à bourriche, il y a toujours deux “r”...

LA SARGENTINE — **05 46 41 53 68**

Ce chocolatier-confiseur qui vient de s'installer sous la halle centrale fabrique lui-même, dans son atelier rochelais, toutes les douceurs cacaotées qu'il vend.

MARCHE RUE GARGOULLEAU ET PLACE DE VERDUN

Il se tient le vendredi après-midi et réunit 40 commerçants. C'est essentiellement un marché aux fleurs, aux fruits et légumes et aux spécialités du terroir.

MARCHE DE LA PALLICE

Tous les dimanches matin, il réunit plus de 150 commerçants. C'est un marché très populaire, où l'on trouve aussi bien de l'alimentaire que des fleurs, des vêtements, des disques, des parfums et beaucoup d'autres choses.

MARCHE D'AYTRE

NOUVEAU

Il y avait le vendredi matin, place des Grands-Prés, et le dimanche matin, place de la République, un marché. Depuis octobre 2001, un marché se tient aussi le mercredi après-midi au pied du cheval de la place des Charmilles.

MARCHE DE CHATELAILLON

Marché couvert tous les jours de 8h à 13h. Marché extérieur dans la rue du Marché et sur le boulevard de la Libération, les mardi et vendredi matin. On peut tous les jours venir faire son marché à Châtelaillon. Sous la grande halle, les étals de fruits de mer et de poissons sont particulièrement remarquables : choix, fraîcheur, qualité sont toujours au rendez-vous.

MARCHE DE DOMPIERRE

NOUVEAU

Sous la nouvelle halle érigée sur la place qui jouxte l'église, le marché de Dompierre se tient tous les dimanches matin. C'est un tout petit marché, mais les produits y sont très frais : poissons, huîtres, fruits, légumes, fromages, ainsi qu'un délicieux jus de pomme des Vergers de Saint-Cyr. Ambiance de village assurée.

Sur l'Ile de Ré

La Flotte-en-Ré

Le marché des produits de bouche (nombreux produits du terroir) se tient toute l'année tous les matins, sous les très belles halles médiévales.

Les Portes-en-Ré

En saison : mardi, jeudi, samedi et dimanche matin. Hors saison : mercredi et dimanche matin, au centre du village.

Saint-Martin

En saison, le marché se tient tous les matins, sous les halles. Hors saison, mardi, jeudi, samedi et dimanche matin.

Pain et patisseries

CHEZ PAILLAT 170, avenue Carnot **05 46 42 12 51**

De 5h à 13h et de 15h à 19h30. Fermé mercredi et dimanche après-midi. Rien de l'extérieur ne laisse présager ce que l'on va trouver à l'intérieur. D'ailleurs, nous hésitons à vous le dévoiler, afin de vous garder la surprise. Mais bon, si nous ne vous dévoilons plus rien, vous risquez de nous en vouloir un peu... Alors voilà : chez Paillat, vous aurez l'impression d'entrer dans une superbe grange restaurée, avec vieilles pierres, poutres et escaliers. Vous découvrirez le four à bois dans lequel cuisent les pains, tous plus appétissants les uns que les autres : bûcheron, pain aux noix, olivette (à l'huile d'olive), saint-maurice à la croûte brune, pain de nos grands-mères (à longue fermentation). Et puis aussi des tartes aux fruits de saison, des cakes, des brioches, des galettes... Bref, un endroit à découvrir absolument et à fréquenter assidûment !

LE FOURNIL DE JACQUES MICAULT 90, boulevard André-Sautel **05 46 34 55 36**

De 7h à 20h30 tous les jours sauf jeudi (7j/7 du 15 juin au 15 septembre). Jacques Micault, maître artisan boulanger, propose une grande variété de pains sur levain cuits dans son four à bois : des boules, des baguettes, des épis, des longs, des courts, des ronds, au son, au seigle, multicéréales... Le choix est cornélien ! Mais rassurez-vous, il n'y a pas ici de mauvais choix : tous ces pains sont aussi bons que beaux. La pâtisserie n'est pas en reste, avec notamment d'appétissantes tourtes de Gascogne et quelques autres spécialités régionales comme la galette charentaise et le tourteau fromager. Mais non, la gourmandise n'est pas un vilain péché...

AU FOURNIL DU PARC 52, avenue de Metz **05 46 34 79 02**

De 7h à 13h et de 14h à 20h. Fermé lundi. Bernard Jaulin s'est fait une spécialité de la flûte Gana, une flûte croustillante à la mie très alvéolée, pétrie, façonnée et cuite en respectant très scrupuleusement la recette d'origine. Au fait, savez-vous d'où cette flûte tire son nom ? De Maître Ganachaud, son inventeur, bien sûr. Au Fournil du Parc, on trouve aussi un excellent pain bio, des pains sous flamme, des miches poitevines. Et puis, pour les gourmands, des viennoiseries, des pâtisseries, de fameux biscuits au thé et même des chocolats maison. Flûte alors, il faudra revenir !

LIAIGRE ANDRE 8, rue Gambetta **05 46 41 21 00**

Fermé lundi (ouvert dimanche matin). M. Liaigre est l'inventeur du "Pain du Marin", un gros pain au levain façonné à la main, à la croûte brune et croustillante, à la mie aérée et savoureuse et au pouvoir de conservation exceptionnel. Dans la même lignée, il réalise un "Pain des Mouettes", qui peut se déguster aussi bien nature (avec grillons, mousses de poissons et crustacés) que grillé en toast (pour accompagner fromages et charcuteries ou comme tartines du petit déjeuner). Beaucoup d'autres pains spéciaux sont proposés. Mais les talents de M. Liaigre ne s'arrêtent pas là : ses croissants au beurre sont divins et ne déparent pas au milieu de ses jésuites, religieuses et sacristains. De quoi convertir les plus sceptiques, assurément...

AU PAIN DORE 1, avenue Edmond-Grasset - AYTRE **05 46 31 14 22**

De 7h à 20h30 tous les jours sauf mardi. Vincent Rassineux, artisan boulanger qui pétrit et cuit son pain dans les règles de l'art, innove en proposant aux plus pressés un guichet ("le drive") leur permettant d'acheter leur baguette à l'ancienne sans descendre de leur voiture : de la façon à concilier tradition (car ladite baguette est toujours aussi délicieuse) et modernité. Pains spéciaux (notamment la tourte corrézienne, à notre humble avis un des meilleurs pains de la région), pâtisseries, tartes salées, quiches et autres douceurs sucrées ou salées proposées à l'intérieur méritent cependant qu'on s'y attarde un peu. Juste à côté, la rôtisserie "Au Poulet doré" permet de compléter un déjeuner sur le pouce.

LES TROIS EPIS 8, rue du Général-de-Gaulle - DOMPIERRE-SUR-MER **05 46 35 30 45**

NOUVEAU

De 6h45 à 13h30 et de 15h30 à 20h30 (dimanche de 6h45 à 13h30 et de 17h à 20h30). Fermé mercredi. Une très bonne boulangerie, dont le produit phare est, bien sûr, le fameux Dompierrois, que vous ne trouverez qu'ici : un pain sur levain à l'ancienne, dont la croûte brune, craquante à souhait, s'ouvre sur une mie goûteuse et fondante au palais. C'est bien simple : nous, nous l'avons adopté. Les pains spéciaux sont également à recommander : pain bûcheron, multicéréale, muesli. Côté pâtisserie, signalons, en saison, le très bon pâté aux prunes. Quant à l'accueil, il est toujours aimable et souriant, quelle que soit la saison.

Pâtissiers-chocolatiers

LE GRAND CARAQUE 45bis, avenue Jean-Guiton 05 46 67 55 68

Fermé lundi. Le Grand Caraque est l'adresse de prédilection des Rochelais amateurs de cacao et de bons gâteaux. Parmi les spécialités : le Caraque bien sûr (mousse chocolat caraïbe, biscuit cuiller chocolat), le Compostelle (mousse chocolat mandjari, suprême vanille, raisins macérés au cognac), le Royal (mousse chocolat, croustillant praliné, fond macaron). Et pour ceux qui préfèrent les fruits : le Péché Mignon (parfait pêche, pêches caramélisées, biscuit cuiller) ou le Normand (mousse pomme, mousse caramel, fond macaron). Et n'ayez pas d'a priori : on peut trouver chez les orfèvres pâtissiers des gourmandises bon marché. Ainsi M. Grangereau a-t-il créé les "pavés de La Rochelle", des sablés à moins de 2 € la boîte !

COTE JARDIN 49, rue du Marché - CHATELAILLON 05 46 07 43 79

Cette pâtisserie possède sa carte de spécialités au chocolat : le Réthais (sabayon au chocolat et caramel au beurre salé), le Châtel'sourire (mousse chocolat amer et feuilleté praliné), la Noisetine (biscuit chocolat, mousseline noisette, nougatine pilée) et la tarte Cuba (ganache au chocolat, pour grand amateur). Mais les tartes aux fruits sont tentantes, elles aussi : tarte soufflée aux pommes, tarte au citron confit, tarte aux figues fraîches nous mettent l'eau aux babines. Et puis, pour la route, pourquoi ne pas essayer le Compostelle de Voyage, sorte de cake aux raisins entouré de pâte d'amandes ? C'est sûr : ainsi requinqué, on pourrait marcher jusqu'à Saint-Jacques !

Poissons et produits de la mer

CHEZ FRED 32, rue Saint-Nicolas 05 46 41 77 10

Il ne reste pas beaucoup de poissonneries dans cet ancien quartier de pêcheurs, heureusement que Fred est toujours là. Il propose un bon choix de produits de la mer et a la bonne idée de rester ouvert jusqu'à assez tard dans la soirée. Le poisson y est très frais et rien n'empêche de jeter un œil sur l'ardoise du restaurant situé juste à côté pour glaner quelques idées !

AU JARDIN DE LA MER 71, rue Emile-Normandin 05 46 45 44 36

Du mardi au samedi de 9h à 13h et de 17h à 19h. Le Jardin de la Mer n'est pas bien grand et les clients y sont parfois pressés comme des sardines, mais la pêche y est toujours bonne. Une petite poissonnerie donc, mais joliment décorée et bien achalandée et où poissons et crustacés sont toujours frais. Quelques produits traiteur permettent à ceux qui n'ont pas le temps de cuisiner de néanmoins se préparer un bon dîner. Et pour ceux qui auraient oublié le vin, pas de problème : une petite sélection à prix doux et spécialement choisie pour accompagner les produits de la mer est proposée. Bon à savoir : le Jardin de la Mer est également présent sur le Vieux Marché.

BROCHARD JEAN-CLAUDE ET NATHALIE 05 46 37 43 93
127, route du Port - Lauzières - NIEUL-SUR-MER

Tous les jours sauf mardi hors saison. Au nord de La Rochelle, Lauzières est un petit village plein de charme, aux rues étroites. L'ostréiculture fait partie du paysage. Dirigez-vous vers le port du Plomb et sur votre gauche, découvrez la cabane ostréicole de Jean-Claude et Nathalie, aux couleurs ensoleillées, jaune et bleu, comme l'est leur accueil. Dehors, les viviers, à l'intérieur, prêt à la consommation, un choix d'huîtres (affinées en claires ou spéciales), de moules prêtes à cuire, de coques, palourdes, bigorneaux, de crevettes cuites. Jean-Claude a grandi parmi les ostréiculteurs, hommes de caractère. Sa passion du métier, il est prêt à la partager : c'est une des raisons qui a poussé ce jeune couple à faire déguster sur place ses produits (voir chapitre "restaurants").

LA FERME MARINE **Route de Loix - La Passe - LA COUARDE** **05 46 29 82 57**

Toute l'année, visites sur rendez-vous. Bernard Borit est ostréiculteur, éleveur et expéditeur d'huîtres et de gambas. Une visite à sa ferme est non seulement l'occasion de déguster et d'acheter ses produits, mais aussi de tout apprendre sur son métier.

Produits biologiques et diététiques

BIOMONDE **20bis, rue Albert-Einstein - Les Minimes** **05 46 28 34 34**

Le lundi de 15h à 19h et du mardi au samedi de 9h30 à 13h et de 15h30 à 19h30. Livraison gratuite sur La Rochelle à partir de 91,47 € d'achats. Biomonde est une épicerie bio en libre-service, où l'on trouve vraiment tout sur le mode naturel : fruits et légumes, fruits secs, crèmerie, charcuterie, pain et biscuits, compléments alimentaires, céréales en vrac, surgelés, vins et boissons mais aussi produits cosmétiques, d'hygiène et de droguerie répondant aux normes du bio. Même nos amies les bêtes peuvent avoir leur pâtée bio...

RAYONS VERTS **67, boulevard André-Sautel** **05 46 07 41 00**

Lundi de 14h30 à 19h30, du mardi au samedi de 9h30 à 19h30 et dimanche de 9h30 à 13h. Véritable "supermarché bio", ce magasin propose un très vaste choix en matière d'alimentation biologique et naturelle, mais aussi de cosmétiques, compléments alimentaires, produits d'entretien non toxiques. Les rayons sont clairs et spacieux et chaque thème est signalé par un panonceau. On apprécie tout particulièrement la cave à huiles, où les huiles sont présentées comme de grands crus (il y a également, pour les puristes, une cave à vins bien achalandée où l'on trouve pommard, chablis, gewurztraminer ou pineau des Charentes produits selon les règles de la viticulture biologique). Le rayon frais nous a également emballés, avec une belle sélection de produits laitiers et charcutiers. L'accueil est souriant et compétent.

DOUCEUR NATURE **19bis, rue de la Gare - AYTRE** **05 46 34 15 75**

Mme Raffaitin a ouvert cette boutique très sympathique il y a seulement quelques mois. Par passion du bien-être, elle vous donnera des conseils pour choisir le produit naturel correspondant à vos besoins. Elle prend le temps de vous écouter et de vous donner des échantillons pour tester. Service et disponibilité prennent ici tout leur sens . phytothérapie, fleurs de Bach, cosmétologie, épices, parfumerie, produits capillaires à base de plantes, encens, livres vous sont proposés.

Produits fins

LA BOUTIQUE LANDAISE
6, rue Gargoulleau 05 46 41 27 31
De 8h30 à 12h30 et de 15h à 19h. Une jolie boutique, très gourmande, où trouver des produits landais bien sûr (foie gras, magrets, confits), mais aussi du saumon fumé, du caviar pour les grandes occasions, du vin, des fromages, des confitures et plus généralement tout ce qu'il faut pour se concocter un bon petit dîner, du tête-à-tête amoureux (car on ne vit pas que d'amour et d'eau fraîche) au repas de fête.

COMTESSE DU BARRY
12, rue Thiers 05 46 41 59 81
Du mardi au samedi soir. Livraison à domicile. Authentiques foies gras, pâtés et galantines, plats fins cuisinés, bons petits plats d'hiver (pot-au-feu de veau et de porc et chou farci en aumônière, daube de bœuf fermier de l'Aubrac au madiran), salaisons, friandises, vins fins et alcools, voilà entre autres gourmandises ce que propose cette enseigne qui se targue de ne jamais employer ni colorant, ni exhausteur de goût, ni conservateur dans ses fabrications. De jolies corbeilles garnies peuvent faire de bien bons cadeaux.

OLIVIERS & CO 22, rue Saint-Sauveur 05 46 41 74 99
Sa robe peut être jaune soleil ou vert émeraude. Ses arômes évoquent les agrumes, les baies de cassis ou l'herbe fraîche. Elle est gouleyante en bouche, fruitée, sucrée. C'est l'huile d'olive, bien sûr, à laquelle cette très jolie boutique est tout entière dédiée. Une large sélection de grands crus est présentée, en provenance d'Italie, d'Espagne, de Grèce ou de Croatie et comme chez les meilleurs cavistes, une dégustation est offerte.

Produits étrangers

L'ITALIE GOURMANDE 70, rue des Merciers 05 46 28 10 01
Epicerie italienne. A la fois épicerie et traiteur, cette jolie boutique propose, outre des charcuteries, des fromages et des vins italiens, un bon choix de petits plats maison à emporter : lasagnes au saumon, cannellonis, salades de pâtes fraîches, tiramisu... Les pizzas sont également faites maison à partir de produits frais : comptez de 5,03 € à 6,40 €, la onzième est gratuite. Pour déjeuner sur le pouce, les paninis offrent une alternative savoureuse au sandwich, de 2,75 € à 3,35 €.

LE PIMENT BLEU 15, rue des Dames 05 46 34 39 71
Le lundi de 15h à 19h, du mardi au vendredi de 9h30 à 13h et de 15h à 19h et le samedi dès 9h. Epicerie des tropiques et du bassin méditerranéen. Le Piment Bleu est une épicerie, certes, mais c'est bien plus que cela. Le cadre de la boutique, déjà, est une invitation au voyage. Couleurs, odeurs : on s'imagine déambulant dans un marché lointain. Les épices sont à la fête bien sûr, à côté de toutes sortes de produits alimentaires, mais on déniche également des objets d'art de la table ainsi que des livres de recettes des pays tropicaux et méditerranéens. L'accueil est chaleureux et la qualité irréprochable : Françoise Herbé a bien mérité son premier prix du concours Qualité Poitou-Charentes 2000.

SAIGON PACIFIQUE 8bis, rue Gambetta **05 46 41 61 54**

Epicerie et traiteur asiatique, tous les jours de 9h à 22h. Restaurant au 1er étage, tous les midis sauf dimanche et lundi (menu rapide 7,62 €). Chez Saigon Pacifique, on trouve des produits et plats vietnamiens, ainsi que des spécialités chinoises (et, pour dépanner les dîne-tard imprévoyants, des produits d'épicerie bien de chez nous : vin, beurre, camembert, etc.). Nougat vietnamien, fruits du jaquier en conserve, nouilles chinoises, tout est là pour se préparer un bon petit repas aux parfums d'Asie. Au rayon traiteur, les plats déjà prêts tenteront les plus paresseux : beignets de crevette, nems, porc au caramel, poulet aux pousses de bambou, canard laqué, qu'à midi il est possible de déguster dans la petite salle de restaurant à l'étage. C'est bon, pas cher et servi avec le sourire : que demander de plus ?

Surgelés

PICARD 1, boulevard Joffre **05 46 43 44 21**

Picard, nous, nous en sommes des inconditionnels ! D'abord, un magasin on ne peut plus agréable, clair, spacieux, aéré (et bien sûr, climatisé). Ensuite une vaste gamme de produits de qualité, présentés intelligemment, par familles et sous-familles, nous permettant à la fois d'aller vite et de ne rien oublier : entrées, plats cuisinés, viandes et volailles, produits de la mer, légumes, cuisine exotique, desserts glacés, pâtisserie... Sans oublier le pain et les croissants pour les petits déjeuners gourmands. Et puis, il y a les engagements Picard, qui rassurent en ces temps troublés : le strict respect de la chaîne du froid, le strict contrôle des filières de production. Enfin, il y a les promotions, renouvelées chaque mois, pour remplir son congélateur à moindres frais. Picard, nous en sommes givrés !

©OT. LA ROCHELLE

Spécialités du terroir

PAUL BOSSUET **21, rue Gargoulleau** **05 46 41 31 92**

Viticulteur propriétaire récoltant, Paul Bossuet expose dans cette charmante boutique les produits de son exploitation, plusieurs fois primés aux concours nationaux : pineau blanc, rosé, vieux pineau, cognac de tous âges, liqueurs de Saintonge, crèmes de fruits. De quoi ramener de bien bons souvenirs de la région, offrir de biens beaux cadeaux ou tout simplement réassortir une cave qui part décidément bien vite...

LA BLANCHE DE RE **11, ZAC des Clémorinants - SAINTE-MARIE-DE-RE** **05 46 31 04 96**

Aux dires des connaisseurs, la bière blanche que brasse Monsieur Baumgartner est odorante à souhait et d'une grande perfection de goût. Le bruit court d'ailleurs que lors d'un dîner à Bordeaux, le Président Jacques Chirac et le Premier Ministre anglais John Major l'auraient préférée aux grands crus bordelais ! Il faut dire que cette bière-là est fabriquée artisanalement, sans aucun conservateur, ni additif, ni colorant. De quoi rassurer en ces temps troublés.

CONFITURES DU CLOCHER **1, chemin des Palissiats - ARS-EN-RE** **05 46 29 41 35**

Dégustation et vente à la ferme toute l'année. Françoise et Claude Héraudeau dirigent leur exploitation avec un enthousiasme communicatif. Leur ferme est située à l'angle du chemin des Palissiats et de la route des Portes, et vaut bien une petite visite. On peut s'y régaler de fraises cultivées sur place, nature ou en confiture. Confiture de mara des bois, de melon au pineau, confit de vin blanc ou de vin rouge : on se ferait sonner les cloches pour ces douceurs-là.

BOULE ET FILS **La Verrerie - BOISREDON** **05 46 49 64 64**

On vous a dit que le bon vin charentais existe et on vous le prouve ! Dans cette ferme du Sud-Charente, on est viticulteur de père en fils (depuis 3 générations) : “Olé pas run !” (ce n’est pas rien !). C’est un des rares établissements à vendre le vin en direct (on ne va pas se gêner), en bouteille de 75 cl (2,30 € pour le blanc et le rosé, 2,60 € pour le rouge), mais si vous vous sentez de le mettre vous-même en bouteille il ne vous en coûtera que 1,80 € par litre ! Si vous n’avez pas peur de perdre la boule (on s’amuse comme on peut) n’hésitez pas à déguster aussi le sauvignon et le côte-de-blaye...

COOPERATIVE DES VIGNERONS DE L’ILE DE RE **05 46 09 23 09**
Route de Sainte-Marie - BOIS-PLAGE

Hors saison du lundi au vendredi de 9h à 12h et de 14h à 18h ; en juillet et août du lundi au samedi de 9h à 13h et de 15h à 19h. Visites guidées des chais en été à 10h30 et 15h30 (toute l’année pour les groupes sur demande). Cette coopérative réunit sous sa bannière tous les producteurs de l’île (sauf un, histoire de ne pas être taxée de situation monopolistique !). On peut y déguster et y acheter tous les vins de pays rétais (le Royal, le Rosé des Dunes, le Petit Sergent, le Gouverneur, ainsi qu’un nouveau blanc : la Brise de Mer), mais aussi le Trousse-Chemise (vin mousseux méthode traditionnelle, blanc ou rosé), le pineau Ilrhéa, le cognac Gouverneur (3 étoiles et fine VSOP) ou encore un long drink 40e Degré Sud. Après cela, une petite sieste sur la plage s’impose avant de reprendre la route.

NORMANDIN MERCIER **Château de la Péraudière - DOMPIERRE** **05 46 68 00 65**

Visites de 9h à 12h et de 14h à 17h en semaine ; samedi et dimanche sur rendez-vous. Visite payante, avec dégustation. Située à 8 km de La Rochelle, la distillerie de la maison Normandin Mercier, fondée en 1872, produit cognac, pineau et vieilles eaux-de-vie de Grande et Petite Champagne.

HAUSELMANN ET FILS 2, chemin Chauvillere - SABLONCEAUX 05 46 94 44 63

Encore une adresse à ne pas manquer pour déguster du bon vin charentais... du rouge, du blanc, du rosé, du primé, du chardonnay !

ESPRIT DU SEL 13, rue de Sully - SAINT-MARTIN 05 46 09 06 42

Toute l'année, tous les jours. Fleur de sel nature ou au basilic, sel gris marin brut de récolte, sel "fou" ou aux herbes, caramels à la fleur de sel, mayonnaise aux algues, moutarde aux salicornes sont quelques-unes des spécialités les plus prisées de cette boutique de producteur où le sel est tout un art.

Autre adresse : au Phare des Baleines à Saint-Clément (en saison uniquement).

Vins et spiritueux

INTERCAVES 135, boulevard André-Sautel 05 46 34 42 37

Du mardi au samedi et le lundi après-midi. Jusqu'à 19h30. Bien situé sur le boulevard Sautel (il est pratique de pouvoir se garer juste devant quand on vient pour réapprovisionner sa cave !), ce magasin tenu par Joël et Véronique propose une large gamme de produits, du vin en vrac (qui se conserve très bien dans les petits fûts prévus) aux petites bouteilles, en passant par un bon choix de magnums, du vin de pays aux grands millésimes bordelais en passant par la Loire et autres régions productrices. Les vins étrangers ne sont pas oubliés, avec notamment une sélection de vins californiens. Une bonne bouteille de vin : un cadeau qui fait toujours plaisir !

LE TASTE VIN 22, rue du Temple 05 46 41 02 78

Du mardi au samedi de 9h30 à 12h30 et de 15h à 19h30 (le dimanche au marché central). Il ne faut pas manquer l'entrée, discrète, située juste à côté du marchand de primeurs Pons. Au bout d'un long couloir, un escalier mène à une cave voûtée du XIIIe siècle, unique en son genre. Là, à température idoine, sont conservés de grands crus aussi bien que de petits vins de pays, des champagnes, des whiskies et une belle gamme de produits régionaux : cognac, pineau, liqueurs à la fine champagne aromatisées à l'amande, à l'orange ou encore au café. Attention cependant, après la dégustation, à ne pas vous cogner la tête dans l'escalier !

Chez soi

©M. VINET

Maison à colombage

Pizzas

LE FOUR A PIZZAS Rue de Suède **05 46 67 57 57**

Tous les jours sauf dimanche midi. 39 variétés de pizzas cuites au feu de bois, disponibles en 2 tailles, de 5,64 € à 9,45 €. A emporter, livrées à domicile ou à déguster sur place. Situé dans le petit centre commercial de la rue de Suède, ce four à pizzas est un vrai four, à bois, qui fait de vraies bonnes pizzas : la pâte est fine, cuite à point, et les ingrédients sont de qualité (le jambon a du goût et le fromage ne fait pas de paquets). En plus, l'accueil est sympa, les pizzas sont prêtes en un tour de main et servies gracieusement avec une petite salade.

ANAIS 1, place des Charmilles - AYTRE **05 46 44 78 08**

Pizzas de 5,34 € à 9,15 €, pâtes de 5,34 € à 8,38 €. A emporter ou livrées à domicile. Anaïs est une pizzeria-ristorante-trattoria, tout cela à la fois. Les pizzas cuites au feu de bois, que l'on peut déguster chez soi mais aussi sur place, vont des plus classiques (reine, margheritta) aux plus surprenantes (la cagouille par exemple, aux escargots et persillade). La pâte est fine, croustillante, et la garniture abondante. Les pâtes fraîches (spaghettis ou tagliatelles) se déclinent à toutes les sauces : au pesto, à la sicilienne, à la véronaise, à la bolognaise...

AU POULET DORE 1, avenue Edmond-Grasset - AYTRE 05 46 31 14 22

Tout à côté de la boulangerie “Au pain doré”, cette rôtisserie propose poulets fermiers et autres spécialités cuites à la broche et dans leur jus, accompagnées de petites pommes de terre elles aussi imprégnées des sucs de la viande. Et n’oubliez pas avant de repartir d’acheter votre baguette au “drive” : indispensable pour saucer...

MANU PIZZA 51, rue du Général-de-Gaulle - DOMPIERRE 05 46 68 78 57

Tous les jours sauf lundi. 23 variétés de pizzas, disponibles en 3 tailles, de 3,81 € à 12,20 €. A emporter. Une nouvelle adresse pour les amateurs de pizzas. Manu ne livre pas, mais il suffit d’appeler un peu avant pour passer commande et il n’y a plus ensuite qu’à venir chercher sa pizza, toute fraîche sortie du four. Pour les gros appétits qui ne reculent devant rien, signalons la “tartiflette”, avec crème fraîche, pommes de terre, lardons, oignons, reblochon et gruyère. Est-ce bien raisonnable ?

Plats cuisinés

TONTON BARQUETTE 4, rue des Trois-Fuseaux 05 46 34 30 30

Du lundi au vendredi de 9h à 14h et de 18h à 21h. Plats cuisinés à emporter ou à déguster sur place. Tonton Barquette est une aubaine pour se concocter un bon petit dîner quand on n’a pas envie de cuisiner. Le menu change chaque semaine, avec des plats comme le boudin noir aux pommes (4,88 € la part), la dinde au curry (3,66 €), la brandade de morue (5,18 €). Parmi les entrées, la barquette de salade de lentilles est à 2,74 €, la tarte à la ratatouille à 2,13 €. Côté desserts, un onctueux fromage blanc aux mûres ou une tarte amandine aux poires ne coûtent que 1,83 €. Et pour ceux qui trouvent encore trop fatigant de choisir, différentes formules (de 4,88 € à 7,93 €) proposent des repas complets équilibrés. Dernier tuyau : le vendredi, de 18h à 21h, tous les plats bénéficient d’une réduction de 50 %. Le vendredi, c’est soirée barquette !

Se détendre

- sorties
- spectacles
- culture
- loisirs
- sports
- agenda

Sorties

Bars de jour

LE CAFE DE L'AQUARIUM Bassin des Grands Yachts - Quai Louis-Prunier 05 46 50 17 17

Tous les jours de 9h à 23h.Au 2e étage de l'aquarium. Le Café de l'Aquarium, c'est d'abord une des plus belles terrasses de La Rochelle, avec vue imprenable sur les tours, les clochers de la ville et la forêt de mâts du bassin des grands yachts. On y passerait des heures à regarder le manège des bateaux, sous une lumière toujours changeante, jusqu'à l'embrasement final du coucher du soleil. Si le temps est à la pluie, réfugiez-vous à l'intérieur où chaises en teck et fauteuils en rotin invitent à la rêverie, dans la douce moiteur qui se dégage de la serre tropicale située juste en dessous. La carte est fournie et les prix raisonnables : grande variété de thés et de cafés (expresso à 1,37 €), large choix de bières et de whiskies, belle sélection de vins au verre, en pichet ou en bouteille. Au Café de l'Aquarium, vous serez comme un poisson dans l'eau...

LE CAFE DU NORD 19, quai du Gabut 05 46 41 19 39

Fermé en décembre et les dimanches d'hiver. La mer est salée et les marins ont soif. Le Café du Nord est connu pour être le quartier général des voileux de tous bords : gens de mer, pêcheurs, navigateurs se retrouvent ici, comme en famille. Mais rassurez-vous : vous pouvez y prendre un verre même si vous n'avez jamais couru de solitaires.

LE CAFE DE LA PAIX 54, rue Chaudrier 05 46 41 39 79

Une autre des institutions rochelaises, à laquelle on vient rendre visite comme à une vieille dame respectable, qui a connu tout au long de sa vie les soubresauts de la grande et de la petite histoire. C'est un lieu chargé de souvenirs, que fréquentèrent Jean Gabin, Lino Ventura, et bien sûr Georges Simenon qui comptait parmi les habitués. Quelques photos en noir et blanc sont toujours là pour témoigner. Le décor classé, tout en dorures, pilastres, peintures, trompe-l'œil et miroirs date du tout début du siècle dernier. L'endroit est idéal pour regarder les gens passer en sirotant un café (1,22 €) ou en prenant un petit déjeuner (5,95 €).

LA CAVE DE LA GUIGNETTE 8, rue Saint-Nicolas 05 46 41 05 75

Du lundi au samedi, fermeture à 20h. Cette cave à vins, autrefois repère de marins, est aujourd'hui une adresse très branchée qui fait la substantifique moelle des débuts de soirées rochelaises. On y déguste, assis autour d'une barrique ou debout au comptoir, la spécialité de la maison : la guignette bien sûr, un apéritif à base de vin et de fruits, très léger (du moins au début...). La clientèle est variée, mais les étudiants, depuis quelques années, prennent les lieux d'assaut à l'heure de l'apéro. Ambiance assurée.

LA BAZENNE 14, place de la Liberté - LES PORTES-EN-RE 05 46 29 52 20

Du 10 février au 15 novembre. Fait également restaurant et crêperie. Avec sa longue terrasse en bois où des fauteuils metteur en scène nous tendent les bras, La Bazenne est l'adresse idéale pour avaler un petit noir avant d'aller faire le marché, siroter un pineau à l'heure de l'apéritif ou déguster un cocktail en fin de soirée.

Bars de nuit

CASA FIDEL 48bis, rue Saint-Jean 05 46 50 26 35

Tous les jours de 18h à 2h du matin. Une nouvelle adresse pour boire un verre, écouter de la musique, faire la fête et passer une bonne soirée. L'ambiance est cubaine dans ce bar latino qui accueille régulièrement groupes de chanteurs et musiciens. Caramba, la noche va a ser caliente !

LA CASAMANCE 13, rue du Cordouan **05 46 41 17 33**

Ce café, avec sa grande arrière-salle qui accueille les concerts, est devenu un des hauts lieux rock de la vie nocturne rochelaise, tendance plutôt underground (du ska au punk mélodique en passant par la techno électro ou le hard-core, vous voyez ?). Les groupes qui se produisent viennent d'un peu partout (Canada, Nouvelle-Zélande...), et même de La Rochelle ! La salle est gérée par l'association Kbis à laquelle les amateurs sont invités à adhérer, concerts gratuits à la clé.

CORRIGANS IRISH PUB 20, rue des Cloutiers **05 46 28 91 39**

Tous les jours de 17h à la dernière cloche. Pas de doute, c'est bien un pub irlandais : un établissement cosy, avec du bois, de la pierre, un beau mobilier, une cheminée, des livres, bref, un endroit où l'on se sent bien, au chaud, quand il fait froid dehors. On y écoute de la musique celtique, en fond sonore ou en attraction principale lors des soirées musicales et des "open sessions" du dimanche. Et puis on y boit de la bière, de la Guinness bien sûr, à moins qu'on ne préfère un irish coffee.

LE JAM PUB 41, rue de la Scierie **05 46 50 05 15**

Du mardi au samedi à partir de 17h. Entrée libre. Happy hour de 18h à 20h. Aux Minimes, non loin du Méga CGR, le Jam est l'une des scènes musicales "off" de La Rochelle où écouter de nouveaux talents en sirotant un verre. La programmation, éclectique, permet de varier les plaisirs : musique africaine, blues, jazz, rock, reggae, groove, chanson française, ska, funk, chaque fois plutôt festif.

LE MAYFLOWER 14bis, cour du Temple **05 46 50 51 39**

Le Mayflower est une institution à La Rochelle, par laquelle sont passées et continuent de passer plusieurs générations de Rochelais : étudiants, voileux ou autres, qui arpentent comme de nouveaux pèlerins les bars de la cour du Temple et y font régulièrement leur chemin de croix.

PUB DU BOUT DU MONDE Avenue du Lazaret **05 46 52 23 64**

Situé au bout du monde, enfin au port des Minimes, ce pub est prisé pour les concerts qu'il donne régulièrement, sur le thème des musiques métissées : percus afros, reggae, musique jamaïcaine, bref, des musiques chaudes et colorées qui nous convient à un voyage vers d'autres bouts du monde...

LE SAINT-JAMES 9, cour du Temple **05 46 41 72 11**

Tous les jours. Le Saint-James, c'est d'abord un pub, où descendre des pintes (d'où l'expression "se pinter") dans une bonne ambiance, au milieu d'une clientèle assez éclectique, étudiants et trentenaires (et plus...) mêlés. Mais c'est aussi, au sous-sol, underground, une salle où, après avoir fait mousser la bière, il n'est pas interdit de se trémousser.

LE SAOUFE 12, rue du Port **05 46 41 46 96**

Tous les jours à partir de 17h. Happy hour de 18h à 19h. Les nostalgiques des Antilles se retrouvent au Saoufé où le rhum coule à flots : ti punch, planteur, daïquiri, piña colada, mojito sont quelques-unes des spécialités de la maison, mais il y en a bien d'autres ! A siroter en terrasse ou au comptoir de la longue salle jaune, dont les murs sont couverts des graffitis laissés par les habitués. Signe que l'endroit est un repère de voileux : pour fermer la porte des lieux d'aisance, il vaut mieux maîtriser les nœuds marins...

LES Z'ENDIMANCHES 26, rue Saint-Nicolas **05 46 41 54 20**

A partir de 17h. Fermé lundi. L'établissement se veut un "bar à boissons". C'est drôle ça, il y aurait donc des bars sans boissons ? L'endroit est très fréquenté à l'heure de l'apéro, mais aussi en soirée quand des groupes se produisent. La musique est variée et la clientèle plutôt jeune, dominée par les étudiants. Quant à la boisson, elle coule à flots...

LE BUGATTI Principautés du Casino - CHATELAILLON **05 46 56 36 80**
Jusqu'à 1h du matin. On aime le Bugatti pour son imprenable terrasse sur la mer, pour sa carte de cocktails impressionnante, pour les soirées musique qu'il organise et bien sûr pour l'ambiance. Le soir, l'endroit est le point de ralliement de tout ce que Châtel compte de noctambules, jeunes et moins jeunes, qui viennent y prendre un verre ou y dîner. Car l'endroit fait également restaurant, brasserie, crêperie et pizzeria. Au Bugatti, ça roule...

LE CERVANE Ilot du Port - SAINT-MARTIN-DE-RE **05 46 09 20 24**
A partir de 12h en saison, 17h hors saison. Sur l'îlot, la grande terrasse du Cervane est idéale pour l'apéritif avec tapas du soir. Il y a toujours de l'ambiance et c'est incontestablement un des lieux où il faut se montrer. Y venir donc pour boire et être vu.

Bowling

BOWLING DES MINIMES Avenue Michel-Crépeau **05 46 45 40 40**
Tous les jours de 10h à 2h du matin (3h dimanche et jours fériés). Tarifs : de 3,70 € (avant 20h) à 5,40 € (dimanche et jours fériés) la partie. Location de chaussures : 1,55 €. Le Bowling vient d'être complètement réaménagé et agrandi. C'est aujourd'hui un endroit des plus agréables pour passer une soirée entre amis, autour des 18 pistes complétées par une salle de billards (dont 1 français), quelques cibles de fléchettes et des jeux vidéo. Pratique : ceux que les termes strike, spare, râteau ou frame effraient peuvent consulter un résumé des règles et techniques, histoire de se mettre au courant en attendant au bar ou au restaurant. Celui-ci propose une carte bien fournie en salades, poissons, viandes et desserts, ainsi que deux menus à 12,50 € et 18,50 €, le tout d'excellente qualité.

Casinos

CASINO BARRIERE DE LA ROCHELLE Allée du Mail **05 46 34 12 75**
Tous les jours de 10h à 5h du matin pour les machines à sous, à partir de 21h pour la boule, le black-jack et la roulette anglaise. Rénové tout récemment, le casino de La Rochelle dispose d'un bel emplacement, sur le mail, en bord de mer. La salle des machines à sous et de la boule résonne du bruit des leviers tirés, des pièces jouées et des autres gagnées : en tout, 120 machines pour essayer de faire sauter la banque. Pour ceux qui trouveraient l'endroit un peu trop bruyant (et enfumé), la salle de l'étage, avec vue sur la mer, est plus calme mais il faut y montrer patte blanche : elle n'accueille que les joueurs de black-jack et de roulette anglaise. Les novices qui ne connaissent pas encore les règles de ces jeux peuvent se procurer les brochures explicatives disponibles à l'entrée : elles sont drôles et bien faites. Alors, faites vos jeux...

CASINO DE CHATELAILLON 96, boulevard de la Mer - CHATELAILLON **05 46 56 48 48**
Tous les jours de 10h à 3h du matin du dimanche au mercredi, jusqu'à 4h le jeudi et 5h le vendredi, le samedi et les veilles de jours fériés. Idéalement situé face à la mer, le casino

de Châtelaillon est immanquable, à moins d'être vraiment manchot (comme les bandits du même nom) ou d'avoir complètement perdu la boule (sans commentaire...). Dès 10h le matin (il n'y a pas d'heure pour décrocher le jackpot), les joueurs peuvent tenter leur chance sur la cinquantaine de machines à sous ; la boule, elle, ne commence à rouler qu'à partir de 21h30. Mais bon, il n'y a pas que le jeu dans la vie : ceux qui voudront simplement déguster une glace ou siroter un verre se dirigeront vers le bar-pub, tandis que les affamés s'installeront au restaurant, avec vue sur la mer, où ils pourront choisir entre différents menus de 13,57 € à 41,92 €. Et pour ceux qui se sentent l'irrépressible envie de danser, le Club de la Licorne est tout indiqué.

Dancing

LA GUINGUETTE DE ROMPSAY 72, avenue Louise-Pinchon - PERIGNY 05 46 35 57 52

Le samedi en soirée (à partir de 21h), le dimanche dans l'après-midi (de 15h à 20h). Cette jolie guinguette nous ferait presque prendre les bords du canal pour les bords de Marne ! Dès l'orchestre en place, les habitués sont en piste et enchaînent valses, pasos et tangos sur un rythme effréné. Qu'importe le flacon pourvu qu'on ait l'ivresse : qu'importe l'âge pourvu qu'on ait la pêche !

Discothèques

LE COSY Allée du Mail 05 46 34 12 75

Du mercredi au samedi à partir de 22h15. C'est le club du casino de La Rochelle : l'endroit où aller danser pour fêter ses gains. Outre les traditionnelles soirées dance avec DJ, il accueille régulièrement des concerts et spectacles et organise des cours de rock, salsa, cha-cha-cha, auxquels l'accès est libre et gratuit.

LE TRIOLET 8, rue des Carmes 05 46 41 11 88

Tous les soirs (sauf dimanche hors saison) à partir de 23h, 18h pour la formule jazz. Inusable point de rendez-vous des noctambules rochelais qui le fréquentent depuis maintenant plus de trente ans, Le Triolet fait partie de ces lieux cultes que tout le monde connaît et où il faut absolument être allé, sous peine d'être définitivement classé "out". En plus, Le Triolet innove cette année en proposant en "avant-soirée" une formule piano-bar jazz à l'étage. Comme quoi on peut être une institution et ne pas s'endormir sur ses lauriers.

LE JET-LAG **14, rue Léonce-Vieljeux**

NOUVEAU Pour un scoop, c'est un scoop. Eh oui "Le Room" devient le "Jet-Lag" ce qui signifie "décalage horaire", mais patience : cette métamorphose prendra forme vers le mois de juillet. Non, nous n'avons pas consulté Madame Irma pour cette prédiction, mais c'est la gentillesse et la confiance de ses nouveaux patrons qui nous permettent de vous l'annoncer en avant-première. Une déco moderne, une clientèle pressentie 25-50 ans un peu select, une musique généraliste branchée : des ingrédients qui nous permettent de prévoir une belle réussite à cet établissement en tous les cas, tous nos vœux de réussite les accompagnent !

LA LICORNE **Au casino - CHATELAILLON** **05 46 56 48 48**

Du jeudi au samedi soir. La Licorne est le club du casino de Châtelaillon. Les soirées du jeudi sont animées par un orchestre, tandis que les vendredi et samedi sont des soirées avec DJ. Des soirées à thèmes sont régulièrement organisées.

Sur l'Ile de Ré

LA PERGOLA **Plage de la Pergola - LA COUARDE** **05 46 29 86 21**

En saison. La Pergola est la plus ancienne boîte de l'île. C'est l'un des rares endroits où l'on peut danser sur la plage, jusqu'à l'aurore et sous le ciel étoilé. Bien entendu, l'entrée est libre. Dans une ambiance décontractée, tous les âges se mêlent au son d'une musique qui ne casse pas les oreilles.

LE BOUCQUINGAM CLUB **3, venelle de la Fosse-Braye - SAINT-MARTIN** **05 46 09 01 20**

Toute l'année. Le "Bouc" est une petite boîte comme on les aime, où l'ambiance est chaleureuse et où se mêlent toutes les tranches d'âge.

Coquin

Drague & échangisme

A La Rochelle, Chef-de-Baie et l'esplanade du Parc, plus proche du centre-ville, sont les lieux où les libertins se retrouvent. Même si les couples se font de plus en plus rares, il paraît que certains soirs, surtout l'été, ça marche bien...

VENUS LIBERTINE **12, rue Verdière** **05 46 41 38 83**

Sex-shop. Du lundi au samedi de 10h à 20h. Que Vénus soit libertine, personne n'en doute, mais qu'elle fasse commerce de tous ces objets érotiques, ça en étonne plus d'un. Poussant le vice jusqu'au bout, elle offre la possibilité de regarder des films en cabine individuelle.

BOOK SEX-SHOP **6, rue des Bonnes-Femmes** **05 46 41 51 83**

Sex-shop. Bientôt trente ans que ce magasin de plaisir situé à deux pas du marché (rue des Bonnes-Femmes, il fallait le faire !) propose de quoi réveiller toutes les libidos : livres, accessoires, gadgets, lingerie fine. Et pour ceux qui voudraient consommer tout de suite leurs vidéos, il y a des cabines...

LE CHEF DE BAIE **2, boulevard Aristide-Rondeau - CHEF-DE-BAIE** **05 46 00 46 27**

Sauna. Mixte lundi et mercredi de 13h à 20h, samedi de 15h à 19h30 et de 21h30 à 2h, dimanche de 15h à 21h. Mardi de 13h à 20h, jeudi et vendredi de 14h à 22h sont réservés à la clientèle masculine. Ouvert depuis quelques mois, "Le Chef" commence à faire parler de lui, plutôt en bien, comme l'un des plus beaux et des plus grands établissements du genre dans la région, proposant entre autres : un sauna, un vaste hammam tout en mosaïque et un agréable bain à bulles et débordement qui peut accueillir sept personnes. Une attention particulière est portée à l'hygiène : tout est très clean et la déco soignée. Il n'y a pas moins de douze cabines de "relaxation" qui, pour la plupart, ont un thème, ainsi qu'un salon vidéo, deux grands salons et deux "cages du bonheur". Le samedi soir, la piste de danse permet des corps à corps évocateurs dans une ambiance chaude et conviviale car ici, les hommes seuls sont bien “drivés”... Pour se rafraîchir, il y a deux bars (sans alcool). Afin de passer un bon moment en toute tranquillité, le parking est surveillé.

Gay et lesbien

Retrouvez toutes les informations de La Rochelle, Rochefort et de Charente-Maritime dans le guide France Gay du Petit Futé à paraître en septembre 2002.

Presse régionale

PAMPLEMOUSSE SUD-OUEST 36, boulevard de la Liberté - RENNES 02 99 30 89 77

E-mail : redaction@neopresse.com - L’éditeur rennais transforme son magazine Factory en Pamplemousse Sud-Ouest. Il est diffusé sur La Rochelle, Rochefort et en région Poitou-Charentes. Gratuit, il s’adresse à la communauté gay et lesbienne, d’informations et de sujets qui les touchent directement, sans oublier les pages régions et un agenda des différents événements. Pamplemousse est à la recherche d’un jeune homme chargé de la distribution sur La Rochelle et Rochefort.

Association

S.N.E.G. Région Sud-Ouest 8, rue Sainte-Hélène - TOULOUSE 05 61 62 95 53

Contact Sneg Région Sud-Ouest : Hervé Rotter. Le Sneg regroupe près de 1 600 entreprises en France (dont la moitié adhérentes). Le Sneg intervient en tant qu’acteur de prévention Sida et toxicomanie sur la communauté gay. Il défend les droits des homosexuels et des chefs d’entreprises gays face à l’homophobie, propose des aides juridiques et administratives aux entreprises gays, devient médiateur auprès des pouvoirs publics, interlocuteur en direction des médias, et c’est le premier réseau de diffusion de l’information culturelle, associative gay sur le plan national.

Bars

L’INSOLITE 24, rue Bletterie 05 46 41 90 51

Situé dans la zone piétonne, le bar gay est ouvert tous les jours de 16h à 2h, à partir du mois de juin de 11h à 2h, avec une petite restauration salée (salades et croque-monsieur). Lorsqu’il fait beau, il y a la terrasse sur la rue et, nouveau, le patio dans la cour intérieure réaménagée. Repris il y a un peu plus d’un an, l’Insolite a réagencé son espace, en gagnant de la surface sur la cour ce qui permet à un plus grand nombre encore de se retrouver chaque soir, lors de l’apéro-house ou des soirées thématiques ponctuelles. La clientèle est restée mixte, fortement gay et lesbienne, mais davantage constituée de “mecs”. Le p’tit détail : ne pas oublier de tirer la porte lorsque vous entrez dans le bar...

LE TUXEDO Place de la Préfecture **05 46 50 01 22**

Ouvert tous les soirs de 23h à 5h. Entrée payant le vendredi et le samedi uniquement : 5 € (boisson comprise). Tarif des boissons : 5 € (en général). Sa localisation en plein centre-ville est idéale, tout proche du vieux-port, avec de nombreuses possibilités de parking. Lancé il y a quelques années auparavant, le concept était un bar-boîte avec un grand comptoir central, une piste de danse sur un côté, des jeux de lumières et fumée et un savant mélange de musiques techno. La clientèle du début était plutôt gay, à tendance mixte, mais s'est inversée depuis. Aujourd'hui, la programmation musicale devrait évoluer avec une soirée house le jeudi soir, disco certains soirs et une soirée uniquement gay une fois par mois. A suivre dans les prochains mois.

L'EXTRAVAGANCE 15, rue du Docteur-Peltier - ROCHEFORT **05 46 88 45 72**

Ouvert tous les jours de 17h à 2h, le dimanche de 21h à 2h. Fermé le lundi. Pour tous ceux qui se rendent à La Cage, le bon before est désormais au bar, situé juste en face. L'Extragance est le nouveau bar gay et lesbien à Rochefort, composé d'un grand comptoir, d'une table de billard et de plusieurs alcôves, idéales pour converser tranquillement. Différentes soirées sont organisées comme un défilé de mode (car le bar est tout en longueur), une soirée tatouage ou karaoké, et soirée techno le jeudi présence d'un DJ. L'association Aides est présente une fois par mois.

Sex-shop

BOOK SEX SHOP 6, rue des Bonnes-Femmes **05 46 41 51 83**

Ouvert tous les jours de 10h à 12h15 et de 14h30 à 19h30, fermé dimanche et lundi. A deux pas de la rue du Minage avec les boutiques X'Trem, Mireille propose un choix d'arômes, de gadgets et d'accessoires, quelques vidéos et DVD gay, et des guides touristiques, comme Spartacus, Mykonos et le guide Petit Futé Gay. Il y a également deux cabines de projection.

Restaurant

LE CHAMPETRE 22, rue Verdière **05 46 41 12 17**

Restaurant gay-friendly (voir rubrique Restaurants).

Hébergement

ALFA 72, rue des Fonderies 05 46 41 36 96

E-mail : alfalr@club-Internet.fr - Web : www.alfalr.com - C'est l'histoire de deux garçons qui sont tombés amoureux de La Rochelle, ont quitté Paris pour s'installer en Charente. Ils ont eu l'ingénieuse idée de proposer à la clientèle gay et lesbienne (mais pas uniquement hors saison), des appartements meublés (studios et F1), en plein cœur de La Rochelle, pour ceux et celles qui souhaiteraient y séjourner afin de goûter aux charmes de l'île de Ré, d'Oléron ou de La Palmyre ! Le "72 rue des Fonderies" ressemble à un "Barbary Lane", avec trois niveaux d'appartements, un local pour VTT et planches de surf au rez-de-chaussée. Aménagement : canapé-lit, différents placards, de la vaisselle, micro-ondes, plaques avec hotte aspirante (pour la cuisine), douche, lavabo et W.-C., et la TV couleur. Tarifs selon les saisons, à la semaine ou au mois (autres, vous renseigner). Chacun dispose de sa propre clef.

LE COMMERCE 7, rue de Saintonge - SAUJON 05 46 02 80 50

Fax 05 46 22 40 13. E-mail : hotrestlecom@aol.com - Hôtel et restaurant gay-friendly, 2 étoiles. 29 chambres pour 4 personnes (les groupes de copains), 3 personnes ou pour 2 personnes. Tarif : 42,69 € la nuit, 25,92 € (sur rue, W.-C. et douche sur le palier). Toutes les chambres possèdent W.-C., TV, salle de bains et un accès Internet. Demi-pension ou pension complète. Bar également. Déjeuner et dîner sur la terrasse intérieure fleurie. Ouvert toute l'année. Voilà enfin ce qu'il manquait à tous ceux qui se rendent chaque année dans la région, puisque sa localisation est idéale : l'hôtel est situé à 10 minutes à peine des plages gays naturistes de La Palmyre et la Bouverie. Puisque de Nantes à Limoges, de Poitiers, Niort et même de Paris, les mecs affluent vers ses plages pour respirer l'air marin et se reposer au soleil.

Saunas

L'ATLANTIS 12, rue de l'Arsenal 05 46 41 15 89

Sauna gay, à 500 m du vieux port. Ouvert tous les jours de 13h à 20h du lundi au vendredi, le samedi de 15h à minuit, le dimanche et jours fériés 14h à 21h. Le vendredi, c'est la journée mixte. Droit d'entrée : 14,50 €, 11 € (moins de 18/23 ans, sans emploi), 1 droit de retour, après 18h, c'est 12 € pour tout le monde. Présent depuis neuf ans à La Rochelle, les installations du sauna sont réparties sur deux niveaux : le sauna sec et le hammam au rez-de-chaussée avec les boissons (offertes), la presse en consultation et l'écran TV. Au premier étage, se trouvent les cabines dont l'une avec un sling, la salle vidéo et l'espace backroom. Des changements sont programmés dans les mois à venir, car l'Atlantis vient de changer de responsable. Pourquoi ne pas installer une ou deux cabines à côté du sauna sec afin d'éviter de courir au premier étage dès que l'on a repéré quelqu'un !

LE CHEF DE BAIE 2, boulevard Aristide-Rondeau 05 46 00 46 27

Sauna à tendance mixte. Les journées réservées aux gays sont le mardi de 13h30 à 20h et le jeudi de 14h à 22h. Le reste de la semaine, la clientèle est mixte et couples (voir rubrique Coquin). Droit d'entrée : 15 €, étudiant : 12 €. Carte d'abonnement. Accès en bus (départ place de Verdun). Lancé il y a plus d'un an, ce nouveau sauna rochelais bénéficie d'un très bel agencement, très propre et moderne. Situé dans la périphérie de La Rochelle, vers le port de La Pallice et la plage de Chef-de-Baie, il offre un grand parking (il est nécessaire de s'y rendre en voiture). A l'intérieur, les installations sont réparties sur deux niveaux. Le sauna sec, le hammam et le Jacuzzi sont réunis dans le même environnement, avec les douches et quelques cabines, sans oublier la salle vidéo, qu'il faut toutefois chercher. Le Jacuzzi est agréable et propre. De l'autre côté du bar, des cabines sont réunies sur la mezzanine, une grande pièce avec piste de danse et de grands canapés qui n'incitent pas forcément au sexe... une projection vidéo serait la bienvenue.

Shopping

X'TREM MODE 67, rue du Minage 05 46 28 10 00

Ouvert le lundi de 14h30 à 19h, du mardi au samedi de 10h30 à 13h et de 14h à 19h. Depuis plus de trois ans, l'équipe d'X'Trem a réussi le pari d'imposer à La Rochelle une boutique branchée de prêt-à-porter mixte, d'accessoires, sous-vêtements... en plein centre-ville, puisque située dans l'une des rues à arcades. Les coloris, le style des vêtements proposés suivent les tendances du moment. Diesel, G. Star, Energie, Firetrap, Cheyenne, 2026, Indian Rose, Killah, Adidas, Puma, Exi, DK... sont entre autres les marques représentées dans la boutique.

X'TREM POMP 49, rue du Minage 05 46 34 15 52

Ouvert le lundi de 14h30 à 19h, du mardi au samedi de 10h30 à 13h et de 14h à 19h. Coup double pour les garçons d'X'Trem puisqu'ils ont ouvert une seconde boutique, dans la même rue mais un peu plus bas : cet espace est dédié à l'univers de la chaussure, sport et streetwear. D'un côté les filles, de l'autre côté les garçons, avec quelques accessoires, sacs, lunettes, ceintures... et les conseils avisés de Michaël pour aider au mieux ses clients dans leur choix. On y retrouve les marques Adidas, Puma, Royal Elastics, Converse, Acupuncture, Art, Diesel, No Name, Shechers, Energie, Mag...

MISS X'TREM 52, rue du Minage 05 46 50 26 07

Ouvert le lundi de 14h30 à 19h, du mardi au samedi de 10h30 à 12h30 et de 14h15 à 19h. Et de trois ! Au cours de l'hiver 2002, une nouvelle boutique a ouvert ses portes, cette fois, réservée exclusivement aux filles. Jusqu'alors, elles partageaient les rayons avec les mecs au numéro 67 de la rue. Marques : Diesel, Miss Sixty, Copain Copine, Firetrap, Eliane H, DK, 2026...

© M. VINET - *Allée du Mail*

Spectacles

Cinémas

DRAGON & DRAGON PLUS   Cours des Dames et Léonce-Vieljeux   05 46 41 22 67

Tarif réduit : 4 € tous les jours à la séance de 18h et le lundi toute la journée. Situés tout près du Vieux Port, le Dragon et le Dragon Plus offrent un total de huit salles (six pour le premier, deux pour le second) où sont présentées les dernières sorties, ainsi que des avant-premières. Quelques films sont programmés en VO, ce dont nous ne les remercierons jamais assez.

CGR OLYMPIA   54, rue Chaudrier   05 46 41 26 82

Tarif : 4 € pour tous à toutes les séances (sauf Connaissances du Monde). Le CGR Olympia est un petit cinéma, en ce sens qu'il ne dispose que de trois salles. On apprécie, outre ses très belles salles, la qualité de sa programmation, qui fait la part belle aux films français plutôt qu'aux super-productions américaines (ou autres). A noter également : le CGR Olympia accueille régulièrement les conférences filmées de Connaissances du Monde, qui nous convient à d'époustouflants voyages autour du monde.

LA COURSIVE   4, rue Saint-Jean-du-Pérot   05 46 51 54 00

Plein tarif 6 €, abonnés 5 €, le lundi 4 €. Programme mensuel disponible sur place. Le cinéma de La Coursive est le cinéma d'art et d'essai de La Rochelle (qui passe pour être un des meilleurs de France), programmant dans ses deux salles les sorties nationales culturellement correctes, des rétrospectives, des cycles, des stages, des rencontres. A savoir : La Coursive coproduit le Festival International du Film qui se tient chaque année en notre bonne ville.

MEGA CGR   Avenue Becquerel - Les Minimes   08 36 68 04 45

Tarif normal 7 €, réduit 5 €, le lundi 4 € pour tous. Les douze salles de ce multiplexe sont équipées du son Dolby Stéréo et climatisées. Elles offrent un grand confort d'assise. La programmation quant à elle est sans surprise : les nouveautés, toutes les nouveautés, rien que les nouveautés, avec une préférence pour les films grand public, présentés en version française. A noter : les séances en matinée le dimanche, au tarif de 4 €. Le Méga CGR organise régulièrement des avant-premières.

L'ATLANTIC   11, quai Job-Foran - SAINT-MARTIN-DE-RE   05 46 09 07 03

Salle de cinéma de 250 places, équipée du son numérique, Dolby Stéréo, qui programme toute l'année un choix de films allant de l'art et essai au cinéma grand public. La salle a dû être fermée l'an dernier pour travaux et devrait rouvrir prochainement.

Concerts, opéras, théâtres, cafés-théâtres

L'ASTROLABE Avenue de Dublin - MIREUIL **05 46 67 47 67**

L'Astrolabe se veut "un espace culturel de quartier", à destination aussi bien des adultes que des enfants. Bien implanté à Mireuil, il nous en met plein les mirettes avec des activités très variées : soirées danse, chant et paroles, soirées musique et apéro-concerts, cabarets poétiques, ateliers d'écriture et de lecture, expositions de peintures, photos et poésies, séances de diaporama et diffusion de films, stages de rock, de salsa ou de hip-hop, soirées contes et spectacles de marionnettes... Ouf, on ne s'y ennuie pas ! L'Astrolabe anime également des ateliers scientifiques sur les thèmes de l'astronomie (observation du ciel, astro-photo, conférences) et de la robotique (participation au trophée E=M6).

L'AZILE 29, rue Debussy **05 46 00 19 19**

Plein tarif : 12,50 €, réduit : 9 €, adhérents : 9,50 € et 5 €. Ce café-théâtre a ouvert ses portes en février 2001. Parrainé par Romain Bouteille, il programme les jeudi, vendredi et samedi soir des spectacles où l'humour et la bonne humeur n'empêchent pas la satire et l'émotion : chanson française, one-man show, théâtre, soirées impro. Le dimanche, sont organisés des spectacles "jeune public". A noter : L'Azile s'étant engagé dans la lutte contre l'alcoolisme, aucun alcool n'est servi au bar. La carte des cafés, thés et cocktails de fruits prouve que l'on peut passer une très bonne soirée sans s'enivrer.

LE CARRE AMELOT 10bis, rue Amelot **05 46 41 45 62**

Espace culturel de la Ville de La Rochelle, incontestablement placé sous le signe de l'ouverture, le Carré Amelot organise des spectacles de théâtre et de danse, des concerts de musique contemporaine et du monde entier, des expositions de photographie et d'arts plastiques, des projections, des conférences, des ateliers et des stages, et dispose d'un espace multimédia accessible à tous.

12 SALLES
ECRANS GEANTS
SON DOLBY STEREO
ETUDIANTS
4€ LA PLACE *
(4€ SOIT 26,25F)
* Sur présentation d'un justificatif valable tous les jours, à toutes les séances sous réserve de modification.
Tarif suceptible d'être modifié sans préavis.
121113
12 CINEMAS
ESPACE JEUX VIDÉO
COMPTOIR CONFISERIE
CAISSES INFORMATISÉES
HORAIRES ET PROGRAMMES
08 92 68 04 45 *
MINITEL 36 15 CGR *
MEGA CGR CINEMAS
LA ROCHELLE
LES MINIMES
A CÔTÉ DU TECHNOFORUM
LE CINÉMA NOUVELLE GÉNÉRATION
• SÉANCES TOUS LES JOURS :
14H - 16H30 - 19H45 - 22H15
• Séance Supplémentaire
Dimanche à 11H : 4€ Pour Tous
(4€ SOIT 26,25F)
LE LUNDI
4€ Pour Tous LA PLACE
(4€ SOIT 26,25F) Tarif suceptible d'être modifié sans préavis
Conception Groupe CGR CINEMAS - RC 66 B 22 * 0,34€ TTC/mn. / (2,21F TTC/mn.)

LA COURSIVE 4, rue Saint-Jean-du-Pérot **05 46 51 54 02**

Tarif des spectacles de 20 € à 27 €, tarifs préférentiels pour les titulaires de la carte Coursive (qui s'acquiert au prix de 13 €), formules d'abonnement (pour 4, 7 ou 13 spectacles). Scène nationale de La Rochelle, La Coursive témoigne de la vitalité artistique de la ville. Depuis sa restauration en 1990, le bâtiment qui l'abrite (et qui abritait l'ancienne criée), conjuguant à merveille la pierre ocre des arcades, l'acier de la structure qui s'y est enchâssée et le verre transparent de ses grandes baies vitrées, est le symbole de son dynamisme culturel et de son ouverture. Le théâtre, la danse (avec la présence du Ballet de l'Atlantique de Régine Chopinot), la musique, le cabaret, le cirque y ont leur place dans une programmation qui réfute la pensée unique et alterne créations originales et grands textes de notre patrimoine, légèreté et gravité. Un seul mot d'ordre : la qualité.

THEATRE DES JACOBINS Place Cacaud **05 46 41 89 35**

Ce petit théâtre héberge la compagnie "Le Tréteau des 2 Tours", qui s'y produit les vendredi soir, samedi soir et dimanche après-midi. Au programme : comédies, spectacles musicaux, spectacles de marionnettes et contes pour enfants.

THEATRE TOUJOURS A L'HORIZON
Chaussée de Ceinture Nord - LA PALLICE **05 46 42 05 58**

Ce théâtre qui fête son 5e anniversaire a ancré son horizon au port de La Pallice. Il programme non seulement des représentations, mais aussi des lectures (notamment au Café Populaire), des ateliers d'écriture, des contes en musique.

Merci Antoine

Dans toute la ville de La Rochelle, dans tout le département, et bien au-delà de nos frontières, dans le monde de l'éclairage et de la technique qui ne connaît-pas Antoine ? C'est à 16 ans et par le plus pur des hasards (vous y croyez vraiment vous au hasard ?) qu'Antoine a commencé sa longue carrière de technicien. Cela fait quand même trente ans et des poussières qu'il erre dans les couloirs des théâtres, des studios, des festivals ! Avec une facilité et une efficacité déconcertantes, Antoine s'adapte et gravit peu à peu les échelons qui le conduisent aujourd'hui au poste de directeur technique de La Coursive. Il observe, écoute, apprend vite, ce qui lui permettra à son tour d'enseigner le métier d'éclairagiste à quelque 400 jeunes. Ce personnage généreux, passionné, ne se prend pas au sérieux et n'attrape pas la grosse tête. Pourquoi ce p'tit clin d'œil ? Parce que le travail, la convivialité, la simplicité tels que les pratique Antoine sont un vrai bonheur. Vous n'avez qu'à demander à tous ces artistes qui gravitent à longueur d'année à La Coursive...

©M. VINET

LES TRETEAUX DE L'IMAGINAIRE Maison G.-Brassens - AYTRE 05 46 34 37 25

Hébergée par la Maison Georges-Brassens, cette toute nouvelle compagnie se fixe pour mots d'ordre (ou de désordre ?) : jeu, humour et imaginaire. Son théâtre fait la part belle à l'interactivité avec le public et à la création populaire.

LA MALINE Sur le Mail - LA COUARDE 05 46 29 93 53

C'est le centre culturel de l'île, doté d'une salle de 280 places assises et 600 debout. Cinéma, musique, théâtre : les spectacles, avant-premières et festivals se succèdent et attirent un public toujours plus nombreux. La carte d'adhérent permet de bénéficier de tarifs réduits pour les spectacles et les films à la Maline et à l'Atlantic (la salle de ciné de Saint-Martin).

Culture

Galeries d'art

GALERIE ALAIN 41, rue du Minage 05 46 41 01 46

Dans cette galerie se côtoient de grands noms de la peinture à l'huile, ayant atteint une reconnaissance nationale, voire internationale (Eurgal, Riehl, Rinder), mais aussi des artistes locaux, peignant à la gouache ou à l'aquarelle, dont les noms gagnent à être connus : Poupard, Bertaux, Olives. Tous ont en commun de s'être largement inspirés des paysages et de la lumière de notre région. La galerie s'occupe également de réaliser les travaux d'encadrement et offre toujours de judicieux conseils.

GALERIE F.-G. 26, rue Bletterie 05 46 43 05 79

Tous les jours de la semaine. Les deux artistes phares de cette galerie sont Varenne et Plattier, deux peintres à découvrir absolument, si on ne les connaît déjà : le premier pour ses aquarelles légères, fluides et lumineuses, le second pour sa palette si colorée et son trait si assuré. Mais d'autres artistes, peintres ou sculpteurs, exposent ici et il faut prendre le temps de visiter in extenso la galerie, installée dans une superbe salle aux murs de pierre voûtés.

MARY WIND 18, rue Saint-Nicolas 05 46 30 54 03

Mary Wind vient de rouvrir une galerie à La Rochelle, dans cette charmante rue Saint-Nicolas que l'on adore arpenter et qui doit se réjouir d'attirer ainsi les amateurs d'art. Comme à Saint-Martin, l'inspiration est marine avant tout, avec notamment les très belles toiles de Desfontaines, artiste bien connu des amoureux de la voile... et de la peinture. Ses grands tableaux, représentant voiliers ou vieux gréements, vous feront voir le bleu différemment. De petits formats, gouache sur papier, permettent aux amateurs de se faire plaisir à petits prix. De toute façon, quand on aime... La galerie expose également les œuvres d'Olivier Descard, en exclusivité. Accueil très sympa, qui sait rester simple tout en étant très exigeant sur la qualité et très professionnel.

Autre adresse sur l'île de Ré : 15bis, rue Jean-Jaurès à Saint-Martin 05 46 09 95 30.

L'OREE DU REVE 05 46 31 05 55
17-19, avenue Marillac

Du mardi au samedi de 9h30 à 12h30 et de 14h30 à 19h30 et sur rendez-vous. Cette galerie, ouverte depuis trois ans et située à l'angle de la place de la Médiathèque, est tout entière dédiée au réalisme visionnaire : les peintres et sculpteurs exposés dans chacune des deux salles travaillent l'imaginaire, le fantastique, le rêve. Le prix des œuvres originales s'échelonne de 457 € pour les artistes de notoriété naissante à 8 384 € pour les plus cotés. On peut acquérir également de très belles sérigraphies sur vélin d'Arches, signées et numérotées, pour moins de 43 €. N'hésitez pas à entrer, même par curiosité : vous serez toujours extrêmement bien accueilli et la présentation de la collection à laquelle vous aurez droit vous ouvrira des portes que, peut-être, vous ne soupçonniez pas.

©OT. LA ROCHELLE - *Tour de la Lanterne*

Bibliothèques

BIBLIOTHEQUE UNIVERSITAIRE **5, rue du Loup-Marin** **05 46 45 39 69**

Du lundi au vendredi de 9h à 20h (dès 8h30 mardi et jeudi), samedi de 9h à 13h. Accès et consultation libres, prêt sur inscription. On trouve à la BU presse d'information générale et revues spécialisées, dictionnaires et encyclopédies, ouvrages de sciences humaines, littérature, langues étrangères, sciences et techniques. L'atmosphère y est studieuse.

MEDIATHEQUE MICHEL-CREPEAU **Avenue Michel-Crépeau** **05 46 45 71 71**

Lundi, mardi et vendredi de 13h à 19h, mercredi de 10h à 12h et de 13h à 18h, samedi de 10h à 12h et de 14h à 18h. Inscription : 22,87 € pour les habitants de la CDA, 45,73 € hors CDA, 15,25 € pour les 18-26 ans. Gratuit pour les chômeurs et les moins de 18 ans. Consultation sur place libre et gratuite. Prêt (réservé aux inscrits) : 5 livres pour 4 semaines, 2 vidéos et 2 CD pour 2 semaines et 2 estampes ou photographies pour 2 mois. Cette médiathèque a vraiment tout pour plaire : un fonds fourni en supports de tout genre, un espace clair et aéré, ouvert sur de larges baies vitrées, des fauteuils accueillants et des tables de travail, un personnel compétent et souriant. On y passerait des heures entières, à lire le dernier Goncourt ou visionner une cassette, à peine distrait par les sirènes des bateaux sortant du bassin des Grands Yachts.

Librairies

Généralistes

CALLIGRAMMES **24, rue Chaudrier** **05 46 41 52 48**

En termes de nombre d'ouvrages, c'est la plus grande des librairies rochelaises, qui revendique un fonds de 35 000 titres : elle offre dans tous les secteurs (littérature, régionalisme, beaux-arts, tourisme, jeunesse, universitaire, scolaire et para-scolaire, techniques et sciences humaines...) un choix impressionnant. D'ailleurs, c'est bien simple, des livres, il y en a partout : au rez-de-chaussée comme à l'étage, les rayonnages croulent sous les volumes. Dans cette caverne d'Ali Baba, il ne faut pas hésiter à demander conseil : le personnel, spécialisé, en connaît un rayon. Bon à savoir pour ceux qui apprécient la littérature en version originale : Calligrammes est une des seules librairies (la seule ?) à proposer un bon choix de livres en anglais, allemand, espagnol et italien.

EX LIBRIS **4, rue Fleuriau** **05 46 41 68 70**

Il ne faut pas se fier à la modestie et à l'exiguïté de la vitrine : cette librairie, même si elle n'est effectivement pas très grande, réussit le tour de force de proposer un bon fonds général, notamment en matière de littérature, essais, poches, histoire, beaux livres, jeunesse, tourisme et régionalisme. Les nouveautés, vous les avez vues, du moins une bonne part d'entre elles : elles sont en vitrine. Et si vous ne trouvez pas votre bonheur, l'ouvrage que vous recherchez pourra toujours être commandé. La boutique est fréquentée par un bon nombre d'habitués qui apprécient le conseil qu'ils savent pouvoir y trouver. Accueil très aimable et souriant.

JABALOT - ARMOIRIES 26bis et 24ter, rue Saint-Yon 05 46 41 00 32

Cette librairie, bien connue des Rochelais, possède un fonds remarquable dans tous les domaines : la littérature générale, avec ses romans et essais, ses volumes de La Pléiade et la mise en avant des nouveautés, best-sellers et ouvrages primés ; les livres régionaux, avec notamment une large sélection des éditions Bordessoules, Croît-Vif et Geste ; le tourisme, avec force cartes et guides ; les beaux livres, avec de somptueux albums traitant de l'art, des civilisations ou de la nature ; la jeunesse, avec une belle collection de livres pour tous les âges ; et puis encore la littérature universitaire, pour laquelle toute confiance peut être faite à M. Jabalot pour fournir le bon ouvrage ; la littérature scolaire et para-scolaire ; les ouvrages techniques. Bref, la librairie pour toute la famille. A noter : la librairie se double désormais de la papeterie Armoiries où trouver toutes fournitures, articles de maroquinerie et accessoires pour le bureau.

MAXI-LIVRE 10, rue Saint-Sauveur 05 46 50 57 69

Ouverte du lundi au samedi de 9h30 à 19h. En juillet et août, ouverture 7j/7 de 10h à 23h.
Des livre , des livres, rien que des livres... ou presque. Des livres en réédition marqués d'un macaron bleu) et des livres de "fin de série" (marqués d'un macaron rouge). De très beaux livres sur l'art, l'histoire, les voyages (vous pouvez y trouver le Petit Futé) mais aussi le jardinage, bricolage, la cuisine, le tout à des prix très attractifs. D'ailleurs la carte "chouette" vous octroie un rabais supplémentaire de 10 % sur les livres marqués d'un macaron rouge. Eh ! attendez, ce n'est pas tout, il y a aussi le coin enfant. Et puis après tout allez-y voir vous-même.

© M. VINET - *Quai Louis Durand*

QUARTIER LATIN Place de Verdun **05 46 41 28 05**

Cette librairie, à l'origine spécialisée dans les ouvrages scolaires et universitaires, et toujours assidûment fréquentée par lycéens et étudiants, s'est largement diversifiée et propose aujourd'hui un bon fonds en matière de littérature générale, notamment de livres de poche, tourisme et régionalisme (le Quartier Latin étant également éditeur de livres régionaux). Bref, autant de bonnes raisons de continuer à la fréquenter, même les études terminées...

Spécialisées

ETRE ET CONNAITRE 4, rue des Cloutiers **05 46 41 83 15**

Cette librairie possède un bon fonds de littérature générale et propose quelques ouvrages en matière de régionalisme, tourisme, beaux livres et jeunesse, mais ce qui fait son originalité et son principal atout réside dans son vaste fonds consacré aux sciences, aux sciences humaines et aux problématiques et techniques de développement personnel. La psychanalyse est particulièrement bien représentée (avec la collection complète des œuvres de Freud et de Lacan), ainsi que la philosophie et les spiritualités. Ne pas hésiter à demander conseil.

GREFINE 57, rue Saint-Nicolas **05 46 41 46 85**

Grefine se spécialise sur deux créneaux : la bande dessinée et les livres jeunesse, bien séparés en deux espaces distincts. Les bédéphiles chercheront leur bonheur dans les casiers bien ordonnés où se trouvent les albums, des plus anciennes séries aux dernières nouveautés. Petite idée cadeau au passage : une jolie sélection de très beaux coffrets d'intégrales à offrir ou à s'offrir. Côté jeunesse, des livres pour tous les âges (enfin, presque), ainsi que des dictionnaires et encyclopédies. Présente également, l'indispensable collection Découvertes de Gallimard. A signaler enfin : la maison pratique une réduction de 5 % par rapport au prix public sur tous les livres.

MILLE SABORDS 20, rue du Palais **05 46 41 73 73**

Tout le monde connaît le vaste répertoire de jurons du bouillant Capitaine Haddock. Mais le vieux loup de mer n'est pas le seul personnage de bande dessinée ici représenté : en fait, s'il est vrai que la librairie possède un vaste espace Hergé (où l'on peut dénicher anciens albums et rééditions, exemplaires du Journal de Tintin et produits dérivés qui raviront les tintinologues amateurs ou avertis), elle possède également un fonds diversifié d'albums pour bédéphiles en tout genre, de tout âge et de toute école. Une panoplie de gadgets, affiches et lignes de vêtements inspirés de l'univers des planches à bulles complète l'offre.

 Autre boutique sur l'île de Ré à Saint-Martin : 16, rue Jean-Jaurès 05 46 09 36 76.

PLANETE BLEUE 41, rue des Merciers **05 46 34 23 23**

Cette librairie s'est spécialisée dans les thèmes du voyage et de la nature, qu'elle décline aussi bien en version poche qu'en beaux livres, pour les enfants comme pour les adultes. C'est une véritable invitation à la découverte du monde que nous lancent ses rayons, qu'il fait bon parcourir quand dehors, le temps est à la pluie. Bref, une adresse qui ravira curieux et voyageurs.

LIBRAIRIE NAUTIQUE SAINT-NICOLAS 61, rue Saint-Nicolas **05 46 50 20 92**

Les passionnés de la mer se retrouvent dans cette librairie qui a fait de l'océan son thème de prédilection. Beaux livres y côtoient carnets de croquis, albums de photographies, récits de voyages, portraits de navigateurs, mais aussi un bon choix de romans ayant la mer pour thème, et bien sûr des cartes nautiques, des manuels techniques, bref tout ce qu'il faut avant de hisser les voiles. Et ceux qui ne maîtrisent pas encore totalement le phénomène des flux et reflux journaliers ne partiront pas sans leur calendrier des marées.

Petits prix

LA BOUQUINERIE 6, rue des Trois-Fuseaux

De 11h à 19h tous les jours sauf le dimanche. Vente, achat, échange de livres d'occasion. Ce bouquiniste offre un vaste choix de livres d'occasion : littérature classique et moderne, romans, polars, science-fiction, histoire, BD, jeunesse, pour la plupart en excellent état et avec une réduction d'au moins 50 % sur le prix du neuf. On y a même trouvé le dernier prix Femina. Dans les collections "poche", bien représentées, on déniche des indispensables pour 1,50 €. Les amateurs pourront compléter leur collection de revues : Géo, Historia, Cahiers du Cinéma...

KILI 14, rue Chaudrier

Ce magasin qui se présente comme le second marché du livre neuf a ouvert ses portes en juillet 2001. Sur trois niveaux, il propose un vaste choix de livres à très bas prix. Mais attention : livre neuf ne signifie pas nouveauté. Les ouvrages proposés ont pour la plupart été publiés voici bon nombre d'années. De la littérature à la BD en passant par les livres d'art, les manuels de bricolage, les précis d'histoire, les traités d'informatique, les collections pour enfants, on y trouve cependant de tout (nous avons même déniché de vieux numéros du Petit Futé !). Au rayon presse, d'anciens magazines sont eux aussi bradés.

Points presse

PRESSE LIVRES 16, rue Saint-Sauveur 05 46 41 59 53

Cette maison de la presse est particulièrement bien achalandée en livres. En fait, elle est fournisseur officiel de la médiathèque pour la section littérature. C'est un incontestable gage de sérieux ! On ne trouve ici que des nouveautés (pas de fonds permanent), mais toutes les nouveautés. La maison possède également un bon rayon de guides touristiques, de cartes et de plans du monde entier.

PRESSE PAPIERS 3, rue du Palais 05 46 41 45 31

Ce point presse-bureau de tabac, où l'on peut aussi bien se fournir en cigares qu'en presse étrangère, journaux et magazines ou encore en cartes postales, possède également une bonne sélection de livres, notamment en littérature générale (nouveautés), en ouvrages sur la région et en guides de tourisme.

MAG PRESSE LA ROTONDE Rue Nicolas-Gargot - AYTRE 05 46 34 42 40

Tous les jours y compris dimanche matin. Dans le centre commercial Bongraine, ce point presse est une aubaine pour les habitants du quartier et les habitués qui viennent y faire leurs courses : bien achalandé en journaux et magazines, en papeterie et carterie, il propose aussi une petite sélection de livres, essentiellement des nouveautés en format poche.

Grandes surfaces

A CULTURA ZAC de Beaulieu - PUILBOREAU 05 46 35 50 50

Du lundi au samedi de 9h à 20h. Cette grande surface propose un large choix en matière de produits culturels. Côté livres, ce sont d'abord les nouveautés qui accueillent le lecteur, puis la littérature française et étrangère, l'histoire et les documents, les essais, la science-fiction, les romans policiers, le tourisme, la BD, la jeunesse, les beaux-arts et les loisirs, les dictionnaires et les scolaires, et enfin les poches. L'enseigne pratique systématiquement la réduction maximale autorisée de 5 % sur le prix éditeur. Mais ce n'est pas tout : chez Cultura, les mélomanes ne sont pas oubliés, qu'ils soient adeptes de variétés, de jazz, de classique ou de musiques nouvelles, avec la possibilité d'écouter les sélections ; Cultura offre également un choix de vidéos, cédéroms, éléments de bureautique, de l'informatique, de la papeterie... Et plein d'idées pour rendre nos moments de loisirs plus créatifs : peinture, dorure, pyrogravure, dessin, moulage, modelage et des kits pour enfiler des perles.

Médias

Journaux

Gratuits

PERFORMANCES SPORTIVES 36, rue Beltremieux 05 46 43 19 20

Mensuel distribué gratuitement. Pour se tenir au courant des résultats de tous les matchs et de ce qui se passe dans le petit monde du sport. Bon, d'accord, ce n'est pas d'un humour toujours très léger mais ce n'est pas nous qui allons leur jeter la première pierre...

POINT COMMUN   CDA DE LA ROCHELLE   05 46 51 51 11

Magazine bimestriel distribué gratuitement. Edité par le service Communication de la Communauté d'Agglomération, ce magazine à la présentation soignée et à la lecture très agréable est une mine d'informations sur la vie de la CDA et des communes qui la composent : économie, écologie urbaine, enseignement et formation, logement, transports et déplacements, équipements culturels sont ses thèmes de prédilection.

LA ROCHELLE - LE JOURNAL   Mairie de La Rochelle   05 46 51 50 17

Journal d'information mensuel distribué gratuitement. Edité par le Service Communication de la Mairie, le Journal permet de se tenir au courant de toute l'actualité rochelaise en matière de formation, vie des associations, festivals, salons et expositions, environnement, immobilier, chantiers de la ville, économie, sports, multimédia, culture, vie des quartiers... rien ne lui échappe ! Il permet d'aller à la rencontre des gens à travers ses portraits et se termine par un agenda très utile.

SORTIR A TOUT MOMENT   23, rue Jeanne-d'Albret   05 46 67 45 01

Mensuel disponible gratuitement chez les commerçants, dans les bars et restaurants. Sortir est LE support indispensable qui recense toutes les activités et soirées à ne pas manquer sur La Rochelle et sa région : cinémas, restos, théâtres, musique, danse, spectacles, expos, conférences... On y trouve aussi une kyrielle d'ateliers et de stages, d'idées loisirs et détente ainsi qu'un très pratique agenda récapitulant le tout jour par jour.

TAPAGE   3, promenoir du Drakkar   05 46 30 39 20

Magazine trimestriel distribué gratuitement. Editée par Co & Co Presse, Tapage (qui a publié son 3e numéro à l'hiver 2001) est une revue au style résolument nouveau, qui alterne publi-reportages et articles écrits par ses journalistes-enquêteurs, agrémentés de photos. Leur credo : dévoiler les coulisses de la ville, qu'ils arpentent in extenso. Beaucoup de portraits et de conseils pratiques. Tapalu ?

Petites annonces

BONJOUR ATLANTIQUE ANNONCES   3-5, quai Valin   05 46 34 65 67

Distribué gratuitement, paraît chaque mardi. Petites annonces, publicités et programme des cinés. Tarif insertion annonces : de 1,83 € à 5,34 € la ligne.

LE CHARENTAIS ANNONCE   33, rue du Minage   05 46 50 58 17

Distribué gratuitement, paraît chaque jeudi. Petites annonces, publicités, infos sur les sorties et programme des cinés. Tarif insertion annonces : de 1,83 € à 6,86 € la ligne.

LE 17 P'TIT ROCHELAIS   42, rue Chaudrier   05 46 41 11 17

Distribué gratuitement, paraît chaque mercredi. Petites annonces, publicités, agenda et programme des cinés. Supplément mensuel spécial immobilier. Tarif insertion annonces : de 1,22 € à 6,10 € la ligne.

Journaux

SUD-OUEST   18, quai Duperré   05 46 28 05 05

Internet : www.sudouest.com - Quotidien. Incontournable dans la région, Sud-Ouest est une véritable institution. Pour se tenir au courant de tout ce qui se passe dans le monde, en France et surtout chez nous : politique, société, économie, culture, sorties et sport bien sûr. Sud-Ouest, ce sont 275 journalistes bien implantés dans leur région, 2 000 correspondants, 31 agences, 20 éditions départementales et locales et plus d'un million de lecteurs. Ce sont également des suppléments, réguliers ou exceptionnels, et c'est enfin un site Internet très bien fait où l'accès à l'information se fait en instantané.

Sur l'Ile de Ré

LE PHARE DE RE 15, quai Job-Foran - SAINT-MARTIN-DE-RE 05 46 09 21 09

Hebdomadaire. C'est LE journal de l'information locale, qui publie chaque semaine toute l'actualité de l'île, des travaux de voirie aux résultats sportifs en passant par l'économie ou la politique locales, les petites annonces et divers avis. Indispensable pour se pénétrer de la mentalité rétaise. Pas un seul département français qui ne reçoive par abonnement cet hebdomadaire, c'est dire l'intérêt porté par les résidents secondaires à "leur île" ! Trimestriellement, ce journal est édité en couleur et on apprécie.

Magazines

CHARENTE MARITIME MAGAZINE Rue J.-Perrin - Les Minimes 05 46 50 53 54

Mensuel. Edité par le groupe Aunis Média, ce luxueux magazine parle du département avec moult images à l'appui. Magazine information, magazine découverte, magazine rêve, magazine souvenir de vacances, magazine cadeau ou magazine à disséquer pour encadrer les superbes photos du portfolio...

L'ESSENTIEL 512, rue du Phare 05 46 09 97 97

Mensuel. L'Ile de Ré et La Rochelle sont les deux pôles de ce mensuel haut en couleur et de grande qualité qui fait la part belle à l'histoire avec ses chroniques, aux gens avec ses portraits, mais aussi aux informations pratiques, culturelles et économiques (infos rétaises commune par commune, infos rochelaises et de la CDA, chronique arts et spectacles, heures des marées, petites annonces immobilières...), sans oublier les hors-séries. Le tout traité avec ce qu'il faut d'humour.

ILE DE RE HABITAT 82, boulevard Emile-Delmas 05 46 00 33 22

Annuel. Edité par l'Image à l'Encre, ce très beau magazine explore ce qui fait le charme des habitats rétais. Il regorge d'adresses d'antiquaires, de brocanteurs ou de magasins de meubles à fréquenter, raconte l'histoire de certaines maisons, nous fait visiter de somptueuses demeures et fourmille d'idées de décoration et d'agencement. Il n'y a plus qu'à acheter la maison...

Radios

EUROPE 2 7, place Bernard-Moitessier 05 46 41 15 15

Fréquence : 106.6 MHz

FRANCE BLEU LA ROCHELLE 5, avenue Michel-Crépeau 05 46 35 17 17

Fréquence : 98.2 MHz

NOSTALGIE 2bis, rue Ballangerie 05 46 50 57 75

Fréquence : 98.7 MHz

RCF ACCORDS CHARENTE-MARITIME Rue Alfred-Kastler 05 46 34 10 12

Fréquence : 95.5 MHz

Télévision

FRANCE 3 ATLANTIQUE 16, rue de l'Aimable-Nanette - LE GABUT 05 46 31 03 03

FRANCE 3 POITOU-CHARENTES 16, rue de l'Aimable-Nanette - LE GABUT 05 46 41 42 44

La télévision locale France 3 Atlantique a été lancée en 1991 à La Rochelle. Quant aux décrochages, réguliers et nombreux, de la chaîne nationale, ils permettent de se tenir au plus près de l'info de la région.

Loisirs

Balades

Canoë

CANAL CANOE Pont de Rompsay **05 46 00 02 92/06 86 82 42 34**

D'avril à septembre. Sur le canal, on peut louer kayaks et canoës à l'heure (5,34 € adulte, 3,81 € enfant), à la demi-journée (11,44 € adulte, 8,38 € enfant) ou, pour ceux qui s'en sentent les bras, à la journée (14,48 € adulte, 10,67 € enfant). Tarifs groupe à partir de 10 personnes.

Croisières

INTER ILES **05 46 50 51 88**

Fax : 05 46 41 16 96. Informations, billetterie et embarcadère : esplanade Saint-Jean-d'Acre (parking du Vieux-Port Nord). Réservations par téléphone ou Internet : www.inter-iles.com ou dans les offices de tourisme. Du 1er juillet au 30 septembre. Exemples de tarifs aller-retour adulte en haute saison : île de Ré-Sablanceaux 7,62 €, cap sur Fort Boyard 12,20 €, île d'Aix avec escale 20,58 €. Deux vedettes : l'Ilienne (275 places) et Trousse-Chemise (320 places) relient au départ de La Rochelle les îles d'Aix, Ré et Oléron. Circuits personnalisés sur demande.

KAPALOUEST **06 10 32 77 85**

Embarquement : Tour de la Chaîne (Vieux Port). Exemples de tarifs aller-retour adulte en haute saison : Ré la Blanche ou Fort Boyard 33,54 €, coucher de soleil 22,87 €. Pour les adeptes de la voile, ce maxi-catamaran de 18 m propose plusieurs excursions : cap sur l'île de Ré ou sur Fort Boyard (excursions d'une durée d'environ 4 heures avec 1 heure d'escale à Ré ou Aix), ou coucher de soleil en rade de La Rochelle, avec coupe de champagne à la clé. Koupalouest ?

YAKAPARTIR **06 87 04 02 71**

Départs et réservations au port des Minimes, ponton 12 (à 40 m du bus de mer). Exemples de tarifs par personne : 40 € la demi-journée, 55 € la journée, 150 € le week-end. Gaël Frébourg sera votre skipper pour une promenade à la voile au gré du vent et au fil de l'eau, une croisière découverte avec participation aux manœuvres ou une croisière perfectionnement avec navigation sur carte et matelotage de base : yakachoisir. Ré, Aix, Oléron, Yeu : yakayaller.

Parcs et sites naturels

PARC CHARRUYER

C'est un lieu de balade très prisé des Rochelais de tous âges. Canards et oies d'Egypte y résident en liberté, tandis qu'un mini-zoo abrite paons et baudets du Poitou.

PROMENADE DES ALLEES DU MAIL

Ces allées descendent du parc Franck-Delmas vers la plage de la Concurrence et le parc Charruyer. Une piste cyclable longe la promenade.

MARAIS DE PAMPIN

Situé au nord de la ville, jouxtant la commune de L'Houmeau, le marais de Pampin s'étend sur 25 ha d'espace protégé. Sa particularité tient au grand nombre d'espèces d'oiseaux, certaines peu fréquentes, que l'on peut y observer. Récemment, la loutre d'Europe, mammifère aquatique très rare, y a été découverte.

MARAIS DE TASDON

Situé sur le territoire de la commune d'Aytré, le marais de Tasdon s'étend sur une superficie de plus de 18 ha. Pour y découvrir la nature, flore et faune, assez uniques qu'il abrite, des sentiers ont été aménagés et des observatoires permettent de s'immerger dans l'espace protégé.

Beaux-arts

Pratiquer

ATELIER MARION BRIERE 14, rue de l'Oise 05 46 00 44 71

Dominique Marion-Brière enseigne avec enthousiasme et passion le dessin, la peinture et le modelage, aux enfants comme aux adultes.

CURIOSITAS 65, quai Louis-Prunier 05 46 34 63 02

Bénédicte Rousselot anime avec d'autres artistes et artisans ces ateliers de formation aux techniques de la dorure, du trompe-l'œil, de la marqueterie, de la lithographie, de la peinture décorative.

LE VITRAIL Le Pas-des-Eaux - ANGOULINS 05 46 42 50 06/06 08 34 69 09

Hélène Sanchez artiste-verrier (création et restauration du vitrail, sculpture du verre en fusing) vous ouvre les portes de son atelier tous les jours sur rendez-vous et vous propose des stages d'initiation au vitrail traditionnel et au fusing. L'été, elle expose dans une cabane ostréicole au port du Château-d'Oléron.

S'équiper

CADREA Rue de la Libération - ZAC de Beaulieu 05 46 00 01 01

Cette enseigne offre vraiment un très large choix de cadres pour peintures ou affiches, collages papiers ou photos, ou tout ce qu'il peut vous venir à l'idée d'encadrer (votre chef, non, vous ne pouvez décidément pas l'encadrer). Cadres discrets ou ouvragés, en noir ou en couleur, ou encore de teinte bois, tous les styles sont représentés, qui permettent d'accorder au mieux le cadre à l'œuvre. Surtout n'hésitez pas à demander conseil : sous réserve qu'il n'y ait pas trop de monde dans la boutique, vous serez surpris par le temps qui vous sera consacré pour vous aider à choisir. La boutique se charge également de réaliser tous travaux d'encadrement : le travail est soigné et rapide, les prix relativement serrés. Des réductions sont accordées aux élèves des ateliers. Enfin, si vous avez le cadre mais rien à encadrer, vous y trouverez une collection d'affiches et de reproductions à acheter.

COULEURS DU TEMPS **18, rue Pas-du-Minage** **05 46 41 08 27**

Fermé lundi matin. Le spécialiste de l'équipement en beaux-arts du centre-ville possède tout l'arsenal pour peindre, sculpter, modeler ou encadrer : gouache, aquarelle, acrylique, huile, chevalets, toiles, papiers, pierre à sculpter. La boutique est parfaitement organisée et le personnel très compétent.

ARTS ET MAISON **Route de la Flotte - SAINT-MARTIN-DE-RE** **05 46 09 91 95**

Il pleut, les enfants s'ennuient : faites-les dessiner, peindre, créer des bougies, tableaux, collages en vous équipant à Arts et Maison !

Chasse et pêche

Pratiquer

FEDERATION DEPARTEMENTALE DE PECHE **05 46 44 11 18**
43, rue Emile-Normandin - TASDON

Du lundi au vendredi de 9h à 12h30 (12h le mercredi) et de 14h à 18h. Elle fédère les associations de pêche et de protection du milieu aquatique de Charente-Maritime.

AMICALE ROCHELAISE DE PECHE SPORTIVE EN MER **05 46 01 20 69**
60, rue du Port - MARSILLY

Cette amicale organise des concours de pêche fédéraux, en mer ou bord de mer.

S'équiper

ARMURERIE BERTRAND **6, rue Pas-du-Minage** **05 46 41 31 65**

Tout pour la pêche et la chasse, que ce soit accessoires ou vêtements, se trouve dans cette boutique incontournable du centre de La Rochelle. Les collections de couteaux et de fusils sont impressionnantes et entretenues avec amour par Dominique Bertrand. Le clou du magasin reste les collections, rares et remarquables, de sabres de décoration d'Europe et du Japon et de sabres pour arts martiaux. Reste à trouver quoi chasser ou pêcher avec...

COMPTOIR DU BOUT DU MONDE **Avenue Lazaret - Les Minimes** **05 46 31 32 33**

Vous aimez la pêche mais vous ne connaissez pas bien la région alors n'hésitez pas ! Non seulement au comptoir du bout du monde vous trouverez un large choix de matériel de pêche sans oublier l'équipement du bateau et du pêcheur y compris les appâts vivants mais chose rare, les conseils avisés d'une passionnée qui saura vous dire où pêcher en fonction des marées, de la saison et de votre équipement !

RENAUDET ARMAND **6, avenue Emile-Normandin** **05 46 44 21 06**

Cette adresse est en principe un débit de tabac. En principe seulement, car la boutique est surtout occupée par le matériel de pêche, pour mer ou rivière. Tout y est, y compris des vers venus de Corée, appâts indispensables pour une pêche miraculeuse...

Danse

Pratiquer

ALEGRIA PENA FLAMENCA **38, avenue des Corsaires** **05 46 41 47 97**

Cours et stages de sévillanes et flamenco pour adultes, par Ginou Buisson. Si tu aimes, prends garde à toi...

ASSOCIATION DE CAPOEIRA **18, rue Rambaud** **05 46 27 08 23**

L'Espace Brésil-La Rochelle accueille enfants et adultes pour des cours de capoeira, batucada et danses folkloriques, par Gina Leconte. Si tu vas à Rio...

ECOLE NATIONALE DE MUSIQUE ET DE DANSE **15, rue des Fonderies** **05 46 41 07 37**

 L'ENMD dispense des cours de tout niveau en danse classique ou contemporaine.

S'équiper

VERSION DANSE 43, rue Gambetta 05 46 27 02 88

Les passionnés d'entrechats ne manqueront pas de faire un détour par ce magasin spécialiste des collants, tutus et chaussons de danse. N'hésitez pas à demander conseil, la propriétaire est des plus compétentes.

Hobbies

Archéologie

ARCHEAUNIS 6, square du Maine 05 46 43 04 31

L'association accueille les passionnés de recherches archéologiques à partir de 18 ans.

Astronomie

ASTROLABE Parc Kennedy - Avenue Dublin 05 46 67 47 67

L'Astrolabe mène observations et travaux en groupes, pour tout public.

Aviation

AERO-CLUB DE CHARENTE-MARITIME Aéroport de La Rochelle-Ile de Ré 05 46 42 54 74

A partir de 15 ans. Tous les jours (s'il fait beau...). Pour passer son brevet de base ou de pilote privé, ou pour un baptême de l'air au-dessus des parcs à huîtres (environ 10 € les 15 min de vol).

Chant

LA PUCE A L'OREILLE 10, rue Vauban 05 46 52 24 64

Chœur gospel (lundi de 20h à 22h30), chorale rock-soul en anglais (mardi de 20h à 22h) et atelier de jazz vocal (jeudi de 20h à 22h30) accueillent tous les niveaux. Quant à l'atelier chanson française, il est destiné aux débutants. Possibilité de cours particuliers.

Colombophile

LE MESSAGER ROCHELAIS 05 46 67 99 30

Non, la colombophilie n'est pas le fan-club de l'inspecteur Colombo ! C'est le nom donné à l'activité d'élevage et de dressage de pigeons voyageurs. Des concours sont organisés du niveau départemental au niveau national. M'enfin bon, de là à ce que ça remplace l'e-mail...

Généalogie

CERCLE GENEALOGIQUE D'AUNIS ET DE SAINTONGE 3, rue J.-B.-Charcot 05 46 34 48 33

Pour retrouver la trace de l'arrière-petit-cousin du frère de lait de la grand-mère, rien ne vaut un petit tour par le Cercle Généalogique, source de conseils pour organiser ce parcours du combattant. Dépouillement d'archives, conférences et recherches.

Littérature

QUAI DES LETTRES 29, rue Chef-de-Ville 05 46 50 53 74

Cette association très dynamique organise régulièrement des soirées-rencontres à La Coursive avec des écrivains de renom (Annie Ernaux, Jorn Riel) ou moins connus. Lectures, interviews et séances de dédicace.

Philatélie

AMICALE PHILATELIQUE AUNISIENNE 23, rue des Dames - PUILBOREAU 05 46 67 01 19

Pour les timbrés, pardon, les passionnés de timbres et de cartes.

Restauration de meubles

EBENISTERIE L'AMARANTE 25, rue Léonard-de-Vinci - AYTRE 05 46 29 59 71

Michèle Dubreuil, artisan ébéniste pour qui la marqueterie n'a aucun secret, enseigne dans son atelier comment restaurer soi-même des petits meubles. Cours le mardi et le jeudi de 18h à 20h et un après-midi par semaine.

Scrabble

CLUB DE SCRABBLE ROCHELAIS 10, rue Jacques-Duban 05 46 43 08 01

Pour les émules du championnat du monde de Scrabble francophone qui s'est déroulé à La Rochelle en 2001, le club est l'endroit idéal pour se familiariser avec des mots étranges comme "wu", "won" ou "ka".

Vieilles voitures

AMICALE ROCHELAISE DES VEHICULES ANCIENS 9, rue Bizet 05 46 37 16 81

Les amoureux de vieilles voitures trouveront leur bonheur dans cette amicale, qui organise présentations, sorties et concentrations de ces trésors de l'époque où la "boîte à gants" en était vraiment une.

Musique

Disques

FETISH RECORDS 8, rue Bletterie 05 46 50 65 79

Etes-vous plutôt gothic, grunge, hard, heavy, speed ou thrash ? Alors, cette boutique est pour vous. Spécialiste du rock sous toutes ses formes (il y en a d'autres : black, grindcore ou punk par exemple), ce disquaire vend vinyles et CD, collectors et fanzines pour tous les passionnés du genre qui peuvent aussi y échanger leurs trouvailles ou les vendre. Mais la maison n'est pas sectaire : les amateurs de blues, country, variétés, rap ou reggae sont également les bienvenus.

HARMONIA MUNDI 63, rue des Merciers 05 46 41 17 63

Pour les amoureux de musique classique mais aussi contemporaine, les fanas de jazz, les curieux de musiques du monde. Ici, ce qui prime, c'est le conseil et celui-ci est extrêmement professionnel. Nous ne résistons pas à la tentation de vous raconter notre dernière visite : pendant que nous inspections les bacs à la recherche d'une compilation de chansons traditionnelles de l'altiplano bolivien, une dame est entrée dans la boutique pour rapporter un disque de flamenco acheté deux jours avant mais qu'elle trouvait trop... olé olé. Après quelques minutes de discussion sur ce qu'elle entendait par là, notre disquaire, toujours souriant, lui fit écouter d'autres disques de flamenco (tous les disques peuvent être écoutés à la demande), jusqu'à ce que la dame reconnaisse ne pas du tout aimer ce genre musical. Elle avoua bientôt que la musique espagnole n'était pas sa tasse de thé et qu'en fait, le disque qu'elle cherchait était destiné à faire une blague à un ami s'initiant à la langue de Cervantès. A ce moment, nous crûmes que le pauvre disquaire allait s'avouer vaincu : mais non, sans se départir de son sourire, il trouva exactement ce qu'il fallait à cette dame facétieuse à défaut d'être mélomane. Chapeau !

PARIS MUSIQUE 22, rue du Palais 05 46 41 66 63

Ici, ce sont les musiques actuelles qui prédominent, même si le jazz et le classique ont droit à leur petite sélection : nouveautés, rock, hard-core, pop, variétés et bien d'autres. Très appréciable, le personnel de la boutique, très compétent, sait conseiller judicieusement les amateurs avertis comme les néophytes.

Ecoles

COURS DE DJEMBE - ASSOCIATION DISSOO 14, rue Léonce-Vieljeux 06 08 05 73 64

Cette association propose des cours de percussions africaines le mardi à partir de 17h30 et le mercredi à partir de 18h30, par groupes de niveaux (enfants, débutants et avancés). Les cours se déroulent au studio Slip Way à l'Encan.

ECOLE NATIONALE DE MUSIQUE ET DE DANSE 15, rue des Fonderies 05 46 41 07 37

Avec des cours de violon, alto, violoncelle, contrebasse, piano, orgue, percussion, batterie, flûte traversière, flûte à bec, clarinette, hautbois, basson, cor, trombone, tuba, trompette, saxophone, harpe, accordéon, chant, musique électro-acoustique et direction d'orchestre, il est difficile de ne pas trouver chaussure à son pied à l'ENMD. “Oui, mais moi, je veux jouer de l'hélicon !”

Enregistrer et repéter

SLIP WAY 19, quai Louis-Prunier 05 46 41 68 88

Studio de répétition et d'enregistrement avec sono pour le chant. Deux formules annuelles : cotisation de 70 € par personne pour 2 à 3 tranches de 3 heures par semaine, ou cotisation de 30 € par groupe plus tarification horaire (6,10 € pour une salle équipée).

S'équiper

TOUT POUR LA MUSIQUE 22, rue Fleuriau 05 46 41 32 24

Cette enseigne, créée en 1937, vend, loue et répare pianos, percussions, accordéons, instruments à vent et cordes. Les pianos sont accordés à domicile. L'expérience transmise de père en fils est ici une valeur sûre et permet de satisfaire tous les musiciens, débutants ou chevronnés. Bon rayon librairie, avec une large sélection de partitions et de livres. Nouveauté pour 2002 la boutique a été entièrement rénovée, un look beaucoup plus design, plus aéré, c'est vraiment une réussite.

SP MUSIQUE OPUS 14, rue du Minage 05 46 41 01 31

Depuis plus de vingt ans, c'est le rendez-vous des amateurs et des professionnels, qui y trouvent conseils et choix en instruments à vent, à cordes ou à clavier, percussions (belle collection de djembés), partitions et autres accessoires. Les moins fortunés pourront se tourner vers les occasions ou la location. L'équipe dynamique et compétente qui anime cet immense magasin en fait une adresse des plus recommandables.

Photo et vidéo

Pratiquer

LE TROISIEME ŒIL 10bis, rue Amelot 05 46 41 45 62

C'est le département audiovisuel du Carré Amelot, qui propose régulièrement des sessions de formation aux images de synthèse et à la vidéo : conception et réalisation de films courts, retouche et traitement d'images numériques, modélisation 3D, trucages numériques (catalogue des formations disponible sur demande). C'est aussi un lieu de production audiovisuelle, réalisant des films de commandes institutionnelles ou associatives.

S'équiper

MISE AU POINT 14, avenue Jean-Monnet - Les Minimes 05 46 34 55 46

Outre les services classiques de développement rapide, d'agrandissement, de retouche et de numérisation, Mise Au Point propose ce service appréciable que l'on ne trouve pas partout : la location d'appareils numériques. Il en coûte de 10 € à 20 € par 24 heures, suivant l'appareil choisi. Deux solutions pour récupérer les photos : soit directement sur ordinateur avec le logiciel et le câble USB fournis, soit sur CD (gravure en magasin, CD vierge en sus).

SHOP PHOTO VIDEO 4, rue Saint-Sauveur 05 46 41 75 86

Le lundi de 14h30 à 19h et du mardi au samedi de 9h à 12h30 et de 14h à 19h. Cette adresse est bien connue des amateurs de matériel photo (mais aussi audio et vidéo) qui savent qu'ils ont ici affaire à des professionnels, capables de les conseiller utilement et de façon compétente. Adeptes du numérique et inconditionnels de l'argentique, à la recherche d'appareils neufs ou d'occasion (les occasions sont minutieusement contrôlées et garanties) y trouveront à coup sûr leur bonheur. Le magasin propose également du matériel à la location et réalise tous travaux photographiques (notamment d'impression numérique).

Théâtre

ATELIER THEATRE TOUJOURS A L'HORIZON La Pallice 05 46 42 05 58

L'atelier est ouvert à toute personne à partir de 15 ans, débutante ou ayant déjà une première expérience de la scène. Il a lieu un samedi par mois, de 13h30 à 20h.

ECOLE DU CAFE-THEATRE L'AZILE 29, rue Debussy 05 46 00 19 19

L'Azile accueille aussi bien les débutants (initiation aux techniques théâtrales le mercredi de 20h à 23h), que les amateurs (perfectionnement le samedi de 14h à 17h) et les professionnels (création de projets et production de spectacles le mardi de 20h à 23h).

IMPRO & CO 40, rue basse de Saint-Eloi 05 46 01 46 87

Hébergée par le Centre Social de Saint-Eloi, cette petite compagnie s'est fait une spécialité des matchs d'impro. Deux fois par semaine, les mardi et jeudi, des ateliers permettent aux participants de lâcher la bride à leur imagination.

Voyages

JOUANNO EVASION 7, rue Archimède 05 46 34 53 53

Du lundi au vendredi de 9h à 12h et de 14h à 18h. Cette agence (ex Massias Evasion) commercialise de très nombreux produits, dans les gammes National Tours, Fram, Look

Voyages, Etapes nouvelles, Marmara, Terrien, Festival Croisières pour ne citer qu'elles. Son offre en matière de croisières notamment en fait un spécialiste du genre. Mais à ceux qu'une petite virée aux Caraïbes ou aux Antilles ne tente pas (ou qui n'ont pas le pied marin), la charmante Nathalie suggérera de nombreuses autres formules, du vol sec au séjour en passant par le circuit ou le séjour découverte. Accueil et service excellents.

NOUVELLES FRONTIERES 64, rue Chaudrier **05 46 41 43 84**

Du lundi au vendredi de 9h à 13h et de 14h à 18h30, le samedi de 10h à 13h et de 14h à 17h. Pour un week-end à Rome ou une semaine aux Antilles, une thalasso en Tunisie ou un séjour au ski, Nouvelles Frontières propose son vaste choix de formules : vols secs, séjours tout compris, circuits, croisières, voyages à la carte, tout est a priori possible. Plusieurs catalogues sont disponibles, qui permettent de bâtir son voyage. En vitrine, les promotions s'affichent régulièrement. Bon à savoir : certaines formules permettent de partir de Nantes plutôt que Paris.

SAIGA 4, rue Fleuriau **05 46 41 34 42**

E-mail : mainate@saiga-voyage-nature.fr - Site Internet : www.saiga-voyage-nature.fr - Fax : 05 46 41 34 92. Saïga est une agence vraiment pas comme les autres. Cette petite société rochelaise s'est en effet spécialisée dans le voyage naturaliste, à destination "des voyageurs curieux et amoureux de la nature". Les formules proposées ont été conçues par les guides de Saïga, dans une démarche éco-touristique, environnementaliste, solidaire et équitable : bref, dans le respect de la nature et des cultures locales. Et chez Saïga, c'est une profession de foi mise en œuvre au quotidien, pas un simple slogan marketing ! A côté des voyages découvertes (Açores "Nage avec les dauphins", Pologne "Bisons, élans et traces de loups"...), Saïga propose des "séjours éco-solidaires", ouverts à tous, qui se déroulent au sein de missions d'étude ou de chantiers de conservation (par exemple, chantier de reforestation au Costa Rica). Enfin, Saïga peut réaliser des voyages sur mesure pour petits groupes ayant leur propre projet. L'accueil est extrêmement sympathique et il ne faut pas hésiter à leur téléphoner (accueil sur rendez-vous).

Sports

Adresses utiles

DIRECTION DEPARTEMENTALE DE LA JEUNESSE ET DES SPORTS
5, place des Cordeliers **05 46 35 25 30**
SERVICE DES SPORTS DE LA VILLE DE LA ROCHELLE
Place de l'Hôtel-de-Ville **05 46 51 51 25**
OFFICE MUNICIPAL DES SPORTS Rue Léonce-Mailho **05 46 34 55 54**

Disciplines

Arts martiaux

ECOLE DE BUSHIDO DE LALEU 12, avenue Raymond-Poincaré **05 46 42 08 35**
A partir de 6 ans. Enseignement de l'aïkido, du karaté, du jiu-jitsu, du kendo et autres arts martiaux japonais.

TOUM PORTE OCEANE Gymnase du lycée Valin **05 46 50 56 92**
De 15 à 80 ans. Enseigne le tai-chi-chuan, art martial chinois interne.

Aviron

CLUB D'AVIRON DE MER DE LA ROCHELLE Avenue de la Capitainerie **05 46 28 94 20**
A partir de 12 ans. Toute l'année. Entraînements, courses et loisir.

Badminton

BADMINTON ROCHELAIS Gymnase de Beauregard **05 46 51 05 34**
A partir de 10 ans. Loisir, école (pour les 10-15 ans) et compétitions.

Base-ball

BASE-BALL CLUB DE LA ROCHELLE "LES BOUCANIERS" Port-Neuf **05 46 00 05 33**
A partir de 9 ans. Soft-ball, compétitions régionales et internes. Okay guys, hit the ball !

Basket

TASDON BASKET LA ROCHELLE Gymnase Jean-Bouche **05 46 44 84 25**
A partir de 6 ans. Ecole, entraînements et compétitions. Section loisir pour les adultes.

Billard

BILLARD CLUB ROCHELAIS 55, rue Amiral-Duperré - LALEU **05 46 43 89 36**
A partir de 12 ans. On y pratique le billard français et anglais ("8 pools").

BMX

BMX LA ROCHELLE Piste de bi-cross de Villeneuve-les-Salines **05 46 44 66 76**
Vous ne savez pas ce qu'est le BMX ? Demandez à vos enfants ou à vos neveux... Pour votre gouverne, il s'agit d'une discipline de parcours d'obstacles à vélo qui se pratique sur piste.

Boules

ASSOCIATION SPORTIVE DES BOULISTES ROCHELAIS **05 46 34 90 20**
Boulodrome municipal
A partir de 6 ans. Jeux de boules, pétanque, lyonnaise. Bon alors, Escartefigue, tu tires ou tu pointes ?

Cyclisme

GROUPE CYCLO-ROCHELAIS **05 46 56 90 57**

A partir de 8 ans (école de cyclotourisme). Promenades les dimanche et jours fériés à partir de la gare SNCF de La Rochelle. Convivial et sympathique.

Equitation

LA MAISON DU PONEY Rue de la Mare - DOMPIERRE-SUR-MER **05 46 35 50 40**

Toute l'année. Trois secteurs sont proposés : loisir, sport et compétition, auxquels correspondent différents forfaits.

SOCIETE HIPPIQUE D'AUNIS Ferme Saint-Mathurin - LA JARNE **05 46 44 32 34**

Chevaux, poneys et baby-poneys attendent leurs cavaliers de tous âges, de l'initiation à la compétition : randonnée, dressage, obstacle, cross, et, pourquoi pas, voltige.

LES ECURIES DU MOULIN-MOREAU Route de La Noue - LA FLOTTE-EN-RE 05 46 09 32 34

Toute l'année. Cette Ecole française d'Equitation propose leçons d'initiation, cours de perfectionnement, promenades, randonnées et même stages d'élevage, sur poneys shetlands et chevaux. Côté installations, elle possède 44 boxes, 3 carrières et un parcours de cross. Hongres, alezans et autres peuvent également être acquis par les amateurs.

Golf

GOLF DE LA PREE Marsilly **05 46 01 24 42**

Tous les jours, toute l'année. Dans un site somptueux, face à la baie de l'Aiguillon et à l'île de Ré, le Golf de la Prée possède un parcours de 18 trous et un parcours-école de 3 trous. Le petit vent peut parfois rendre le parcours assez technique. Des cours, collectifs ou individuels, permettent aux amateurs d'améliorer leur swing et des séances d'initiation gratuites ont lieu tous les samedis à 15h30.

GOLF DE TROUSSE-CHEMISE Rue Levée-Verte - LES PORTES-EN-RE **05 46 29 69 37**

Toute l'année. Golf de 9 trous, parcours de 2 600 m. Hors saison, 15,24 € le green-fee ; pendant les vacances scolaires 22,87 € ; en juillet et août 30,49 €. Bien placé, en bordure du Fier-d'Ars, le site est agréable et tranquille. Le petit vent y est quasiment permanent.

Handball

AUNIS HANDBALL LA ROCHELLE-PERIGNY Gymnase des Parcs **05 46 34 03 29**

A partir de 7 ans. Initiation, formation et compétition.

Karting

AS KARTING LA ROCHELLE ET PLAINE D'AUNIS **06 08 21 75 76**
Circuit "Le Thou" à Aigrefeuille

A partir de 10 ans. Ecole de pilotage, entraînement et compétition. Nouveau circuit de 800 m sur 8 m de large. Location et vente de karts (neuf et occasion).

Kayak de mer

KAYAK OCEAN ROCHELAIS Centre nautique de Port-Neuf **05 46 56 96 03**

A partir de 12 ans. Initiation, école de pagaie, compétition et randonnée.

Natation

CANARDS ROCHELAIS Piscine des Parcs - Rue Léonce-Mailho **05 46 67 40 00**

Les Canards Rochelais (n'apportez pas le vôtre) s'entraînent à la piscine municipale de la rue Léonce-Mailho (celui-là, oui, il faut l'apporter). Ecole, compétition, loisir.

Parachutisme

ALTITUDES Aéroport de La Rochelle-Ile de Ré **06 08 78 08 54**

Pour les amateurs de "sky-diving" ("plongée dans le ciel") et de sensations... fortes. Le principe est simple : c'est une chute libre (en tandem) à 200 km/h à partir de 3 000 m, soit les 30 secondes les plus longues de votre vie. Vous jurez qu'on ne vous y reprendra plus. A 1 500 m, ça s'arrange : le moniteur ouvre le parachute, lance un "tiens, ça marche" rassurant et vous finissez en douceur jusqu'au plancher des vaches, où vous prenez rendez-vous pour un autre saut !

Plongée

SUBAQUA CLUB LA ROCHELLE Piscine des Parcs - Rue Léonce-Mailho **05 46 34 00 20**

A partir de 8 ans (initiation) et 13 ans (formation). Formations du niveau 1 au niveau 4. Plongée d'exploration, recherche d'épaves (pas dans la piscine !), photo sous-marine, nage avec palmes.

Randonnée pédestre et alpine

RAND'AUNIS **05 46 42 37 66**

A partir de 12 ans. Randonnées pédestres en Aunis, Saintonge, Deux-Sèvres, Vendée, Bretagne, Pyrénées, à la découverte de la nature et du patrimoine. L'association assure également le balisage et l'entretien des sentiers.

Roller

SKATING CLUB AUNISIEN Gymnases Missy et Laleu **05 46 43 89 01**

A partir de 6 ans. Randonnée adulte, école de patinage, compétition, course et acrobatie.

Rugby

OVALIE CLUB Villeneuve **05 46 68 50 97**

L'école de rugby accueille les enfants à partir de 7 ans les mercredi et samedi après-midi.

STADE ROCHELAIS
Stade Marcel-Deflandre et plaine de jeux de Port-Neuf **05 46 43 14 05**

A partir de 6 ans. Ecole et pratique du rugby amateur et professionnel.

Tennis

TENNIS-CLUB DE PUILBOREAU La Tourtillère - PUILBOREAU **05 46 68 07 37**

Deux courts couverts et deux extérieurs éclairés. Vestiaires et club-house 7j/7. Pour l'apprentissage, stages d'une semaine en journée (jeunes) et en soirée (adultes), ou bien cours particuliers. Cadre de verdure très agréable.

Tennis de table

CLUB PONGISTE ROCHELAIS Gymnase des Minimes - Rue de Roux **05 46 56 11 52**

A partir de 6 ans. Initiation, entraînement, compétition, loisir.

Tir à l'arc

PREMIERE COMPAGNIE D'ARC D'AUNIS Gymnase du lycée Saint-Exupéry **05 46 67 86 25**

A partir de 9 ans. Initiation, enseignement et compétition.

Voile

ASPTT Esplanade Saint-Jean-d'Acre **05 46 34 18 87**

A partir de 9 ans. Idéalement située sur la base nautique au bord du chenal, l'ASPTT propose des stages d'initiation (ouverts à tous) à la plupart des engins à voile, notamment dériveurs, planches à voile et catamarans. Elle organise des entraînements et participe à des compétitions sur Optimist et dériveurs 420.

CERCLE NAUTIQUE DE LA ROCHELLE **05 46 56 46 79**

A partir de 14 ans. Le Cercle Nautique organise des régates en habitables et catamarans de sport le long des côtes entre Oléron et la Bretagne sud, dans une ambiance très conviviale.

CERCLE NAUTIQUE D'ARS-EN-RE 27, quai de la Criée - ARS-EN-RE **05 46 29 23 04**

Le Cercle Nautique, fondé en 1955, gère l'école française de voile installée à la base nautique de la Criée. A partir de 5 ans, les moussaillons peuvent découvrir l'Optimist et le milieu marin sur plan d'eau protégé. Des stages d'initiation et de perfectionnement à l'Optimist, à la planche à voile, au dériveur et au catamaran, sur plan d'eau intérieur, à la plage de La Conche ou dans le Fier-d'Ars sont disponibles pour tout niveau et tout âge, pour peu que l'on ait envie de mettre les voiles.

CENTRE NAUTIQUE ET DE PLEIN AIR Base nautique - LA FLOTTE-EN-RE **05 46 09 50 57**

De février à novembre. Labellisé Ecole française de Voile, le CNPA utilise les plans d'eau de La Flotte et de Rivedoux Plage. Il organise des stages tous niveaux, sur Optimist, catamaran, caravelle, dériveur ou planche à voile. Une initiation au char à voile est également proposée. Pour les plus petits, des cours de natation sont dispensés à partir de 4 ans, tandis que les plus de 5 ans peuvent s'essayer à la pêche à pied ou au cerf-volant.

Volley-ball

LA ROCHELLE VOLLEY-BALL Gymnase des Parcs - Rue Léonce-Mailho **05 46 34 11 72**

A partir de 8 ans. Enseignement, compétition féminine et masculine (départementale, régionale et nationale), loisirs.

Yoga

ASSOCIATION PRANAYAMA **05 46 31 14 25/06 61 44 95 41**

Pranayama, cela signifie le souffle, la vie : de la vie, Evelyne n'en manque pas, qui saura vous transmettre sa passion dans le cadre des cours de hatha-yoga, de yoga Nidra et de Qi Gong Dao Yin qu'elle dispense. Le travail sur la respiration est primordial et permet à chacun de redécouvrir son rythme naturel. Les postures, ou asanas, rétablissent par des mouvements doux et progressifs une juste position du corps qui élimine les tensions et facilite la circulation des énergies. Cours hebdomadaires et stages le week-end. Les cours sont accessibles à tous. Vous verrez, vous non plus, vous ne pourrez plus vous en passer !

Handisport

CERCLE HANDI-ROCHELAIS Centre Associatif Charcot - Rue Charcot **05 46 35 88 34**

A partir de 6 ans. Le Cercle Handi-Rochelais permet la pratique de toutes les activités physiques et des sports pour handicapés physiques et sensoriels. Il est inscrit à la FFH.

CRAVA-CICAT Cale des Dériveurs aux Minimes **05 46 34 00 34**

A partir de 18 ans. Il organise des sorties en mer sur des catamarans adaptés aux personnes handicapées physiques.

Magasins de sport

Généraliste

DECATHLON ZAC de Beaulieu - PUILBOREAU **05 46 42 61 38**

Tous les jours de 9h à 20h. Décathlon est le magasin de sport où l'on est à peu près sûr de trouver ce que l'on cherche, dans tous les domaines et à des prix défiant toute concurrence. Sur une grande superficie, chaque discipline sportive a son rayon et chaque vendeur sa spécialité. Attention tout de même car les rayons alternent en fonction des saisons (notamment pour la plage, la randonnée et le ski) ! Un plus : les articles portant la marque du magasin, d'un très bon rapport qualité-prix, et le Trocathlon (dépôt-vente de matériel) qui a lieu deux fois par an.

Spécialisés

ICARE CERF VOLANT 51, quai Valin **05 46 41 52 52**

Pour tous ceux qui, comme Icare, rêvent de s'envoler, cette boutique est l'endroit tout indiqué. On y trouve tout le matériel des sports de glisse et de traction : fly-surf, kite-surf, surf à cerf-volant, char à cerf-volant et on en passe sûrement. Pour ceux qui préfèrent garder les pieds sur terre, Jean-Philippe propose des Frisbee très techniques, ou encore l'aérobie (le détenteur du record absolu de lancer est de 319 m : ferez-vous mieux ?). Pour compléter la panoplie, des éoliennes, des mobiles aériens, du matériel de jonglerie, des livres et codes techniques sur les différentes disciplines, et enfin des vêtements. Alors, bon vent, et attention à ne pas vous brûler les ailes !

MISE EN SELLE Rue Jules-Verne - ZAC de Belle-Aire - AYTRE **05 46 44 77 37**

Si vous apercevez un jour un cavalier juché sur sa monture négocier le rond-point de la ZAC de Belle-Aire, ne vous frottez pas les yeux : il se rend chez Mise en Selle, certainement. Cette boutique qui fournit tout pour le cheval et le cavalier est bien connue dans la région pour son sérieux et le choix qu'elle propose. De la selle aux bottes, de la bombe à la brosse, de la cravache à la veste Barbour, on y trouve tout, le conseil et le sourire en plus.

RUNNING 17 81, boulevard A.-Sautel **05 46 35 14 57**

NOUVEAU Patrick Le Goff est un marathonien qui, à force d'user ses chaussures, à décider d'en vendre. Il est à La Rochelle LE spécialiste de la course à pied. En plus de précieux conseils que seul un sportif accompli peut donner, il propose un grand choix de modèles de chaussures adaptées au terrain et à la morphologie du coureur : New Balance, Diadora, Saucony, Mizuro, Adidas. Des chaussures mais aussi des textiles, de la diététique et de nombreux accessoires.

Piscines et centres aquatiques

PISCINE MUNICIPALE DES PARCS Rue Léonce-Mailho **05 46 34 67 67**

Horaires d'ouverture au public : lundi de 11h à 13h30 et de 17h à 21h, mardi et jeudi de 12h à 13h30 et de 18h30 à 20h, mercredi de 15h à 18h30, vendredi de 12h à 13h30 et de 17h à 20h, samedi de 11h à 18h30 et dimanche de 8h30 à 12h30. Tarifs : ticket individuel 3,10 € (enfants et étudiants 2,30 €), carte de 10 entrées valable 1 an 26,50 € (enfants et étudiants 18,70 €). La piscine des Parcs, moderne, propre et agréable, est dotée d'un bassin de 50 m, d'un toboggan, d'un sauna et d'une salle de gymnastique.

CENTRE AQUATIQUE Voie de la Corniche - CHATELAILLON **05 46 56 44 11**

Horaires disponibles par téléphone ou sur Internet : www.centre-aquatique.com - Tarifs : adultes 4,57 €, enfants 2,75 € ; résidents : adultes 3,05 €, enfants 2,13 €. Des cartes de 10 entrées sont disponibles. Hiver comme été, l'eau est à 29 °C dans les trois bassins couverts : un bassin de 25 m de long et 12,50 m de large pour les nageurs, un bassin ludique de 225 m² pour les joueurs et le bassin d'arrivée d'un toboggan géant de 110 m pour les glisseurs. Parmi les équipements : bains bouillonnants, jets de massage, sauna, hammam, salle de gym. Des activités sont proposées pour tous les âges : bébés-nageurs (6 mois à 3 ans), jardin aquatique (3 à 6 ans), apprentissage et perfectionnement, natation sportive ou synchronisée, aqua-gym, aqua-maternité ou aqua-retraité. De juin à septembre, on peut en plus profiter des équipements extérieurs : bassins, pataugeoire, toboggans dont le "Jet Gliss" de 11 m de haut, des espaces verts ombragés, un terrain de volley, des espaces jeux, une table de ping-pong. Pour ne pas bronzer idiot !

PALMILUD Avenue Louis-Lumière - PERIGNY **05 46 45 70 20**

En période scolaire : lundi de 10h à 18h30, mardi de 14h à 22h, mercredi de 12h à 14h, jeudi de 10h à 14h, vendredi de 19h à 22h, samedi de 14h à 18h30 et dimanche de 9h à 12h30 et de 14h à 18h30. Horaires spéciaux en été et pendant les vacances scolaires. Formules tarifaires : entrée individuelle moins de 2 heures ou plus de 2 heures ou carte de 10 entrées. Tarifs spéciaux pour les habitants de Périgny et les groupes. Parc aquatique et de loisirs pour toute la famille, Palmilud est un endroit où passer toute la journée : plusieurs bassins, des toboggans, des bains bouillonnants, mais aussi des terrains de volley et de hand-ball, des aires de jeux et d'immenses pelouses pour faire la sieste ou prendre un bain... de soleil. Pour les plus actifs, le centre propose des cours de natation et d'initiation sportive (4 nages, nage avec palmes, plongée libre, sauvetage), de natation artistique, d'aquagym, de bébés-nageurs, d'aqua-maternité et d'handisport (espace réservé avec encadrement adapté).

Salles de gym et clubs de remise en forme

L'ATLANTIDE 22, rue Debussy **05 46 27 29 00**

Du lundi au vendredi de 9h à 21h, samedi de 9h à 17h et dimanche de 9h30 à 12h. Tarifs : 455,82 €/12 mois, 59,46 €/1 mois. Deux salles sont réservées aux cours collectifs, animés par Dominique et son quartette de charme : Delphine, Elodie, Evelyne et Nadia. Il y en a pour tous les goûts, tous les âges et tous les niveaux : body sculpt, pump, step, body attack, biking, mais aussi stretching, gym douce et yoga. Ceux qui préfèrent les séances individuelles ont à leur disposition des appareils spécialisés pour augmenter leur résistance, travailler leurs capacités cardio-vasculaires ou musculaires. Un programme personnalisé est établi pour chacun, après réalisation d'un bilan forme. Après tous ces efforts, le sauna, le spa et le hammam font du bien... A noter : depuis peu, L'Atlantide propose un forfait "Gold" donnant également accès aux salles du Rochelois et du Gymnase Forme. Enfin, un espace d'accueil pour les enfants vient d'être aménagé. Ça bouge à L'Atlantide !

LE ROCHELOIS 66, boulevard Winston-Churchill **05 46 43 88 36**

Tarifs : 335,39 €/12 mois, 53,36 €/1 mois. Tarifs préférentiels pour étudiants, seniors et spécial week-end. Vue sur la mer ou sur le centre-ville ? L'association de ces deux clubs permet de choisir. Le planning de cours collectifs est bien sûr très complet : cardio-boxe, body-barre, aéro-gym, cardio-funk, biking mais aussi yoga et stretching font qu'à toute heure, il se passe toujours quelque chose à l'un ou l'autre des deux clubs. Les espaces cardio, musculation, sauna, Jacuzzi, hammam complètent la panoplie. A noter : le Rochelois possède une piscine d'été (accessible du lundi au vendredi de 12h à 20h) et est ouvert 7j/7, même les jours fériés.

PHYSIC GYM 20, rue des Greffières **05 46 67 99 73**

Du lundi au vendredi de 9h à 21h, samedi de 9h à 12h et de 14h30 à 18h, dimanche et jours fériés de 9h à 12h. Tarifs : 305 €/12 mois, 50 €/1 mois. Tarifs réduits pour la formule "musculation uniquement", pour les chômeurs, les étudiants et les seniors. Cours pour enfants à partir de 7 ans. Ce club propose des cours collectifs de culture physique, body-sculpt, pump, abdos-hanches-fessiers, stretching, step, aérobic et hip-hop, mais sa grande spécialité, c'est la musculation, avec des entraîneurs spécialisés, une section compétition et différentes méthodes adaptées aux objectifs de chacun. Ce n'est pas pour rien que la salle a formé tant de champions en culturisme : deux championnes du monde (dont Sylvie Manquest, championne du monde 2001, que vous verrez sûrement en salle), une championne d'Europe et deux vices-champions de France. Allez, un peu plus haut la barre !

Agenda

Juin

Les 28, 29 et 30 : Châtel en Fête. Contact : 05 46 56 26 97.

Pour l'occasion, les habitants de Châtelaillon se costument sur un thème déterminé (cette année, l'Europe) et défilent à travers la ville pour un carnaval haut en couleur et en bonne humeur.

Du 28 juin au 8 juillet : 30e Festival international du film. Contact : 05 46 51 54 00.

Le Festival international du Film de La Rochelle est unique en son genre : pas de paillettes ni de starlettes, pas de jury ni de palmarès, mais une programmation rigoureuse et cosmopolite, avide de différences et intransigeante sur la qualité : 130 films, rien que pour nos yeux et ceux des 70 000 autres spectateurs amateurs ou avertis qui apprécient d'y visionner des œuvres rares et insolites et des intégrales inédites.

Juillet

Du 12 au 17 : 18e édition des Francofolies. Contact au 05 46 28 28 28.

Après des débuts difficiles, ce festival de la chanson francophone a su s'imposer, en veillant à proposer chaque année un programme de qualité composé d'artistes connus (Salvador, Nougaro) ou plus confidentiels. Et ce n'est pas le mauvais temps qui a perturbé l'édition 2001 qui va interrompre ce bel élan ! Outre les festivités officielles, les "Franco" rassemblent dans les rues de La Rochelle des musiciens de tout genre, pour un sympathique prolongement de la fête de la Musique. A noter également l'intéressante opération "Les Enfants de la Zique", créée en 1995 à l'initiative des Franco et destinée à valoriser la chanson française dans les écoles et les collèges. Tous les enseignants de France et de Navarre sont invités à y participer.

Du 20 au 31 : 7e festival de Théâtres en été. Contact au 05 46 34 33 75.

Dans les rues, les cafés, les théâtres, les jardins, pour le plaisir de tous, petits et grands, se succèdent spectacles de théâtre, cabaret, contes, magie, marionnettes et jonglerie.

Août

Du 7 au 10 : 3e Festival des Rythmes Latins. Contact au 05 46 34 19 08.

Fondé par l'ALACHP, Association Latino-Américaine Charentes-Poitou, ce festival a pour objectif de faire découvrir et partager la richesse de la musique sud-américaine à un public toujours plus large. Et c'est réussi ! Pendant 4 jours, plusieurs scènes intérieures et de plein air vibrent au rythme du tango, de la salsa, du cha-cha-cha, du son cubain et des airs folkloriques andins.

Du 10 au 13 : Coupe des 2 Phares. Contact : 05 46 28 03 00.

Née à l'initiative des Musées maritimes de La Rochelle et de Douarnenez, la course des 2 Phares est une régate de vieux gréements qui réunit de véritables monuments du patrimoine de la voile. Un événement tout autant culturel que sportif...

Du 24 au 27 : Festival Ré-Acadie. Contact : 05 46 09 20 06.

Tous les Acadiens et toutes les Acadiennes se retrouvent à Saint-Martin pour ces journées de rencontres et d'échanges, ponctuées d'animations et de concerts donnés par les groupes acadiens les plus renommés.

Du 29 août au 1er septembre : Soirées Jazz en Ré. Contact : 05 46 09 20 06.

Quatre soirées jazz qui débutent en fin d'après-midi avec des concerts dans les rues de Saint-Martin et sur les quais, qui se poursuivent par des concerts sur scène où se produisent artistes de renommée nationale et internationale, et se terminent par le verre de l'amitié...

Du 30 août au 8 septembre : 57e Foire Exposition de La Rochelle. Contact : 05 46 30 08 50. Avec ses 450 exposants et ses 90 000 visiteurs, la Foire Expo de La Rochelle est un rendez-vous incontournable de la vie économique locale et régionale. Elle est tout à la fois vitrine commerciale, lieu d'expression artisanale, de rencontres culturelles et d'échanges internationaux (notamment avec le pays invité d'honneur, qui était l'an dernier le Vietnam). Des animations permanentes lui donnent un petit air de fête et un espace ludique accueille les enfants.

Septembre

Du 18 au 23 : le Grand Pavois au Port des Minimes. Contact au 05 46 44 46 39.

La renommée de ce salon de la navigation de plaisance, né en 1973, n'est plus à faire : avec 600 exposants internationaux, 500 bateaux à voile ou à moteur présentés (dont la moitié sur l'eau), 40 000 m² de surface d'exposition et près de 90 000 visiteurs, il est aujourd'hui le 3e salon international à flot du monde (le 1er d'Europe), accueillant chaque année amateurs et professionnels pour leur présenter les nouveautés. Toute la semaine est prétexte à festivités, et le très beau spectacle "Voiles de Nuit", son et lumière dans l'avant-port de La Rochelle créé par la revue Voiles et Voiliers et parrainé par le Conseil général, en est un moment phare. Cette année sera celle de la 30e édition du Grand Pavois, avec pour invité d'honneur la Nouvelle-Calédonie et ses lagons enchanteurs, peuplés de coraux et poissons aux mille couleurs, histoire de nous faire encore un peu plus rêver...

Du 27 au 29 : Rallye de La Rochelle (ex-Rallye d'Automne). Contact au 05 46 44 23 23.

Après 46 éditions, le Rallye d'Automne change de catégorie : à partir de 2002, il est classé en Championnat de France super 1600 et prend un nouveau nom pour devenir le Rallye de La Rochelle.

Octobre

Du 4 au 6 : Kiditou, salon ludo-éducatif des 0-15 ans à l'Espace Encan. Contact : 05 46 28 97 70.

Ce salon, unique dans la région, a connu sa première édition l'an dernier et s'est taillé un joli succès. Il offre aux parents la possibilité d'accéder aux informations qu'ils cherchent concernant l'éducation et les loisirs de leurs enfants. Quant à ceux-ci, ils y trouvent plein d'animations gratuites, jeux et ateliers : une visite à faire en famille !

Du 5 au 13 : Jazz entre les deux tours, hommage à Charlie Parker. Contact au 05 46 44 96 48.

Après avoir l'an dernier rendu hommage à Django Reinhardt, c'est à l'immense Charlie Parker que sera dédiée la prochaine session de ce festival bien connu et apprécié des amoureux du jazz. Les concerts ont lieu un peu partout en ville, dans près d'une trentaine de lieux différents, en salle comme en plein air, et accueillent chaque année plus de 120 musiciens et choristes, artistes de la région se mêlant aux pointures nationales, voire internationales. Ça swingue entre les deux tours...

Novembre

Du 8 au 11 : Salon des antiquaires et Salon des vins et produits du terroir. Contact : 05 46 30 08 50.

Le Salon des antiquaires de La Rochelle est devenu un rendez-vous traditionnel pour les professionnels et amateurs d'antiquités, objets d'art, beaux meubles et objets de décoration, l'occasion pour chacun d'y montrer ses plus belles pièces ou d'y trouver la pièce rare. Les moins fortunés pourront se rabattre sur la brocante adjacente (le dimanche), ou, dans un autre registre, sur le Salon des vins et produits du terroir qui ravira gourmands et gastronomes (un billet groupé permet d'accéder aux deux salons).

Le 24 : 12e départ du marathon de La Rochelle. Contact : 05 46 44 42 19.

Le marathon 2001 a été un vrai succès, avec notamment l'inauguration d'un nouveau parcours permettant la participation des sportifs Handisports en fauteuil, la création d'un double départ, avec jonction des deux pelotons en haut du Mail, évitant les piétinements, l'arrivée de la catégorie moins de 30 ans et l'augmentation des récompenses pour attirer plus de pointures internationales. On se réjouit surtout que ce succès grandissant n'altère en rien ce qui fait l'attrait principal de cet événement : son ambiance chaleureuse et conviviale, que lui envient pas mal de manifestations du même genre... Attention : le nombre de participants est limité à 6 000. Ne tardez pas à vous inscrire ! Et ne manquez pas la Pasta-Party organisée la veille...

Décembre

A l'approche des fêtes s'installent les marchés de Noël à La Rochelle (place de Verdun) mais aussi sur l'île de Ré (à Saint-Martin, Saint-Clément et Sainte-Marie).

Shopping

- autos, deux-roues
- beauté
- cadeaux
- grands magasins
- maison
- mode
- multimédia

Auto/bateau/deux-roues

Auto

Accessoires

AUTOMOBILES ET TECHNIQUES ELECTRIQUES 88, avenue des Cordeliers 05 46 27 15 74
C'est une station spécialisée en systèmes électriques et électroniques pour véhicules automobiles. C'est également ici qu'il faut venir pour équiper sa voiture au GPL ou en climatisation : pour rouler écolo ou rouler au frais ! Ce n'est pas forcément accessoire...

GILLES DUFOURD 68, avenue Léopold-Robinet 05 46 27 11 24
En bas du boulevard Sautel, une bonne adresse pour s'équiper d'un autoradio, d'enceintes, d'une alarme, d'un téléphone de voiture ou encore d'un GPS. L'accueil est sympathique et compétent. Si vous n'y connaissez rien en matière d'autos, Gilles Dufourd assure le montage sur place. Pratique non ?

Achat neuf et occasion

OPEL EURO GARAGE ZAC Beaulieu 05 46 68 06 11
Du lundi au vendredi de 8h à 19h, samedi de 8h à 12h. Outre la gamme Opel, Euro Garage propose un large choix d'occasions de toutes marques, de l'essence au diesel en passant par le 4x4, le break ou le monospace. La plupart bénéficient du label “OK occasions qualité” et certains véhicules ont un très faible kilométrage (moins de 5 000 km).

LA SCALA AUTOMOBILE 170, avenue Emile-Normandin 05 46 44 46 24
Pour ceux qui conduisent en chantant des airs d'opéra, La Scala propose un vaste choix de modèles de marques italiennes (Fiat, Alfa Roméo, Lancia), neufs ou d'occasion. Les occasions en stock ont toutes été minutieusement contrôlées pour notre sécurité : La Scala prend garde à toi.
Autre adresse : 64, rue du Pont-des-Salines 05 46 34 55 77.

DAD ZAC de Belle-Aire - AYTRE 05 46 44 96 96
Spécialisée dans l'importation de véhicules en provenance des autres pays d'Europe, cette enseigne a récemment déménagé (pour s'installer pas très loin, de l'autre côté de la route) et en a profité pour s'agrandir. Parmi la vaste gamme de véhicules neufs proposés, dominent les marques Citroën, Peugeot et Renault (cocorico !). Toyota, Nissan, Hyundai, Volskwagen, Chrysler, Fiat et Alfa Roméo, pour ne citer qu'elles, sont également représentées. Travaillant sur mandat, l'enseigne est fiable et réactive : les renseignements demandés sont vite obtenus et le suivi est sérieux.

4X4 PASSION 10, rue Leverrier - ZAC de Belle-Aire Sud 05 46 45 36 06
Du lundi au vendredi de 9h à 12h et de 14h à 19h (17h le samedi). Cette adresse, créée il y a deux ans par un sympathique couple de passionnés, est la seule du département à s'être spécialisée sur le créneau du 4x4 d'occasion. Toyota, Land Rover, Mitsubishi, Nissan : passez jeter un œil aux opportunités avant de partir à l'aventure en terrain difficile ! Il est également possible de louer un véhicule le temps d'un week-end.

Auto-école

ECOLE DE CONDUITE FRANÇAISE 10, rue Albert-Ier 05 46 41 09 83
L'ECF offre les garanties d'un réseau national de premier plan en matière d'éducation à la sécurité routière. Parmi les plus à signaler : des formations pour handicapés, des sessions de formation accélérée, une formation aux techniques de maîtrise de son véhicule sur route glissante (neige, verglas, aquaplaning, dont les conditions sont

reconstituées sur une piste protégée). Les véhicules sont dotés de la direction assistée et de la climatisation (détails qui ont leur importance, en été, à La Rochelle ; vous verrez quand vous vous escrimerez sur votre créneau...). Seul regret : l'école a renoncé, comme d'autres, hélas, à la formation sur véhicules électriques (trop lourd et complexe à gérer nous a-t-on indiqué...).

Centres de contrôle

ATLANTIQUE AUTO BILAN 20-24, avenue Emile-Normandin 05 46 31 04 05

Du lundi au samedi de 8h à 19h30. Le contrôle s'effectue sur rendez-vous en moins d'une heure. Le tarif est de 47,26 € pour un modèle essence, 51,83 € pour un diesel. La formule contrôle + contre-visite, qui peut être intéressante quand on a quelques doutes sur son véhicule, est à 56,41 €.

AYTRE AUTO CONTROLE ZAC de Belle-Aire - AYTRE 05 46 45 39 00

Du lundi au samedi, sur rendez-vous. Partenaire "Veri MAAF", ce centre s'engage à réaliser le contrôle technique d'un véhicule en 45 minutes chrono (avec vérification de 133 points). Il en coûte de 45,73 € pour un véhicule essence à 50,31 € pour un diesel. Des forfaits visite + contre-visite sont disponibles à 51,83 € et 56,41 €.

Dépannage

DEPANOTO SA ZAC de Beaulieu - PUILBOREAU 05 46 67 16 16

Cette enseigne assure un dépannage 7j/7, 24h/24 : bien pratique pour les malchanceux qui tombent systématiquement en panne le dimanche à 2h du matin (vous avez remarqué comme la loi de Murphy s'appliquait particulièrement à la panne automobile ?).

Entretien

NORAUTO Centre commercial Carrefour Beaulieu - PUILBOREAU 05 46 68 00 67

Du lundi au samedi de 9h à 19h. Ce centre d'entretien propose 3 forfaits généraux : vidange-service à 28,82 €, entretien intermédiaire à 53,20 €, révision approfondie à 120,43 € modèle essence ou 135,68 € modèle diesel. Des forfaits spécialisés s'attachent au système de freinage, de tenue de route, etc. Pour nos pneus, la gonflette à l'azote (dont la tenue est, paraît-il, meilleure que celle de l'air) coûte 12,04 €. Côté accessoires et pièces détachées, le choix est vaste et inclut les produits propres à l'enseigne. A noter : pour l'achat de pièces neuves, on nous reprend nos plaquettes anémiées, nos disques rayés, nos pneus lisses et nos amortisseurs amortis.

Lavage

PRESSING DE L'AUTOMOBILE
Rue du 8-Mai - C. Cial Beaulieu - PUILBOREAU 05 46 67 06 40

Du lundi au vendredi, de 8h30 à 12h et de 13h30 à 18h. Envie de donner un coup de jeune à votre voiture ? Le Pressing de l'Automobile est là pour ça : à partir de 50 €, sièges, moquette, carrosserie, vitres et plastique retrouveront leur éclat d'il y a quelques années. Le nettoyage complet de l'intérieur coûte 107 €. Sur rendez-vous (téléphoner 2 ou 3 jours avant).

SPID LAVAGE Avenue Edmond-Grasset - AYTRE 06 89 33 98 38

Station de lavage en libre-service, pour ceux qui considèrent que l'on n'est jamais aussi bien servi que par soi-même. Prélavage, lavage, rinçage et lustrage coûtent 1,52 € chacun (1 jeton). Des réductions s'appliquent sur l'achat de plusieurs jetons.

Garage

GARAGE BOUILLARD 51-53, rue de la Trompette 05 46 34 80 22

Du lundi au vendredi, de 8h à 12h et de 14h à 18h (vendredi 17h). Ne vous fiez pas à l'aspect peu engageant de la façade, car Christian Bouillard est d'une compétence rare et est prêt à se mettre en quatre pour bichonner votre auto, quelle que soit sa marque. Et si c'est une Alfa, il sera aux anges. Tarif horaire : à partir de 32,65 €.

Pièces détachées

FRANCE AUTO PIECES 176, avenue Emile-Normandin 05 46 44 16 60

Du lundi au samedi de 9h à 12h et de 14h30 à 18h30. Cette enseigne se présente comme le libre-service de la pièce auto : amortisseurs, batterie, échappement, embrayage, moteur, pneus, transmission... Si le garagiste qui sommeille en nous a un peu de mal à se réveiller, tous ces éléments peuvent être montés pour nous par l'atelier, sur place et sans rendez-vous.

RECUP'AUTO ZAC de Belle-Aire Nord - AYTRE 05 46 45 29 96

Récup'Auto est un "déconstructeur" d'automobiles, véritable mine de pièces détachées d'occasion de toutes marques. Si votre pièce n'est pas en stock et si vous ne la trouvez pas vous-même parmi les quelque 500 épaves exposées, vous pourrez l'obtenir neuve à un prix intéressant. Pour le montage, pas de souci : il vous sera proposé sur place et sans rendez-vous. Le plus : les moteurs et les boîtes sont garantis jusqu'à 1 an, avec réparation sur le lieu de la panne en Europe. Récup'Auto se distingue aussi par le label Qualicert obtenu il y a cinq ans et qui garantit la récupération et le traitement de tous les fluides polluants, un engagement rare qui mérite d'être souligné.

Bateau

Accessoires

COMPTOIR DU BOUT DU MONDE Avenue Lazaret - Les Minimes 05 46 31 32 33

Du lundi au samedi de 9h30 à 12h30 et de 14h à 18h30, dimanche de 9h à 13h et de 15h à 18h30. Idéalement placé près des bassins des minimes, à la sortie du bus de mer, ce comptoir propose aux plaisanciers tous les accessoires pour leur bateau (accastillage, peinture...) ainsi qu'un grand choix de vêtements de mer de la marque Henri Lloyd mais aussi une gamme de vêtements sportswear : Le Glazic, Regatta, Fleur de Sel, Sea Wear, Armor Lux. Du choix, de la qualité, du conseil, un magasin où il est agréable de s'attarder pour dénicher l'objet de décoration qui fera plaisir, l'article de pêche introuvable, la pièce de rechange indispensable.

 - *Port de plaisance*

COOPERATIVE DES SARDINIERS
Port de Pêche - LA PALLICE 05 46 41 31 66

Deux adresses pour un seul objectif : s'équiper de la tête aux pieds pour une expédition en bateau. Sont donc réunis ici cabans, kabigs, vareuses, duffle-coats, pulls et parkas, mais aussi les indispensables bottes et chaussures, disponibles dans les plus grandes marques de la voile : Saint-James, Botalo, Cotten et bien d'autres. On y trouve aussi des objets de décoration, du matériel de pêche, d'optique et de météorologie et des produits de la mer en conserves. Larguez les amarres !

Autre adresse :
Place Bernard-Moitessier 05 46 34 51 10.

LES PUCES DE MER **2, place Moitessier** **05 46 41 44 80**

Tous les jours sauf dimanche et fêtes. A l'extrémité est de l'ancien Encan, c'est un dépôt-vente de matériel nautique où vous trouverez certainement de quoi remettre en état votre bateau ou vous équiper avant d'aller faire un tour aux îles, ou tout simplement décorer votre intérieur façon marine. Le matériel proposé est d'occasion, déclassé ou fin de série. Cherchez bien !

Sur l'Ile de Ré

COOPERATIVE MARITIME **144, rue Jules-Ferry - RIVEDOUX** **05 46 09 80 33**

Toute l'année, de 9h à 12h et de 14h à 18h du lundi au vendredi, de 9h à 12h le samedi. Cette coopérative est une excellente adresse pour s'habiller marin de pied en cap : Saint-James, Cotten, Armor-Lux, Cap Fréhel, toutes les grandes marques sont là. Et pour ceux qui ne se contentent pas d'être des marins d'eau douce mais prennent vraiment la mer, un coin équipement et matériel de pêche.

Achat

ATLANTICOQUE **45, rue Trinquette** **05 46 45 05 50**

Revendeur de bateaux neufs et atelier de réparation. Concessionnaire : Dart 16, 18, Hawk. Hivernage et carénage.

ELITE YACHTING **56, rue Trinquette** **05 46 34 82 22**

Vente de bateaux neufs, achat et vente de bateaux d'occasion. Dépôt-vente. Stationnement de bateaux à sec, hivernage.

LA ROCHELLE BOAT CENTER **4, place du Petit-Hunier** **05 46 45 42 72**

Vente de bateaux neufs et d'occasion. Entretien et réparations toutes marques. Hivernage à terre. Concessionnaire Jeanneau, Mariner, Osmose, Quicksilver.

Bateau-école

ECOLE DE VOILE ROCHELAISE **Avenue de la Capitainerie - Les Minimes** **05 46 44 49 20**

Toute l'année. Sur bateau à moteur ou voilier, l'EVR vous permettra de passer le permis dont vous avez besoin, mer, côtier ou hauturier. Elle propose également des remises à niveau (à flot ?). Et si vous avez encore des difficultés avec bâbord et tribord, pas de souci : un forfait jusqu'à obtention du permis est disponible.

Location

GRASSI BATEAUX **45, rue Trinquette - Les Minimes** **05 46 45 40 06**

A partir de 255 € le week-end et 450 € la semaine, en basse saison. Grassi Bateaux dispose d'une flotte de voiliers habitables pouvant accueillir de 4 (First 211 QR) à 10 (OVNI 455 DI) hardis navigateurs. Ils s'occupent aussi de la réparation et de l'entretien du vôtre, que vous pourrez leur confier en gestion/location, hivernage assuré.

AUNIS MOTONAUTIC **Quai Marillac - Les Minimes** **05 46 44 23 66**

Aunis Motonautic loue des bateaux à moteur de 4,95 m à 7,10 m pour la navigation de plaisance, le ski nautique ou la pêche, pour une journée ou plus. Il en coûte de 145 € par jour, en basse saison, pour un open 50 CV, à 267 € pour un open 225 CV. Les assurances sont incluses, sauf hélice. Possibilité de louer des skis. Préparez une caution et... votre permis !

Stationnement

PORT DES MINIMES **Capitainerie 24h/24** **05 46 44 41 20**
Internet : portlarochelle.com - E-mail : capitainerie@portlarochelle.com - Fax : 05 46 44 36 49. VHF Canal 9. Service grutage : 05 46 44 91 16. Latitude 46°9' N et longitude 1°9' W. Balise diurne et nocturne. Chenal d'accès dragué à la côte -0,5. 3 290 places à flot sur 42 appontements répartis sur 3 bassins (Bout Blanc, Marillac et Lazaret), dont 300 places visiteurs.

VIEUX-PORT **Bureau du Port** **05 46 41 32 05/06 03 54 00 57**
Internet : vieuxport@larochelle.com - E-mail : port.lr@wanadoo.fr - Fax : 05 46 41 38 04. Permanence de nuit : 05 46 44 41 20. VHF Canal 9. Latitude 46°9'4" N et longitude 01°09' 1" W. Chenal d'accès dragué à la côte -0,50 depuis la tour Richelieu. 350 places dont 120 visiteurs, réparties sur 3 bassins (bassin Havre d'échouage, bassin des yachts et bassin des grands yachts) et 15 appontements.

PORT D'ANGOULINS-SUR-MER **Mairie** **05 46 56 80 25**
95 places sur bouées d'échouage.

PORT DE CHATELAILLON-PLAGE **Capitainerie** **05 46 56 38 79**
VHF Canal 9. 36 places sur pontons et 90 bouées d'échouage dont 1 visiteur.

PORT D'ARS-EN-RE **Capitainerie quai de la Criée** **05 46 29 25 10**
Fax : 05 46 29 66 91. 550 places.

PORT DE SAINT-MARTIN-DE-RE **Bureau du port quai Daniel-Rivaille** **05 46 09 26 69**
E-mail : portsaintmartindere@wanadoo.fr - Fax : 05 46 09 08 71. 250 places à quai et sur pontons dont 40 visiteurs.

Deux-roues

Moto

Achat et accessoires

MOTO EXPERT **3, rue Brigantine** **05 46 28 22 20**
Incontournable à La Rochelle, cette adresse dispose d'un grand choix d'accessoires et d'équipements, complété par une exposition-vente où l'on peut trouver de belles occasions. Dans un autre registre, on y trouve aussi des jet-skis (neuf et occasions). L'accueil est très pro, sympa et détendu, ce qui ne gâche rien. Et toi, c'est quoi ta meule ?

Entretien - Réparation

CLINIQUE MOTO **18, avenue du Général-de-Gaulle - AYTRE** **05 46 44 91 11**
Fermé lundi. Clinique Moto est un concessionnaire Yamaha qui accueillera votre bécane sans rendez-vous pour un service rapide dans l'atelier au fond du magasin. Vous trouverez également un large choix de motos... Yamaha, d'occasions toutes marques, de scooters neufs, de side-bikes, de vêtements et accessoires. Clinique Moto est aussi un spécialiste du side-car. Location en période estivale.

© M. VINET - *Grand Pavois*

Pièces détachées - Casse

MOTOS CASSE **15, rue Thalès - ZAC de Belle-Aire - AYTRE** **05 46 45 14 75**

Du lundi au samedi, de 10h à 19h (18h le samedi). La pièce détachée qui redonnera vie à votre bécane se trouve sûrement chez Moto Casse. A moins que ce ne soit vraiment la fin : déposez-la alors pour que d'autres en profitent. Ames sensibles, s'abstenir.

Vélo

Achat et accessoires

ECOVELO **282ter, avenue Jean-Guiton - Port-Neuf** **05 46 00 90 00**

Franck vend des vélos neufs, déclassés, de fin de série ou d'occasion et reprend notre ancienne monture jusqu'à 76,22 €. Le choix est vaste (jusqu'à 250 vélos selon les arrivages). Bon à savoir : la maison fait aussi les réparations et les locations.

CYCLES CHIASSON **14, boulevard André-Sautel** **05 46 67 31 32**

Du lundi au samedi, jusqu'à 19h30. Une adresse incontournable pour tout ce qui tourne autour du vélo : course, VTT, VTC, hollandais, accessoires, pièces détachées et vêtements, tout y est, et dans un large choix. L'atelier de réparation et d'entretien soigne les bobos. Quant à ceux qui craignent le coup de pompe, ils pourront se tourner vers une Mobylette ou un scooter... Autre magasin en centre-ville, rue du Minage.

Entretien - Réparation

CHATEL DEPANNAGE **119, avenue d'Angoulins - CHATELAILLON** **05 46 56 33 64**

Vous avez cassé votre vélo : pas de panique, Jean-Louis Guillot peut tout réparer. De longues années d'expérience et un bon stock de matériel et de pièces détachées garantissent une intervention efficace et des réparations durables.

Beauté

Coiffeurs

Mixtes

CENTR'HAIR PARK   34, avenue de Metz   05 46 34 71 51

Du mardi au jeudi de 9h à 12h et de 14h à 19h, vendredi et samedi de 9h à 19h. Tarif femme : 25 €, homme : 18 €, étudiants - 20 %. Situé juste derrière les Parcs, ce salon de coiffure est unique en son genre. Vous en connaissez beaucoup, vous, des salons où l'on peut, en attendant de passer au bac, admirer une rare collection de peignes du monde entier, ou encore les tableaux peints par le maître des lieux, ou encore, si l'on préfère, le plafond étoilé comme une voûte céleste ? Si vous n'êtes pas sensible à l'art, vous aurez le loisir de regarder Eurosport ou, plus sportif encore, d'aller piquer une tête dans la piscine (tant que vous n'êtes pas encore coiffé). Joce et Christian Bayod sont des pros du ciseau et leur conseil est toujours sûr : écoutez-les comme ils savent, eux, vous écouter.

JEAN-RENE   7, rue du Cordouan   05 46 41 41 95

Du lundi au samedi de 9h à 19h (samedi 17h). Tarifs femme : de 16,78 € à 29,73 €, homme : de 8,38 € à 16,78 €. Jean-René nous avait l'année dernière proposé de créer notre nouveau look grâce à une simulation sur ordinateur. Las ! La machine n'est plus. Mais Jean-René, lui, ne se laisse pas démonter : avec ou sans ordinateur, c'est un professionnel, un vrai, qui s'engage à ce que tout le monde sorte de chez lui satisfait. Alors, faites confiance à son coup de ciseaux.

KARACTERE   23, rue du Temple   05 46 41 83 34

Du mardi au samedi, et lundi après-midi. Tarif femme 29,73 €, homme 17,53 €. Un salon sympathique où l'on peut venir se faire coiffer avec ou sans rendez-vous, bien pratique quand on a un petit coup de fatigue après avoir arpenté en long, en large et en travers, cette rue du Temple truffée de boutiques. A l'étage, un institut de soins propose manucure, épilation et soins du visage.

LAURENT MATHEO   Place François-Mitterrand   05 46 44 31 52

Shampooing-coupe-Brushing femme 27,44 €, étudiante 21,34 €, homme 15,24 €, étudiant 12,20 €. Pour se faire une petite coupe en attendant l'heure d'ouverture de la médiathèque, ce salon est idéal. Les murs jaunes sont pimpants, l'accueil charmant, le coup de ciseaux vif et précis : bref, on en ressort non seulement bien coiffé, mais de bonne humeur pour la journée.

LIBERTY COIFFURE ATELIER 24, rue Admyrault 05 46 41 52 53

Coupe femme à partir de 25,92 € (tarif de base). On adore ce salon situé un peu en retrait des rues les plus fréquentées, pour son calme et la jolie cour fleurie sur laquelle il donne. Et puis on se sent ici entre de bonnes mains : le conseil est sûr, la coupe précise et les soins proposés de qualité, justifiant leur prix un peu élevé (les produits utilisés, de la gamme Capiplante, sont formulés exclusivement à partir d'extraits de plantes, ce qui garantit leur innocuité et leur donne leur si agréable parfum). Quand on vous aura dit qu'en plus l'accueil est charmant, c'est sûr : vous vous précipiterez.

PHILIPPE MOUIX 11bis, rue Dupaty 05 46 41 22 49

Fermé lundi. Forfait dame 38,11 €, homme 20,58 €. Tarif réduit pour étudiants. On ne présente pas Philippe Mouix à La Rochelle : c'est une institution. Meilleur Ouvrier de France, il est de l'avis de beaucoup le meilleur coiffeur de la région. Il est notamment le spécialiste des coiffures de mariage : à lui en tout cas, on peut dire oui sans hésiter...

SEVEN 4, rue Gargoulleau 05 46 41 00 58

Forfait dame 31,25 €, homme 18,29 €. Tarifs spéciaux étudiants. Un nouveau venu dans le petit monde (pas si petit que ça au vu du nombre de salons !) de la coiffure rochelaise. Avant de relooker ses clients, c'est le magasin qui a été complètement rajeuni. L'effet est très réussi et l'on peut déjà gager que Francis Viennot, qui a déjà prouvé à Niort ses talents d'artiste sculpteur (non ! pas scalpteur), attirera une clientèle soucieuse d'être écoutée mais aussi comprise. Le salon, sur deux étages, est lumineux, dans des teintes de bois clair, agrémenté de plantes vertes, très agréable. Avec ou sans rendez-vous.

Pour hommes

COIFFURE. HOM 05 46 27 10 54
19, rue des Dames

Forfait 16,01 €, étudiant 12,96 €, enfant 9,15 €. Ce charmant salon à la façade de bois clair, tout nouveau, tout beau, est donc installé rue des Dames, le comble pour un salon réservé aux hommes ! (bon, d'accord, elle est un peu tirée par les cheveux... houlala, il faut que j'arrête !). Il fonctionne avec et sans rendez-vous.

HOM ET GARS 05 46 27 28 89
78, rue Gambetta

Fermé lundi. Forfait 14,50 €, avec barbe 18,30 €. Une adresse rien que pour vous, les hommes. Le salon est tout petit aussi faut-il prendre rendez-vous : résultat, on n'attend pas. Dommage, soupirent certains, qui auraient bien aimé se plonger dans la collection complète d'Astérix qui trône sur la table ! Les enfants, eux, sont contents d'accompagner leur papa.

A domicile

MVM 05 46 30 01 01
75, boulevard de Cognehors

Les coiffeuses de MVM viendront à vous si vous ne pouvez pas venir à elles.

Instituts de beauté et esthéticiennes

CENTRE DE BEAUTE YVES ROCHER 29, rue du Temple **05 46 41 48 88**

Du lundi au samedi de 9h à 19h. Permettre à toutes les femmes d'avoir accès à des produits et à des soins de qualité, tel est le credo, qui nous plaît bien, des centres Yves Rocher. Ici, en plein cœur du quartier du shopping, vous pourrez venir vous faire dorloter sans asséner le coup de grâce à votre portefeuille probablement déjà bien sollicité. Pour commencer, un diagnostic de peau vous sera proposé. Puis vous pourrez offrir à votre visage un soin éclat intense, ou vous laisser tenter par un gommage aromatique purifiant, à moins encore que vos pauvres petits pieds fatigués ne réclament leur soin beauté. Une adresse où il fait bon se faire du bien.

COCON HYDROPHILE 13, rue Bastion-Saint-Nicolas **05 46 07 17 17**

Marielle Drubigny pratique toutes sortes de massages : manuels (décontractant, relaxant, abdominal, sportif, maman-bébé, thaï, aux huiles essentielles) ou thérapeutiques (drainage, traitement des cicatrices, traitement des douleurs articulaires, musculaires ou tendineuses). Elle propose également des séances d'amincissement utilisant la technique Cellu M6, qui peuvent être complétées par les conseils d'une diététicienne dont elle vient de s'adjoindre les services. Enfin, Marielle anime des ateliers de conseil en image personnelle. Mais que ne sait-elle pas faire ?

L4S 10, rue de Suède **05 46 52 16 22**

Sur rendez-vous du lundi au vendredi. Grande plage horaire modulable. Première consultation gratuite. Un nom qui pourrait faire penser au nom de code d'un agent secret et pourtant c'est très simple : L4S signifie "la ligne en 4 semaines". Les centres L4S ont mis au point une méthode douce et naturelle : la digipuncture. Cette technique, sans aiguille ni électricité, entièrement manuelle, se fixe pour objectif de détendre et de rééquilibrer les énergies, de tonifier, destresser et faciliter la régulation du métabolisme et tout cela en balayant vos méridiens. Accompagnée de conseils culinaires et du soutien psychologique de Marylène, elle a déjà fait bien des adeptes. D'ailleurs, après avoir testé tous ces restaurants cette année, nous allons peut-être nous y mettre nous aussi...

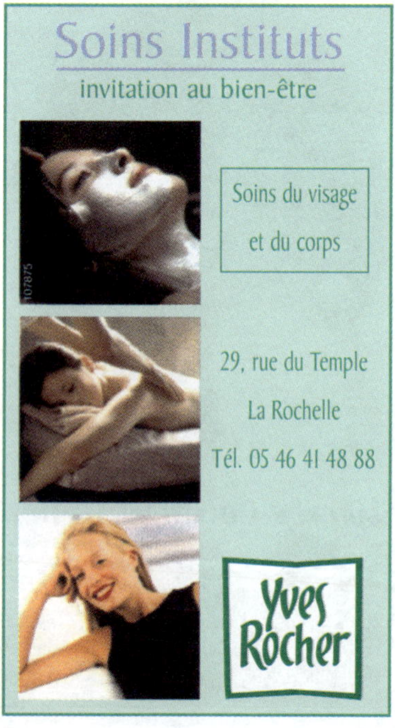

OASIS BEAUTE **05 46 34 32 25**
1bis, rue des Dames

Du mardi au samedi de 9h à 19h (17h le samedi). Cet institut est spécialisé dans l'épilation à froid 100 % naturelle. Mais Chantal Pelletier dispense aussi des soins du visage (de 45,73 € à 50,31 €), des soins du corps (de 53,35 € à 60,97 €), des soins des jambes ou du cuir chevelu et réalise des séances de maquillage, de manucurie, d'UVA et de massages énergétiques. Un accueil chaleureux vous sera réservé.

PATIMINCE **05 46 50 14 13**
22, quai Louis-Durand

C'est au 2e étage de l'immeuble que dorénavant Françoise Cossec reçoit ses clients. Nouveau nom, nouveau local, mais toujours la même gentillesse. Lors du premier contact, Françoise réalise un bilan alimentaire gratuit et un soin est offert : séance d'amincissement, relaxation, écoute. Coût d'une séance de 50 minutes : 38 €.

A domicile

ANA MERLING 05 46 42 14 49
3, rue Alexandre-Brongniart
Pour toutes celles qui ne peuvent pas se déplacer, Ana Merling prodigue tous les soins d'esthétique à domicile : épilation, soins du corps et du visage, maquillage...

Beauté des ongles

L'ONGLE STUDIO 05 46 41 22 66
21, rue Verdière
Du lundi au vendredi sur rendez-vous. L'Ongle Studio, comme son nom l'indique, est spécialisé dans la manucure et la pose d'ongles, pieds et mains. A titre d'exemple, pour toutes celles qui se rongent les ongles, la pose de faux-ongles coûte 64,03 €. Pour celles qui se rongent les sangs, l'opération est plus complexe... Enfin, pour celles qui ne savent plus quoi ronger, l'Ongle Studio (comme son nom ne l'indique pas) donne aussi d'efficaces conseils en nutrition.

Parapharmacie

PARA SHOP DIFFUSION 05 46 51 18 50
28, rue des Merciers
Du lundi au samedi de 10h à 19h. Cette enseigne, qui a succédé à Euro Santé Beauté, propose un très large choix de produits, à des prix fort attrayants. Présentés par grandes familles (cosmétologie, produits capillaires, diététique, maquillage, espace bébé), les produits sont à l'intérieur de chaque gamme regroupés par marques. Il ne faut pas hésiter à demander conseil : celui-ci est toujours très professionnel et compétent. L'enseigne n'a en revanche pas repris l'activité de soins esthétiques qui était auparavant proposée à l'étage.

Parfumeries

MARIONNAUD 05 46 41 82 74
66, rue Chaudrier
Du mardi au samedi de 9h15 à 12h15 et de 14h à 19h. Cette enseigne propose un bon choix parmi les plus grandes marques de la parfumerie, à des prix relativement intéressants. A côté des gammes de parfum pour femmes et pour hommes sont présentés des produits de soin et de maquillage.

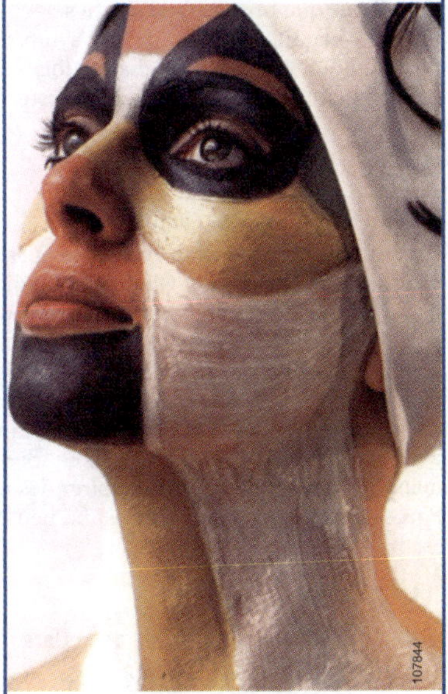

L'OCCITANE 6, rue Chaudrier **05 46 41 20 00**

C'est toute la Provence que l'on respire lorsqu'on entre dans cette boutique. Parfums pour le corps, eaux de linge et parfums pour la maison se déclinent dans des senteurs d'agrumes, d'épices et de plantes aromatiques (verveine, lavande, romarin). Les mêmes senteurs fédèrent toute une gamme de produits de soin et de beauté pour le corps : des huiles essentielles, des savons de Marseille, des crèmes de douche et de bain, des shampooings... Les hommes ont eux aussi leur ligne : eau de toilette, gel douche, produits de rasage. On croirait entendre les cigales chanter.

MARIE-JEANNE GODARD 9, rue du Temple **05 46 41 07 09**

Cette boutique propose une vaste sélection d'articles de parfumerie, produits de beauté et de maquillage. L'accueil est sympathique et le conseil pertinent. On apprécie de plus de pouvoir repartir à chaque fois avec une foule d'échantillons. Il est possible de se faire maquiller sur place afin de tester les produits.

Piercing et tatouage

TATTOO SHOP 37, quai Valin **05 46 41 57 95**

Dans cette boutique avec vue sur le port, claire et lumineuse, Eric Gautier accueille les candidats au tatouage et Olivier les candidats au piercing. On peut leur faire confiance : ils connaissent parfaitement les risques d'un métier exposé à dérive si les précautions sanitaires ne sont pas strictement respectées. Ici, on utilise un autoclave (sorte de four à vapeur) avec cycle de séchage, seul garant de stérilisation. Ils portent des gants et les changent à chaque fois qu'ils touchent un objet non stérile. Eric n'en est pas à son coup d'essai puisque cela fait plus de treize ans qu'il pratique la technique. Si vous arrivez avec votre propre dessin, très bien. Si vous hésitez encore ou si l'imagination vous manque, vous pourrez vous inspirer des nombreux modèles exposés dans le catalogue. Parce que bon, “A maman”, c'est un peu dépassé et l'ancre, c'est un peu bateau...

Produits naturels

DOUCEUR NATURE 19bis, rue de la Gare - AYTRE **05 46 34 15 75**

Voir article dans Produits biologiques.

Sauna

BALNEO CENTER 8bis, rue Sénac-de-Meilhan **05 46 44 03 95**

Du mardi au vendredi de 13h à 21h, le samedi de 10h à 18h. Situé entre la médiathèque et l'aquarium, sur le quai face à la passerelle, ce centre de balnéothérapie propose hammam, sauna, Jacuzzi, bains bouillonnants et douches multi-jets, ainsi que des séances de massages aux huiles essentielles. Tout neuf, aménagé avec goût, décoré à l'orientale, c'est effectivement un lieu unique pour oublier stress et fatigue et recharger les batteries. Dommage cependant que les tarifs soient si élevés (38,11 € pour 1 heure de balnéo et douche multi-jet, 44,97 € pour douche, hammam, sauna et Jacuzzi). Plusieurs forfaits existent (au mois, à l'année, 10 séances) et certaines réductions peuvent adoucir les tarifs (étudiants, moins de 25 ans, couple, groupe).

Thalasso

THALAZUR La Falaise - CHATELAILLON **05 46 56 17 17**

Six jours de remise en forme sans hébergement : 425,33 €. Formule libre accès : 530,52 € pour 1 an. Ce centre de thalasso est organisé autour de plusieurs espaces : un espace détente avec piscine équipée de jet stream, bain à remous, hammam et salle de repos, un espace forme avec salle de gym et appareils de musculation et un espace beauté avec une large palette de soins visage et corps. Les prestations sont délivrées à la carte ou sous forme de forfaits. Plusieurs types de séjours sont proposés : postnatal, remise en forme, amincissement, mal de dos, circulatoire... Les soins combinent algothérapie, hydromassages, rééquilibrage énergétique, modelage thaï, shiatsu et autres plaisirs. Et parce que l'eau salée, ça donne soif, un bar diététiquement correct permet de déguster cocktails de fruits frais et tisanes phytothérapiques.

Sur l'Ile de Ré

THALACAP Pointe de Grignon - ARS-EN-RE **05 46 29 10 00**

*Hôtel*** et thalasso. Fermé en janvier. Tarifs de la résidence : chambre double de 88,43 € à 137,21 €. Petit déjeuner 8,39 €. Thalasso : journée découverte 86,90 € ; cure forme 5 jours 419,24 € ; forfait week-end 183,70 €. Restaurant : menu à 26,68 €.* Ce centre de thalasso avec hôtel et restaurant intégré dispose de 66 chambres spacieuses et calmes. Plusieurs cures sont proposées, adaptées aux besoins de chacun : cure forme ou santé, minceur ou beauté, ou encore spéciale jeune maman. Les soins sont aussi dispensés à la carte : enveloppements d'algues, douche à jets, modelages et massages, sophrologie. L'espace marin comprend une piscine d'eau de mer chauffée, spa, sauna, hammam, ainsi qu'une salle de cardio-training, musculation et gymnastique. Côté restaurant, dans la salle qui s'ouvre sur le jardin, est servi le menu plaisir : 4 entrées, 5 plats, 4 desserts (au choix, cela s'entend : sinon, la cure minceur prendrait du plomb dans l'aile !).

© M. VINET - *Port*

Cadeaux

Articles et bureaux de tabac

LE CHIQUITO 10, cours des Dames **05 46 41 33 28**

7j/7 de 10h30 à 20h (en été jusqu'à minuit). Le Chiquito est à la fois un bureau de tabac (où l'on peut se procurer cigares et presse internationale) et une boutique de souvenirs et bibelots en tout genre, de la maquette de bateau au tee-shirt marin en passant par de jolies bouteilles.

LE KHEDIVE 28, rue Chaudrier **05 46 41 33 97**

On trouve au Khédive un bel assortiment de cartes (routières, postales et à jouer), des cassettes vidéo, ainsi que plusieurs idées de cadeaux : des stylos et briquets de marques (Dupont notamment), une collection de pipes, des cigares conservés en chambre humide, des journaux d'époque.

Artisanat d'art

BELHADJ THIERRY 35bis, rue de la Noue **05 46 41 41 78**

Thierry Belhadj est tapissier décorateur, un métier dont la passion lui a été transmise par son père et dans lequel il est aujourd'hui reconnu par ses pairs. Dans son atelier de la rue de la Noue, non loin de la place de Verdun, il reçoit au milieu de ses échantillons et de ses créations. Entre ses mains, de vieux fauteuils fatigués retrouvent une seconde jeunesse. Le velours qui habille votre voltaire préféré commence à s'abîmer ? Ou bien le jaune soleil que vous aviez choisi pour votre canapé commence à vous lasser ? Venez lui en parler, Thierry connaît parfaitement son métier. Il pourra aussi vous conseiller dans le choix des voilages, rideaux, tentures murales dont vous voudriez habiller votre intérieur. Parce que faire tapisserie, on vous l'a dit, c'est tout un art...

CYD CREATION 9, rue de l'Archimède **05 46 50 87 65**

Tous les jours sauf le mardi de 10h30 à 19h30 (dimanche de 15h à 19h30). Claude Courty est un passionné. Il conçoit des meubles inspirés de l'univers marin, tous réalisés en bois massif (essentiellement du merisier qui peut être teinté en plus ou moins foncé), sur lesquels il applique, selon un procédé original de décoration polychrome, des décors de bateaux inspirés de tableaux ou de photographies. Le résultat est très convaincant. Coffres, commodes, coiffeuses, tables, bureaux, secrétaires : tous ces meubles faits sur mesure allient fonctionnalité (certains mécanismes débordent d'ingéniosité), originalité et qualité.

FAROL Case 64 - Quai Louis-Prunier - Ancien Encan **05 46 50 53 05**

C'est en faisant escale aux Açores, il y a quelques années, que Sylvain Berthommé a eu l'idée de créer un couteau spécialement destiné aux marins et voyageurs. Spontanément, il donne à son ébauche la forme d'un cachalot, dont la pêche fut longtemps la richesse des Açores. Reste à trouver une marque : ce sera Farol, "phare" en portugais. Après le cachalot, Sylvain Berthommé a créé deux autres modèles : le gréeur et l'encan. Le gréeur est célèbre dans le milieu de la voile : c'est un puissant couteau de bateau avec épissoir et démantilleur. Le dernier-né, "l'encan", est un couteau léger et pratique avec plusieurs tailles de lames. Tous ces couteaux sont fabriqués à la main dans l'atelier de La Rochelle, dans la tradition des couteliers d'antan, mais avec un souci constant d'innovation et d'efficacité qui a par exemple mené à l'invention d'un système de verrouillage unique, à la fois simple et léger.

MATLAMA - MARINA RICHER 65, quai Louis-Prunier - Ancien Encan 05 46 82 37 26

Marina est une toute jeune créatrice qui vient d'installer à l'ancien Encan son atelier. Et, parole de renard, cela vaut la peine de la rencontrer, tant la demoiselle est charmante et ses créations surprenantes. Marina crée des sacs, des pochettes, des porte-monnaie en toile de matelas (d'où le nom de Matlama qu'elle s'est choisi comme griffe) et en Bulgomme (vous savez, cette matière dont on fait des sous-nappes pour protéger les tables). Pour les fermoirs, elle utilise des objets du quotidien, détournés de leur fonction : des éponges Scotch Brite, des talons de chaussure, des bondes d'évier. L'effet est garanti : les sacs de Marina ne passent pas inaperçus. Colorés, très soigneusement coupés, d'une solidité à toute épreuve, disponibles en différentes tailles et modèles (sacs à main, à dos, en forme de bouillotte...), ils méritent, saison après saison, d'être collectionnés !

POTERIE DE DOMPIERRE 12, quai Simenon - LE GABUT 05 46 41 53 29

Isa Ricotier reçoit dans sa boutique-atelier où elle crée les décors de ses poteries. Inspirés de motifs régionaux (roses trémières, coq charentais, poissons stylisés), ses décors sont des modèles déposés. Elle les peint au pinceau et procède elle-même à la cuisson au four qui garantit leur bonne tenue. Les mêmes motifs ornent toutes les pièces d'un service (plats, assiettes, coupes, vases), mais chacune est bien sûr susceptible d'être acquise séparément. Isa accepte également de personnaliser ses créations (par l'ajout d'un prénom, d'une date) à la demande, pour des cadeaux particuliers. Mais au fait, pourquoi "La Poterie de Dompierre" ? Parce que son premier atelier était installé à Dompierre et que lorsqu'elle a déménagé pour s'installer à La Rochelle, il y avait déjà une "Poterie de La Rochelle". Isa n'est pas du genre à tourner autour du pot !

Autre adresse sur l'île de Ré : Poterie d'Ars-en-Ré - Route de Radia 05 46 29 66 74.

En saison uniquement : tous les week-ends à partir d'avril, tous les jours à partir de juillet.

POUR TOUT L'OR DU MONDE Case 65 - Quai Louis-Prunier - Ancien Encan 05 46 34 63 02

Un très joli nom que celui que Bénédicte Rousselot a donné à son atelier de dorure situé à l'ancien Encan. Travail de création ou de re-création, dorure à l'eau, dorure à la mixtion, restauration de bois dorés, cette artiste maîtrise toutes les techniques : tout ce qu'elle touche se transforme en or ! En plus, c'est avec enthousiasme qu'elle transmet sa passion, en organisant des cours et stages de formation (les "curiositas"), en association avec d'autres artisans.

LE VITRAIL Le Pas-des-Eaux - ANGOULINS 05 46 42 50 06/06 08 34 69 09

L'alliance de la matière et du savoir-faire donne naissance au vitrail. Par ses couleurs et sa lumière, il apporte une nouvelle vie à votre intérieur. Ouvert en transparence opaque sur le monde, il donne à la vie quotidienne toute la magie du kaléidoscope. Hélène Sanchez vous propose des stages d'initiation à cet art.

Sur l'Ile de Ré

GALUCHAT 29, Grande Rue - LA COUARDE 05 46 29 82 68

Tous les jours d'avril à septembre. Comptoir des métiers d'art, le Galuchat expose chaque année le travail d'une vingtaine d'artistes et d'artisans : céramique, faïence, sculpture, peinture sur verre ou sur bois, couture, bijoux, maroquinerie.

ATELIER QUILLET 7 et 27, rue du Perthuis - LOIX 05 46 29 04 25

De 8h30 à 11h30 et de 13h30 à 16h30. Cet atelier est spécialisé dans la reliure et la restauration de documents : cartes, plans, affiches, gravures, dessins, aquarelles, manuscrits, parchemins retrouvent une seconde jeunesse. Des stages doivent être prochainement organisés.

Bijoux

Classique

ALAIN 35, rue du Temple **05 46 41 42 37**

Joaillier-créateur, ce bijoutier bien connu à La Rochelle propose les plus grandes griffes de la bijouterie classique (Baume et Mercier, Breitling, Chopard, Fred, Longines) ainsi que les montres et stylos de la gamme Mont-Blanc. On y trouve également des bijoux en émail que l'on ne voit pas ailleurs. Alain Boutique, juste en face, propose accessoires et bijoux à des prix plus doux et un joli choix de petits objets de déco et cadeaux.

MEGALITHE 6, rue du Temple **05 46 41 49 49**

Classique sans toutefois l'être trop, cette bijouterie propose les griffes de jeunes créateurs à côté des grands noms bien établis de la joaillerie : ainsi Thierry Mugler côtoie-t-il Guy Laroche, Louis Féraud, Cerruti et bien d'autres. Beau choix de montres et de perles de Tahiti.

Fantaisie

AGATHA 14bis, rue du Temple **05 46 56 77 24**

Agatha est "le" spécialiste du bijou fantaisie, accessible, gai, coloré, parfois audacieux mais toujours de très bon goût et de bonne qualité : car la fantaisie n'autorise pas à faire n'importe quoi. La marque propose des colliers de papillons avec boucles d'oreilles assorties, des colliers de chien (mais non, Yolande, ce n'est pas "trop beau pour un chien", c'est pour toi...), des broches de toutes formes et couleurs, des bracelets plaqué or ou en argent véritable, des bagues mauves ou topaze, des montres pimpantes, du strass et des perles.

STELLA DIAZ 46, rue Saint-Yon **05 46 42 57 88**

Des bijoux fantaisie chic signés Christian Lacroix ou Kenzo, des montres déco griffées Luna Bianca, Côté Mecs ou Rolf Cremer, bref, une adresse où la tristesse et la grisaille ne sont pas de mise...

Occasion

AFFAIRE D'OR 7, rue Chef-de-Ville **05 46 50 57 23**

Cette petite boutique est spécialisée dans les bijoux et l'argenterie de seconde main mais de première qualité : on y déniche notamment de très belles pierres, des diamants, des émeraudes, des saphirs, dont les prix sont justifiés. Une adresse en or donc... Accueil très agréable.

Fleurs

Créateurs

L'ALHAMBRA **05 46 41 79 57**
8, rue du Minage

Du mardi au samedi jusqu'à 19h30. Voilà une boutique enchanteresse, peinte d'un joli vert gazon, éclairée de lumière douce, agrémentée de fontaines où l'eau ruisselle dans un bruit clair. Dans ce décor d'éden, s'épanouissent des arbres en pot, des fleurs coupées, des compositions de fleurs fraîches, mais aussi d'incroyables bouquets de fleurs séchées ou artificielles, qui ressemblent à s'y méprendre à des vraies ! Seul moyen de les reconnaître : elles portent l'étiquette "l'Imposture de l'Alhambra". On déniche également un peu partout dans la boutique des objets d'artisanat mexicain, des vases et des poteries, des sculptures et autres objets de déco, ainsi que de petits meubles exotiques. Question : d'après vous, les tortues dans la fontaine, elles sont vraies ou fausses ?

ATELIER CLAUDE MORONI 37, rue Marius-Lacroix 05 46 67 68 93

Livraison 7j/7. Vente par carte bleue. Service Interflora. M. Moroni est un passionné. Passionné de fleurs bien sûr mais pas seulement. Il prend à cœur de créer des bouquets à thème personnalisés. Un vrai bonheur ! Son magasin est situé dans un quartier périphérique du centre de La Rochelle, mais vous n'aurez jamais de problème pour vous garer et le magasin, flambant neuf, offre un vaste choix de compositions naturelles ou artificielles.

L'ATELIER FLORAL 71bis, avenue Guiton 05 46 67 32 78

Tous les jours de 9h à 12h30 et de 14h à 19h30, dimanche et jours fériés de 10h à 13h. Cet atelier réalise toutes sortes de compositions florales, pour toutes occasions, et s'est notamment fait une spécialité des couronnes pour lesquelles son savoir-faire est indéniable. Bouquets de fleurs fraîches coupées, plantes vertes variées, arbustes de toutes tailles et fleurs artificielles complètent la gamme et donnent à cette adresse un petit air de fouillis végétal savamment organisé, où il fait bon se perdre. Et si vous avez le moindre doute, n'hésitez pas à demander conseil : ici, l'art floral est un métier.

FLEUR D'AUNIS 3, rue Pas-du-Minage 05 46 41 19 25

Service Interflora. Commande et règlement par téléphone. Fleur d'Aunis est le nom donné à un fromage à pâte lavée et croûte molle typique de notre région. Mais ici, point de fromage : seuls viennent titiller nos narines les effluves odorants des fleurs les plus fraîches. Gilberte Prigent compose avec art ses bouquets et propose dans sa boutique un beau choix de plantes en pot, d'orchidées et de roses magnifiques. La maison ne connaît pas la conservation artificielle des fleurs, aussi est-on sûr que, même chez nous, elles dureront longtemps...

ANISSA 33, avenue Edmond-Grasset - AYTRE 05 46 44 86 86

Ouvert dimanche matin. Service de livraison dans toute la France (14,48 €) et à l'étranger (19,06 €). Bien placée sur un axe très passager, près de la place des Charmilles et de son cheval d'Aytré, cette boutique de fleuriste-décorateur séduit la clientèle par le choix qu'elle offre en matière de fleurs naturelles, fleurs séchées, plantes vertes, plantes à fleurs, bouquets, compositions, mais aussi par la qualité de l'accueil et le conseil toujours sûr qu'elle sait offrir aux acheteurs les plus avertis comme aux néophytes (du grec "neos", nouveau et "phuton", plante).

Libre-service

LE JARDIN DES FLEURS 86, boulevard André-Sautel 05 46 34 96 82

Numéro Vert 08 00 77 02 44. 7j/7, de 8h30 à 20h30. Le principe de ce jardin est simple : un large choix de fleurs coupées à choisir selon son humeur et ses envies, pour composer à sa guise toutes sortes de bouquets. Si vraiment l'inspiration (ou le temps) manque, il suffit de se laisser tenter par un bouquet tout prêt. Chaque semaine, des offres spéciales sont proposées : voilà qui permet de fleurir son intérieur toute l'année, sans se ruiner. Bon à savoir : grâce à un réseau étendu dans toute la France, le Jardin des Fleurs assure la livraison dans la journée.

Autre adresse : 2, avenue Edmond-Grasset - AYTRE 05 46 34 00 35. *Ouvert 7j/7 de 8h à 20h.*

Gadgets

BAGS AND GADGETS 21, rue Albert-Ier 05 46 42 50 82

On trouve dans cette boutique qui ravit les écoliers des sacs et des cartables bon marché, des crayons, des trousses, des cahiers estampillés de leurs héros préférés, mais aussi des peluches et autres petits objets rigolos à offrir ou à s'offrir. Le choix n'est pas immense mais l'accueil est très aimable.

ID GENIALE 17, rue Dupaty 05 46 41 81 13

Idée géniale ou de mauvais goût selon le côté où l'on se place, les gadgets en tout genre dont regorge cette boutique sont plutôt à recommander pour faire un cadeau à un copain qui enterre sa vie de garçon (et a néanmoins gardé une bonne dose d'humour), à sa tante la plus détestée (que l'on prétend dérider ou fâcher définitivement) ou en représailles de ceux que soi-même on a reçus à Noël dernier. Il reste qu'il y en a pour toutes les bourses et que l'accueil est charmant.

Insolite

LA BOUTIQUE DE L'AQUARIUM Bassin des Grands-Yachts 05 46 34 89 07

Tous les jours, aux mêmes horaires que l'aquarium. Accès libre. Située au rez-de-chaussée de l'aquarium, cette boutique expose tout un lot d'objets et de cadeaux d'inspiration marine : des jeux et jouets pour enfants à la maroquinerie en cuir de saumon en passant par affiches, baromètres, indicateurs de marée, pulls marins, perles de culture et bijoux d'ambre, il y en a pour tous les goûts et tous les budgets.

LA SAPONAIRE 33, rue du Temple 05 46 41 32 40

Cette délicieuse boutique qui abrite au 1er étage le musée du flacon à parfum vend des parfums bien sûr, de créateurs exigeants qu'elle distribue en exclusivité, et des flacons anciens aussi, qui raviront collectionneurs et amateurs. Mais on y trouve bien d'autres objets, réunis ici de façon hétéroclite mais qui présentent tous la même exigence de qualité : des bijoux qui sont de véritables créations originales, des masques vénitiens qui viennent directement d'Italie, les fameux œufs de Fabergé, des poupées anciennes, de ravissantes boîtes à musique, du linge de bain de grands couturiers ou encore la ligne des produits Orient Express. La gamme de prix est très vaste, du petit cadeau à une poignée d'euros au présent rare et plus coûteux, mais le rapport qualité-prix est toujours excellent.

Jouets

ATELIER FABIENNE MOGUE 25, avenue Amerigo-Vespucci 05 46 45 45 83

Atelier situé face au musée des Automates. Accueil mercredi et jeudi de 14h30 à 18h. Fabienne Mogue est créatrice. Elle fabrique des jouets aux normes de sécurité : poupées chiffon, peluches, marionnettes, mais aussi poupées de collection. Elle réalise des poupées sur commande, parfois à partir d'une photo ou d'un document historique. Elle leur fabrique également des costumes, suivant mensurations. Fabienne Mogue est aussi "chirurgienne" : elle opère, refait les perruques, reprise les costumes, réarticule les membres, efface les rides... Bref, répare les outrages infligés aux poupées, qu'ils soient dus au temps ou aux mauvais traitements. Un bien joli métier...

BADABOUM 24, rue du Palais **05 46 28 33 29**

Cette boutique qui vient d'ouvrir mérite vraiment que l'on pousse ses portes. Spécialisée dans le jouet en bois, elle évoque un vrai grenier aux merveilles. On y trouve des jouets très classiques, remis au goût du jour (les indémodables toupies, Yo-Yo et autres pantins articulés), et d'autres plus originaux (animaux-puzzles, adorables animaux marcheurs, et cette arche de Noé pour laquelle nous avons eu un coup de cœur). Il y en a à tous les prix, ce qui permet de faire de très jolis cadeaux sans se ruiner. Tous les objets sont de belle qualité.

MODELES REDUITS ROCHELAIS 2, rue des Dames **05 46 50 56 00**

L'antre aux trésors pour les fanas de modèles réduits et autres fondus de maquettes : avions, voitures, bateaux, petits trains et circuits ferroviaires, mais aussi motos, camions, chars d'assaut, feront le bonheur des petits comme des grands (en fait, surtout des grands...). Le choix est en tout cas impressionnant.

PICOLO 16, rue Pas-du-Minage **05 46 41 64 98**

Comme son nom l'indique, cette boutique propose surtout des jouets pour les petits et tout-petits : énorme choix de peluches, ours de collection, poupées classiques ou chiffon, marionnettes, boîtes à musique, jouets en bois, mais aussi puzzles et jeux de construction. On y trouve également tout ce qu'il faut pour la décoration des chambres d'enfants.

© M. VINET - *Parking à vélos jaunes*

Grands magasins et grandes surfaces

Grands magasins

GALERIES LAFAYETTE 31, rue du Palais **05 46 41 27 33**

Ouvert jusqu'à 19h15 du lundi au samedi. Carte Galeries Lafayette valable également dans les Monoprix, ouvrant droit à une journée privilège (- 10 %) pour 5 achats minimum 15,24 €. Les Galeries viennent de s'offrir un petit lifting, avec quelques changements dans les rayons : au sous-sol, l'espace arts de la table a disparu pour laisser place à la lingerie féminine (désormais, ici, l'expression "mettre les petits plats dans les grands" n'aura plus le même sens...). Le 1er étage est maintenant entièrement consacré à la mode féminine, avec l'arrivée de nouvelles marques (Devernois, Esprit, Mexx, Gentleman Farmer). Le 2e étage reste consacré aux hommes, tandis que le rez-de-chaussée accueille toujours les accessoires, la maroquinerie, la bijouterie et l'espace beauté (parfumerie et parapharmacie, conseillère beauté). C'est bon, vous ne vous perdrez pas ?

MONOPRIX 30, rue du Palais **05 46 41 69 11**

On trouve absolument tout chez Monoprix : l'alimentation au sous-sol, des articles de parfumerie et de parapharmacie, des bijoux, des vêtements et des accessoires de mode, des jouets, des articles de librairie et de papeterie, du linge de maison, de la vaisselle, de l'outillage, bref, difficile de ne pas trouver son bonheur. A signaler : le grand espace bébé-enfant situé sur la droite du magasin propose un vaste choix de mode enfantine.

Grandes surfaces

CARREFOUR ZAC de Beaulieu - PUILBOREAU **05 46 68 03 22**

C'est un modèle d'hypermarché : une signalétique impeccable, des espaces bien différenciés, des rayons en hauteur, clairs et spacieux, et, bien sûr, un large choix de marques dans tous les domaines (dont les marques propres à l'enseigne : Carrefour Bio, Escapades Gourmandes et Reflets de France au rayon alimentation, Tex au rayon habillement). Des animations sont régulièrement proposées, sous forme notamment de dégustations. Les étals de fruits exotiques sont proprement exceptionnels : les vendeurs, très compétents et souriants, vous feront goûter leurs trouvailles et mettront du soleil dans votre chariot. Ah, la plage, les cocotiers...

CENTRE LECLERC 124, boulevard Sautel **05 46 34 18 67**

Du lundi au samedi de 9h à 20h. Bien placé en haut du boulevard Sautel, ce centre Leclerc offre un bon choix en matière d'alimentation et produits d'entretien courants. Il possède également des espaces presse et librairie, télé, hi-fi, petit électroménager, des rayons bricolage, jardinage et habillement. A noter : l'enseigne Leclerc s'engage pour l'environnement. A ce titre, fini les sacs plastique distribués à la tonne pour ensuite aller se perdre dans la nature : ici, il vous sera remis en caisse, contre la somme de 0,15 €, un sac de 30 litres solide, pratique, résistant et réutilisable qui vous sera remplacé gratuitement lorsqu'il se fera trop vieux (tous les sacs récupérés étant recyclés). Assurément une bonne cause qui vaut bien que l'on change un peu ses habitudes.

CENTRE LECLERC DE LAGORD 05 46 34 18 69
Avenue Fief-Rose

En continu de 9h à 19h. Le centre Leclerc de Lagord est notamment connu et fréquenté pour son exceptionnelle poissonnerie où l'on trouve toujours un choix remarquable de poissons d'une grande fraîcheur et de beaux plateaux de fruits de mer, bien garnis et joliment présentés. Bien sûr, le week-end et au moment des fêtes, il y a du monde, aussi cela vaut-il la peine d'arriver tôt, à l'heure où le choix est le plus grand. Dans un tout autre registre, on trouve sur place un centre auto aux tarifs très compétitifs, une agence de voyages et un espace presse et librairie.

Magasins de proximité

CHAMPION 05 46 45 73 20
Rue Nicolas-Gargot -
C. Cial Bongraine - AYTRE

Très pratique, situé non loin des Minimes et de Tasdon, ce magasin est de plus ouvert le dimanche matin. Il est particulièrement bien fourni en fruits et légumes et possède de beaux rayons boucherie et poissonnerie, où les produits proposés sont toujours frais et appétissants : en fait, on y vient comme au marché.

SUPER U 05 46 43 77 78
Place de l'Europe - MIREUIL

Ouvert le dimanche matin. Ce supermarché que fréquentent assidûment les habitants du quartier, de Mireuil et Saint-Maurice, est notamment connu pour proposer de très bons produits frais.

Livraisons à domicile

AEM 05 46 50 71 71
1, rue de Tunis

CARREFOUR 05 46 68 03 22

MONOPRIX 05 46 41 69 11

RAPID'COURSES 05 46 99 04 00

SERVIDOM 05 46 42 06 04

Maison

Agences immobilières

AGENCE RATEAU 2bis, rue Gambetta **05 46 41 45 72**

Site Internet : www.agence-rateau.fr - Fax : 05 46 41 06 23. Du lundi au vendredi de 9h à 12h et de 14h à 19h, le samedi de 9h à 12h. Située tout près du marché couvert, l'agence Rateau est connue et reconnue pour son professionnalisme. Et ce n'est pas parce qu'elle a adopté pour logo un escargot portant sa maison sur son dos qu'elle ne mettra pas tout en œuvre pour trouver rapidement l'appartement ou la maison qu'il vous faut ! Outre un bon nombre d'offres sur La Rochelle intra-muros, l'agence propose de nombreux produits sur les communes avoisinantes, notamment celles de la CDA, mais aussi sur l'île de Ré.

LAMY IMMOBILIER 1, place de la Petite-Sirène **05 46 27 55 05**

Site Internet : www.lamy-sa.fr - Fax : 05 46 27 55 09. De 9h à 12h30 et de 14h30 à 18h30. Située au Gabut, en face de l'Office de tourisme, cette agence appartient au réseau Lamy qui affiche plus de cent ans d'expérience en matière immobilière et compte 600 agences au niveau national. Accueil et suivi sont très professionnels.

PERIGNY IMMOBILIER Place Pommeraie - PERIGNY **05 46 50 27 50**

Fax : 05 46 50 27 54. Ouvert le samedi matin. Située dans le petit centre commercial de La Pommeraie, cette agence propose évidemment des offres sur Périgny, mais pas seulement : que ce soit en ventes ou en locations, elle possède dans son portefeuille de produits des maisons de bourg ou des pavillons de plain-pied dans les communes alentour, notamment Saint-Xandre, La Jarrie, Nieul et Esnandes.

Ameublement

CAPTAIN OLIVER 10, avenue Jean-Guiton **05 46 45 15 05**

Le capitaine a dû pas mal bourlinguer et a ramené des pays traversés les très beaux meubles ici exposés. Présentés par thèmes, les meubles se mettent en valeur les uns les autres (mais vous n'êtes pas obligé de tout acheter !). Même si vous ne cherchez rien de particulier, vous trouverez toujours ici une bonne idée d'aménagement ou de décoration. Comme l'accueil est charmant, on ne s'en prive d'ailleurs pas. Si vous manquez d'inspiration pour aménager votre intérieur, M. et Mme Joseph se feront un plaisir de vous rendre visite pour vous conseiller !

OCTANT 30, rue du Minage **05 46 41 80 07**

C'est une adresse pour se meubler design, très design. Ici, les lignes sont épurées, alliant esthétique et fonctionnalité. Méridiennes, canapés modulables et composables, fauteuils, poufs, en plastique, en alu ou en acier, se déclinent dans des couleurs vives. L'enseigne met en avant les créateurs, des plus connus (Philippe Starck) aux plus jeunes. Un large espace est également consacré à la cuisine, avec notamment la collection si réjouissante d'Alessi. Allez-y au moins jeter un œil !

PASSE SIMPLE - INTERIOR'S ZAC de Beaulieu - PUILBOREAU **05 46 68 13 59**

Dans cette vaste zone commerciale, il était une boutique, toute petite, où l'on aimait s'arrêter longuement pour admirer et toucher de beaux meubles, essayant de réfréner son désir de tout acheter. Aujourd'hui, M. et Mme Perrineau se sont agrandis et ont ouvert, à côté de Passé Simple, une seconde boutique dans laquelle ils exposent la quasi-totalité de la collection Interior's, présentée par thème et savamment mise en scène : des meubles réalisés selon des procédés artisanaux qui garantissent leur qualité, en pin massif ciré joliment patiné, à l'indéniable charme anglais et rehaussés de quelques objets (un plaid, un bougeoir en fer forgé, un coussin brodé) avec lesquels ils s'accordent parfaitement. Comme nous, vous commencerez par acheter une armoire pour la chambre à coucher, puis craquerez pour le meuble de mercerie, et puis les petits chevets, et puis le coffre, et le bibus, et puis...

BOIS ET CHIFFONS **05 46 44 40 92**
143, avenue Emile-Normandin - TASDON

Pousser la porte de Bois et Chiffons, c'est partir pour un petit tour du monde : du fauteuil club anglais à l'armoire de Chine, toutes les ambiances sont restituées. Sur un vaste espace d'exposition, sont présentés des meubles en bois bien sûr : pin, teck, acajou, manguier, shisham, meranti, poli, teinté, peint, patiné, ciré, laqué. Côté chiffons : des plaids, des tapis, des coussins, des voilages, toutes sortes de tissus pour habiller un intérieur. Mais aussi du fer forgé, du cuir, des miroirs, des bibelots, des accessoires, tout pour recréer chez soi cette ambiance qui fait la différence. D'ailleurs, chez Bois et Chiffons, on ne se définit pas comme vendeurs de meubles, mais comme concepteurs d'intérieurs.

Destockeurs

VID'STOCK **05 46 45 20 20**
ZAC de Belle-Aire Nord - AYTRE

Comme son nom l'indique, ce magasin vide des stocks qu'il propose à prix réduits. Meubles de style et meubles contemporains, tous les meubles présentés sont neufs, généralement fabriqués en Europe et réalisés en bois massif. Salons, salles à manger, chambres, bureaux, tables de cuisine sont exposés sur un vaste espace et renouvelés en fonction des arrivages.

LE FAILLITAIRE **05 46 35 11 39**
ZAC de Beaulieu - PUILBOREAU

Fermé dimanche et lundi matin. Cette enseigne ne vend que des meubles neufs, provenant de lots d'usine, de fins de séries ou de liquidations, déstockés avec une décote de 20 % à 50 % par rapport au prix initial. Les meubles vendus sont les meubles exposés et ne sont ni repris, ni échangés. Des arrivages permanents renouvellent régulièrement le stock.

Menuisiers artisans

COPISTYLE **05 46 44 62 12**
49, avenue Roger-Salengro - AYTRE

Voilà des mois que vous parcourez les foires à la brocante et autres salons d'antiquaires, sans avoir trouvé la bibliothèque de vos rêves, vos précieux livres dormant toujours dans leurs cartons. Ou alors, si vous l'avez trouvée, elle n'était hélas pas aux dimensions souhaitées. Copistyle réalise à la commande et sur mesure tout meuble de style : bibliothèques donc, mais aussi armoires, buffets, tables de salon, bureaux, chaises et fauteuils. Les meubles exposés en magasin, où dominent les styles Louis-Philippe, Directoire et régionaux, donnent une idée de ce qui peut être fait, ainsi que les catalogues à disposition. L'accueil est très professionnel et se met en quatre pour satisfaire vos exigences. Mais attention : succès oblige, les délais de réalisation peuvent être longs. Vos livres risquent de rester quelques mois encore dans leurs cartons...

Antiquaires et brocanteurs

Antiquaires

JUANY DESCATEAUX 28, rue Saint-Nicolas **05 46 41 27 00**

Mme Descateaux est diplômée en gemmologie. De fait, la maison possède une très belle collection de bijoux anciens (broches, bagues, camées, bracelets) parés de diamants, rubis, saphirs et autres émeraudes. Côté meubles, les dix-huitième et dix-neuvième siècles prédominent, avec bibliothèque Louis-Philippe, armoire Empire, guéridon Restauration (la période de prédilection des antiquaires, non ?).

CHANTAL REIX ANTIQUITES 125, boulevard André-Sautel **05 46 34 16 70**

Du lundi au samedi de 10h à 12h et de 14h à 19h30 (le dimanche du 15 septembre au 30 juin de 15h30 à 19h30). En parfaite professionnelle, Chantal Reix estime, achète, restaure et vend meubles et objets d'antiquités. N'hésitez pas à pousser sa porte : quel que soit le but de votre visite, vous serez accueilli de façon très aimable et pourrez déambuler à loisir entre les armoires, commodes, bureaux et autres meubles régionaux soigneusement exposés. Vous trouverez aussi de nombreux objets d'art et de décoration, bibelots et tableaux, accessibles à tous les budgets.

LE VIEIL HOMME... ANTIQUITES 21, rue Saint-Nicolas 05 46 07 38 68

Le Vieil Homme... et la mer, bien sûr ! Ce magasin d'antiquités s'est en effet spécialisé dans les objets et meubles marins : coffres, roues, poulies, lampes de cale, maquettes de bateaux, cartes, peintures (des marines, évidemment) évoquent le monde des vieux loups de mer. On s'imagine déjà aux commandes du transmetteur d'ordre, la casquette vissée sur les oreilles, prêt à affronter la tempête.

Brocanteurs et dépots-ventes

LA GRENOUILLERE 280, avenue Guiton

Du mardi au samedi de 10h à 12h et de 15h à 19h (le lundi : après-midi seulement). La Grenouillère est avant tout un bel espace d'exposition de meubles (800 m² nous a-t-on indiqué : nous n'avons pas vérifié mais n'avons aucune raison d'en douter). Armoires massives, régionales et d'époque, superbes horloges à balancier, ravissants écritoires, fauteuils tapissiers ou en cuir ont été restaurés et se sont vu donner une seconde jeunesse. Au fond du hangar, devant l'atelier, quelques meubles peuvent être acquis avant restauration, pour ceux qui voudraient eux-mêmes s'y atteler. A noter : Christian Michel se déplace à domicile pour acheter meubles anciens, peintures et bibelots divers.

LES CŒURS ANTIQUES ZAC des Fourneaux - ANGOULINS 05 46 56 96 61

De 9h à 12h et de 14h30 à 19h (fermé mardi matin). Conditions de dépôt : cotisation annuelle de 5,79 € ; commission sur vente de 20 % à 30 % ; dépôt le matin uniquement.

Vous voulez vendre l'armoire de la grand-tante ? Compléter votre collection d'anciens 45 tours ? Echanger le dernier San Antonio que vous avez lu cet été sur la plage contre un Jules Verne broché et relié ? Alors allez faire un tour à cette adresse. Une première salle rassemble les rayonnages de livres (poche et collection), les disques, la vaisselle, l'outillage, le petit électroménager, les bijoux, et tout un assortiment d'objets ordinaires ou insolites qui ravira les collectionneurs et amateurs. Une seconde salle est réservée aux meubles, avec de belles armoires anciennes, des buffets, des chevets, des tables et des fauteuils à des prix imbattables. Enfin, juste à côté, se trouve le dépôt-vente de vêtements et chaussures, pour hommes, femmes et enfants.

COUP DE CŒUR 05 46 43 12 77
5, rue Albert-Ier - CHATELAILLON

Vendredi, samedi et dimanche de 14h30 à 18h30. Décidément, la brocante est affaire de cœur. Dans cette boutique mignonnette qui évoque l'ambiance des greniers d'enfance, on déniche de petits trésors : des coffres mystérieux, des tissus brodés, des cadres et tableaux charmants, des services en porcelaine. La maison prend en dépôt-vente petits meubles et objets et s'occupe de vider caves et greniers. Elle crée également ses propres objets, à partir de pièces anciennes restaurées ou détournées (lampadaire créé à partir d'un pied de photographe, luminaire sur pot à épices, chaises patinées et retapissées).

Autre adresse à La Rochelle : 6, rue des Mariettes 05 46 07 78 26.

Sur l'Ile de Ré

LA BROCANTE MARINE 05 46 09 20 85
14, rue Baron-de-Chantal - SAINT-MARTIN

Comme son nom l'indique, cette boutique est spécialisée dans les petits meubles et objets de marine : tableaux, lanternes, instruments de mesure et de navigation, maquettes de bateaux, amassés ici comme des trésors.

Arts de la table

GENEVIEVE LETHU 21, rue Dupaty **05 46 50 55 71**

Carte de fidélité, chèques-cadeaux, liste de mariage. On ne peut bien évidemment pas écrire une rubrique “arts de la table” à La Rochelle sans citer Geneviève Lethu, qui a ouvert dans notre ville son premier magasin en 1972, avant que l’enseigne ne connaisse le développement que l’on sait. A l’époque, le concept était révolutionnaire : regrouper en une seule boutique tout ce qui touche à la table. Depuis, le succès ne s’est pas démenti. Vaisselle, verrerie, argenterie, linge de table, objets utiles et décoratifs se déclinent selon la saison dans de très belles collections.

GUY DEGRENNE 44, rue des Merciers **05 46 41 72 90**

Chèques-cadeaux, listes de mariage. Guy Degrenne s’est fait une spécialité des couverts en acier, marché sur lequel il est le premier fabricant européen : plus de 50 modèles sont aujourd’hui proposés. Outre les couverts, on trouve dans cette boutique tout l’équipement culinaire et ustensiles de cuisine, toute la vaisselle, de la porcelaine, de la faïence, du verre et du cristal : bref, tout pour la table, de la (belle) table de tous les jours à la table d’apparat.

LE VASE DE SEVRES 18, rue Dupaty **05 46 41 37 72**

Chèques-cadeaux, listes de mariage. Une boutique pour rêver... Les noms les plus prestigieux sont ici représentés : Baccarat, Christofle, Daum, Haviland, Lalique, Puiforcat, mais aussi Alessi ou Christian Lacroix. Chaque objet est une véritable pièce d’art, qu’il soit en cristal, en porcelaine ou en étain. Autant dire qu’on n’imagine pas en faire notre vaisselle quotidienne. Mais pour une grande occasion ou un très beau cadeau...

Bricolage et jardinage

CASTORAMA ZAC de Belle-Aire - AYTRE **05 46 31 12 12**

Du lundi au vendredi de 9h à 20h, le samedi à partir de 8h. Tout le monde connaît la rengaine : “chez Casto, y’a tout c’qui faut”. Et bien, ce n’est pas du pipeau : on trouve vraiment tout chez Casto. De quoi refaire sa maison du sol au plafond. Outre le choix, on apprécie particulièrement la compétence des vendeurs, toujours très accueillants. On regrette cependant une signalétique un peu insuffisante par rapport aux dimensions du magasin et la difficulté, aux heures de grande affluence, à attraper un vendeur libre. Des fiches conseils sont disponibles dans les rayons et des stages sont régulièrement organisés pour bricoleurs amateurs.

PEPINIERES ROBIN Rue du Général-de-Gaulle - DOMPIERRE 05 46 35 30 14

Du lundi au samedi de 8h à 12h et de 14h à 19h. A l'entrée du village quand on arrive de La Rochelle, ce pépiniériste propose un très vaste choix (plus de 1 200 références) de plantes à fleurs, plantes annuelles ou vivaces, potagères ou grimpantes, arbres et arbustes, bien présentés par catégories, classés par ordre alphabétique, impeccablement étiquetés avec des détails sur l'origine et les soins nécessaires à chacun. On peut donc déambuler à sa guise pour trouver de quoi fleurir sa haie ou sa véranda, sa maison ou son jardin et acheter les outils et accessoires nécessaires (notamment un très beau choix de poteries). Mais si on n'y connaît rien, mieux vaut demander conseil (la maison Robin a été fondée en 1885) : celui-ci est aimable, compétent et toujours sûr. Histoire de ne pas se planter...

Construction

JB CONSTRUCTIONS 150, boulevard Joffre 05 46 34 74 85

C'est un constructeur bien implanté régionalement, adhérent de l'UNCMI (Union Nationale des Constructeurs de Maisons Individuelles).

MAISONS ARTISANE 1, rue Pilâtre-de-Rozier 05 46 41 41 81

C'est une petite société de construction de maisons individuelles, également membre de l'UNCMI.

Carrelage et sanitaire

GME ZAC - Angoulins

Carrelage de sol et de mur, pour la cuisine ou la salle de bains, et tout ce qu'il faut pour installer lavabo, douche ou baignoire.

Cuisines et salles de bains

EVA DIAZ ZAC de Beaulieu - PUILBOREAU **05 46 68 14 14**

Cette enseigne vend des meubles de qualité, des marques Tessa (fabriqués à Surgères) et Teisseire (fabriqués à Toulouse). Les travaux de carrelage, plomberie, électricité qui souvent vont de pair avec un aménagement de cuisine ou salle de bains sont également assurés.

Piscine

GADIN SA ZAC de Villeneuve-les-Salines **05 46 44 46 34**

C'est le premier constructeur régional : piscines à usage familial ou collectif, spas, saunas, piscines en kit ou en prêt-à-plonger... Le devis est gratuit.

Portes et fenêtres

LAPEYRE ZAC d'Angoulins **05 46 56 85 85**

Spécialiste des portes et fenêtres en bois, et plus généralement de la menuiserie intérieure et extérieure, cette enseigne propose également des modèles en aluminium et PVC.

Véranda

FILLONNEAU VERANDAS ZAC les Fourneaux - ANGOULINS **05 46 56 89 48**

Concepteur, fabricant et installateur depuis trente ans, Fillonneau en connaît un rayon en la matière. Le devis est gratuit.

Décoration

AU FUR ET A MESURE 15, rue Saint-Nicolas **05 46 41 12 90**

Cette boutique propose un choix de très beaux tissus, découpés sur mesure, pour rhabiller un intérieur, dans des matières naturelles aux tons doux ou tendance. Le lin gris est particulièrement réussi. De petits objets de décoration complètent la panoplie et il faut jeter un œil à la rare collection de boutons de commode. Dommage cependant que l'accueil soit si peu souriant : on a parfois l'impression d'embêter...

ECLATS D'AZUR 10ter, rue Amelot **05 46 43 18 03**

Du mardi au samedi de 10h à 13h et de 15h à 19h. Cette petite boutique fait l'angle entre la rue Amelot et la rue des Dames. Si vous aimez surprendre en offrant des cadeaux tout à la fois utiles et uniques, ayant en plus l'avantage de ne pas grever votre budget, alors n'hésitez pas à vous rendre à cette adresse. Vous y découvrirez de magnifiques miroirs ronds, ovales, carrés, bordés de mosaïque, des nappes, coussins, de la vaisselle, des sacs de voyage griffés "Vue sur la Mer", de l'encens, des savons parfumés "Tohu Bohu", du petit mobilier, des plateaux ponton en bois et autres objets faits par des créateurs verrier et potière céramiste : de vrais petits trésors !

LE GRENIER ROCHELAIS **05 46 41 47 93**
19, rue Dupaty

Fermé lundi. Ce grenier est plutôt raffiné, loin du bric-à-brac que l'on pourrait imaginer. Il abrite une fort belle collection de faïences (dont les faïences de La Rochelle, présentées en vitrine), des lampes et des vases en pâte de verre colorée, des cadres et des miroirs ouvragés, ainsi que divers petits meubles de marin et d'autres qui viennent de Chine. Un grenier de très bon goût, que l'on se plaît à fréquenter.

JARDINS ESPACES BOUTIQUE
39, rue Saint-Yon **05 46 41 67 66**

Du mardi au samedi de 10h à 12h30 et de 14h30 à 19h, lundi de 14h30 à 19h. On pénètre dans cette boutique comme dans un grenier aux merveilles où il faut fouiller et farfouiller pour dénicher quelque trésor. Un tablier de jardinier, des poteries, des girouettes, des cadrans solaires, un vieux porte-bouteilles, des paniers, un chapeau de paille, des carnets en papier recyclé, une paire de jumelles dans son bel étui en cuir, une boîte à boutons, des coussins... Tous ces objets, exposés dans un joyeux désordre, semblent avoir une histoire et vouloir la raconter. Quel que soit votre budget, vous en trouverez certainement un à adopter.

MAISON DU SOLEIL **5, rue Saint-Nicolas** **05 46 34 59 33**

On croirait entendre les cigales chanter... Essayez de visiter cette boutique un jour de pluie ou de ciel gris (car cela arrive qu'il ne fasse pas beau à La Rochelle, pas souvent, mais de temps en temps...). Il y a fort à parier que vous oublierez les nuages dès la porte poussée : les couleurs de la Provence qui égaient vaisselle et tissus, les parfums des plantes aromatiques qui s'échappent des pots à senteur, la musique doucement distillée, tout concourt ici à votre sérénité. Plus oriental que méridional, l'encens est également encensé. Quant au pastis artisanal que vous trouverez au fond de la boutique, lui, c'est sûr, il vient du Sud ! Bienvenue à Maryse, la nouvelle propriétaire...

THEMES EN SCENE **11, rue Saint-Nicolas** **05 46 41 19 57**

Quels sont les thèmes ? Ils sont nombreux. Les senteurs d'abord, avec bougies parfumées et créations de l'Artisan Parfumeur. Le luminaire ensuite, avec un joli choix d'abat-jour et de lampes sur pied. Puis les tissus : jetés de canapés, lourds tapis, nappes légères. La verrerie : vases et carafes de toutes tailles et de toutes formes. Enfin, les meubles, inspirés de l'univers marin (chaise-escabeau, table de bateau) ou bien en pin (brut, ciré, patiné ou peint). Tous ces objets sont ici savamment mis en scène et créent un univers douillet, où l'on resterait bien cocooner un peu. Accueil toujours charmant.

VIA BEA 32ter, rue Gargoulleau **05 46 52 15 72**

"De la déco dans tous ses états" : c'est le slogan, qui colle comme un gant à ce nouveau commerce. En retrait dans une petite cour, Via Bea, sur sa terrasse, étale sa brocante : des objets marins, des poulies, des paniers de vendange, des ustensiles de cuisine ; à l'intérieur, on trouve assiettes, verres, nappes brodées, bougies, vannerie, cadres anciens, miroirs, lampes. Exposition d'artistes peintres, photos, vitrail artisanal, objets uniques.

"CONTRE VENTS ET MARAIS" **05 46 67 58 44**
Village Artisanal - 29, avenue Général-de-Gaulle - SAINT MARTIN

Situé dans le village artisanal, à quelques mètres sur votre gauche cette boutique aux apparences trompeuses, car de l'extérieur vous ne verrez pas forcément toute la richesse de ce magasin. Objets de décoration, idées de cadeaux personnalisés, car Jocelyne est une artiste peintre. Vous pourrez la regarder travailler sur de tout petits objets, mais aussi des enseignes, des pots, d'ailleurs le pot dehors n'est pas à vendre c'est son bébé. Mais aussi des meubles, enfin il y en a pour tous les goûts et surtout pour toutes les bourses. Une vraie mine d'or qui devrait s'agrandir à l'étage supérieur. Vous avez aussi un parking gratuit juste devant.

Discount

ESPACE AFFAIRES ZAC d'Angoulins **05 46 56 95 86**

De 10h à 12h et de 14h à 19h sauf dimanche et lundi matin. Paquets cadeaux. Cette affaire familiale, spécialiste du discount et de la liquidation de stocks, propose des articles à prix réduit dans différents domaines : rideaux (plus de 100 modèles), nappes, tissus, peinture, papiers peints, jouets, décoration, luminaire, bricolage, vaisselle, etc. Nous vous conseillerons d'excellentes affaires dans le domaine de la vaisselle, de la peinture et des rideaux. Et contrairement à bon nombre d'enseignes du même type, l'accueil est aimable, le magasin spacieux et bien rangé, ce qui invite à consacrer un peu de temps à l'exploration des rayons.

Exotique

INDONESIA 36, rue Chaudrier **05 46 41 30 35**

Fermé lundi matin. L'Indonésie est à la mode, cette boutique l'illustre parfaitement. On y déniche de petits meubles en teck ou en acajou (tables basses, coffres, consoles), des masques, des statuettes, des sarongs, et plein d'autres petits objets de décoration, à des prix plus élevés qu'à Bali, mais qui restent très abordables. Accueil vraiment charmant.

LITTLE BOUDDHA 11, rue Saint-Sauveur **05 46 37 60 96**

On adore cette boutique, pour les très beaux objets qu'elle expose, venus de partout dans le monde et réalisés avec soin dans de belles matières, pour la musique d'ambiance qu'elle distille discrètement, pour le parfum d'encens qui sait se montrer discret lui aussi tout en étant bien présent, et enfin pour l'accueil et le service, toujours efficaces et souriants.
Autres adresses :
Résidence Montecarlo - CHATELAILLON • sur l'île de Ré : 3, rue du Marché - SAINT-MARTIN.

MALAGASY 13, rue du Palais **05 46 50 57 13**

Le lundi de 14h à 19h et du mardi au samedi de 10h à 12h et de 14h à 19h, "en dehors des périodes de mousson, des saisons de forte sécheresse, des décalages horaires, des réceptions de nos trouvailles et des piqûres de mouche tsé-tsé" est-il précisé. Parmi les objets venant d'Inde, du Népal, de Chine, de Thaïlande, du Vietnam et d'ailleurs, on a repéré de beaux narguilés, une balance à opium, des moulins à prière, des tentures colorées, des coussins brodés, mais aussi des vêtements, des bijoux, et toutes sortes d'encens parfumés. Accueil sympa et plein d'humour.

NOMADIS ZAC de Beaulieu - PUILBOREAU

Cette nouvelle enseigne qui vient de s'installer dans la zone commerciale de Beaulieu expose meubles et objets de décoration inspirés du monde entier : petits meubles en bois exotique (acajou et teck principalement), mais aussi et surtout plaids, coussins et nappes aux couleurs chatoyantes et un beau choix de luminaires (abat-jour ou appliques, en tissu et fer forgé).

Linge de maison et tissus

EURODIF 40, rue des Merciers **05 46 41 00 50**

Du lundi au vendredi de 10h à 19h (le mercredi dès 9h30) et le samedi de 9h30 à 12h30 et de 14h à 19h. Ici, ce n'est pas pour le conseil que l'on vient, mais pour le choix, très grand, et pour les prix, tout petits. Le premier étage de cette boutique est en effet réservé aux tissus d'ameublement, voilages, linge de maison, accessoires de mercerie et objets de décoration à prix mini.

LA RIDOTERIE 1, rue Thiers **05 46 41 33 04**

Ce spécialiste du rideau offre un grand choix de styles et de matières pour habiller votre maison : fenêtres bien sûr, mais aussi tables, chaises, fauteuils ou lits. Si vous ne trouvez pas votre bonheur dans la gamme de prêt-à-poser, le service confection vous fera du sur mesure. Vous pourrez même leur demander la pose à domicile. Le devis est gratuit.

DE FIL EN FEUILLE Avenue Albert-Sarraut - RIVEDOUX **05 46 00 68 58**

Du mardi au samedi de 9h45 à 12h30 et de 15h45 à 19h. Cette très jolie boutique est celle d'une créatrice qui fait des merveilles à partir de quelques bouts de tissu : taies d'oreillers, housses de couettes, nappes et surnappes, rideaux et voilages forment un univers extrêmement douillet et raffiné. Toutes vos idées peuvent être confectionnées sur mesure. Et avant de partir, n'oubliez pas de pousser la grille pour aller jeter un œil aux superbes compositions florales de la boutique d'à côté.

Luminaire

ANNEE LUMIERE 14, rue des Cloutiers **05 46 41 07 83**

Une boutique pour mettre un peu de lumière dans votre intérieur. Vous y trouverez toutes sortes de luminaires : lampes sur pied, lampes de table, appliques, abat-jour, créés artisanalement avec un goût très sûr. Mais vous y dénicherez aussi des meubles originaux (tables en teck, fauteuils en jonc de mer tressé, consoles en fer forgé) et beaucoup d'autres objets de décoration (bougeoirs, miroirs, même les portemanteaux sont des objets d'art !). L'accueil est charmant et ne prend pas ombrage qu'on vienne seulement jeter un œil.

LE COMPTOIR DES LUSTRES RN137 (face à la ZAC) - ANGOULINS **05 46 07 54 13**

Tous les jours sauf dimanche de 9h30 à 12h15 et de 14h à 19h15. Des lustres, il y en a de tous les styles, de toutes les tailles, à tous les prix : ils sont tellement nombreux à descendre du plafond qu'on ne sait plus où donner de la tête. Mais pour ceux qui préfèrent les lampes à pied ou les appliques, pas de problème : tous les luminaires sont représentés dans ce vaste espace d'exposition et tous les problèmes d'éclairage doivent trouver leur solution (éclairage intérieur ou extérieur, d'une chambre d'enfant ou d'un bureau, d'un objet d'art ou d'un tableau). Lumineux !

Marine

AU BOUT DU QUAI 7, rue du Palais **05 46 50 51 59**

Fermé lundi matin. Comme son nom ne l'indique pas, cette très jolie boutique se trouve sous les arcades de la rue du Palais. On y déniche quelques objets marins (demi-coques, baromètres, hublots miroirs), mais aussi des lampes à huile, des photophores, des voilages en organdi, des plaids, des sels pour le bain, des huiles parfumées : bref, tout ce qu'il faut pour se constituer un univers douillet. N'hésitez donc pas à y faire une petite escale.

LA BOUTIQUE DU MARIN 1bis, rue du Palais 05 46 44 14 57

Fermé lundi matin. Pour décorer son intérieur de façon bateau et originale à la fois, la Boutique du Marin déborde d'idées : de petits meubles (minibars, coffres, chiffonniers) réalisés en acajou massif ou en camphrier, une belle collection de demi-coques de toutes tailles, des lampes en laiton (certaines étant étanches à 100 %, pour les cas de gros grain), des baromètres (pour prévoir le gros grain), des cloches (pour sonner l'alerte à l'approche du gros grain), des maquettes (de bateaux, évidemment).
Autre adresse sur l'île de Ré : 9, rue Jean-Jaurès - Saint-Martin-de-Ré 05 46 35 17 61.

Déménagement

Déménageur

BLANCHARD DEMENAGEMENTS 42bis, rue de l'Amiral-Duperré 05 46 42 66 22

Cette entreprise fondée en 1890 est réputée pour son savoir-faire. Ils ont tout l'équipement et l'expérience nécessaires pour transporter des pièces à maniement délicat, tels les pianos et œuvres d'art. Ils font également garde-meubles.

Location de véhicules utilitaires

DAD ZAC de Belle-Aire - AYTRE 05 46 44 96 96

Leur gamme s'étend du véhicule léger de 2 m³ (pour déménager un tout petit studio ou une chambre d'étudiant) au fourgon de 23 m³ (pour les gros déménagements).

Dépannage et réparation

SIP DEPANNAGE 303, avenue Jean-Guiton 05 46 43 33 33

6j/7. Devis gratuit. Pour toutes les réparations urgentes à domicile : électricité, plomberie, toiture, serrurerie, vitrerie, mais aussi électroménager, télévision, vidéo et hi-fi. Ils s'engagent à intervenir dans l'heure pour les problèmes les plus graves (grosse fuite d'eau, fuite de gaz, panne totale d'électricité, ouverture de porte). La panne de télévision juste avant le match de foot n'est pas forcément un cas d'extrême urgence...

PRESTO'SERVICES 18, rue Thalès - ZAC Belle-Aire Sud - AYTRE 05 46 34 84 80

De l'installation de cuisines et salles de bains au dépannage électroménager, en passant par le dépannage électrique, la plomberie ou encore la pose de planchers, de carrelages, de volets ou de moquette, ils savent tout faire, illico presto.

Electroménager

C.D.A. ZAC de Beaulieu - PUILBOREAU 05 46 68 76 52

Cette enseigne est le spécialiste du "déclassé" de grandes marques en électroménager et chauffage : Electrolux, Brandt, Vedette, Thomson, Whirlpool, Bauknecht sont quelques-uns des labels que l'on peut y trouver, en fonction des arrivages. Tous les appareils sont neufs et garantis 2 ans, pièces, main-d'œuvre et déplacement. L'économie réalisée par rapport au prix public courant peut aller jusqu'à 40 %. De plus, des facilités de paiement (trois fois sans frais) peuvent être accordées. Bref, on peut y acquérir un lave-linge sans se faire lessiver.

CONFORAMA ZAC de Beaulieu - PUILBOREAU 05 46 68 02 11

Du lundi au vendredi de 10h à 12h30 et de 14h à 19h30, le samedi de 9h30 à 19h30. Electroménager, mais aussi mobilier, TV, hi-fi, informatique, accessoires, décoration : on trouve de tout chez Confo. Parmi les plus de cette grande enseigne : une garantie nationale gratuite, l'engagement de vous rembourser la différence si vous trouvez moins cher ailleurs, la garantie satisfait ou remboursé qui vous permet de rapporter un achat que vous regrettez, le service après-vente à domicile.

Location de matériel

ALOCOUMAT 105, avenue du 11-Novembre - LAGORD **05 46 34 95 79**

Du lundi au samedi. De l'aérateur à gazon au zigzag, en passant par l'arrache-rotule, la grignoteuse, le lapidaire, le scarificateur ou le trépan, tout le matériel de torture (pardon, de bricolage) dont vous aviez rêvé (ou cauchemardé) est à votre disposition. Votre renard y a même trouvé une chèvre et un furet hydrauliques (pauvres bêtes). Et pour animer les soirées : tout le matériel de sono, les jeux de lumière et même la machine à fumée. Les prix sont fixés à la journée, à la demi-journée ou au week-end (c'est mieux pour les soirées).

Occasions

EASY CASH ZAC de Beaulieu **05 46 68 15 01**

Cette enseigne est spécialisée dans l'achat-vente de produits d'occasion, en électroménager, outillage, bricolage, hi-fi, vidéo, informatique, mais aussi bijouterie, musique, photo, produits culturels et équipements de sport.

HOTEL DES VENTES 20, rue Saint-Louis **05 46 41 13 62**

Ventes les mercredi et samedi à 14h. Exposition le matin. Dépôt les mardi, jeudi et vendredi de 9h30 à 12h et de 14h à 18h30. L'hôtel des ventes accueille ventes aux enchères suite à cessations d'activité de commerces, vente de biens de particuliers et expositions-ventes thématiques rassemblant tableaux, dessins, mobilier, objets d'art, bijoux, orfèvrerie, linge ancien et dentelles.

MEDIA TROC 16bis, rue de la Ferté **05 46 51 06 00**

Cette nouvelle enseigne qui vient de s'installer en centre-ville achète cash et revend matériel hi-fi, vidéo, informatique, de téléphonie, photo et musique.

© M. VINET - *Les remparts*

Mode

Accessoires

BIJOUX CAILLOUX 3, rue des Gentilshommes **05 46 41 09 13**

On trouve ici absolument tout ce qui se fait en matière d'accessoires fantaisie : petits bijoux pas chers, sacs rigolos, écharpes et chapeaux, perles vendues à l'unité pour se confectionner soi-même colliers et bracelets, faux piercing... On peut même y acheter des perruques !

Chaussures

Adultes

AXANDRA 47, rue du Palais **05 46 41 75 84**

Lundi de 14h à 19h et du mardi au samedi de 9h45 à 12h30 et de 14h15 à 19h. En vitrine s'affiche la collection de chaussures : pour l'essentiel, de grandes marques comme Pons Quintana, Un Dimanche à Venise ou encore Stéphane Kélian. Et si après avoir trouvé chaussure à votre pied, vous vous demandez ce que vous allez bien pouvoir porter avec, montez au premier, où se trouve le rayon du prêt-à-porter, avec là encore de grands noms de la mode (Sonia Rykiel, Et Dieu Créa la Femme, Christian Lacroix). Enfin, s'il vous faut un sac assorti, jetez un œil à la maroquinerie. Quant à votre portefeuille, il se devra d'être assez bien garni, mais la qualité justifie le prix.

BOUYSSOU 37, rue des Merciers **05 46 41 19 73**

Cela fait maintenant plus de trente-cinq ans que la maison Bouyssou nous chausse. Les modèles proposés, exposés dans les deux grandes vitrines, sont tout en cuir, souples et confortables, de grande qualité. Les marques phares côté femmes sont Elisabeth Stuart, Georges Rech, Lolita Lempicka ; côté hommes : Christian Pellet, Fluchos, TPS.

Autres adresses à La Rochelle : 13, rue des Gentilshommes 05 46 41 23 64 • 156, avenue du Cimetière - Saint Eloi 05 46 27 00 30. Et sur l'île de Ré : 6, rue de Citeaux - Saint-Martin-de-Ré 05 46 09 95 70.

MICHELE CHAUSSEUR 18, rue Chaudrier **05 46 41 02 67**

Pour les pieds qui suivent la mode sans vouloir sacrifier leur confort, les créations de la maison sont une aubaine : à la fois élégantes et souples, inspirées des dernières tendances, toujours réalisées avec le plus grand soin (semelles cousues) dans les matières les plus nobles (cuir, nubuck). Excellent rapport qualité-prix.

SERIAL SHOES 8, rue Dupaty **05 46 52 05 70**

C'est LE magasin de chaussures branchées de La Rochelle, pour les serial fashion victims. Dans un espace très design, alu et béton lissé, un vrai magasin haut de gamme avec des marques comme Camper's, Snipe, Trippen... et la gamme Platinium. Cette boutique respire la nouveauté, de quoi se chausser tendance toute l'année.

Sur mesure

PATRICK DELAIGUE 8, rue du Cordouan **05 46 07 35 20**

Du mardi au samedi de 9h à 12h et de 14h à 19h. Patrick a repris cette enseigne au mois d'août 2000 mais il exerce son métier d'artisan cordonnier depuis 1981. Au premier abord, on pense avoir affaire à un cordonnier traditionnel qui répare, recolle, ressemelle nos vieilles pompes dont on ne veut pas se séparer, on est si bien dedans. A y regarder de plus près, exposées sur des étagères, des chaussures au look plus ou moins sage nous font de l'œil. C'est que l'homme est artiste, il crée : des chaussures en peaux exotiques (croco, peau de poisson), en tissu tacheté, à petits pois, vertes, roses, bleues, pointues, rondes, plates. Des chaussures à votre image, des chaussures sur mesure.

Enfants

KICKERS 9, rue du Palais **05 46 41 04 53**

De 9h30 à 12h30 et de 14h à 19h. Fermé lundi matin. Les enfants adorent. Mais ils ne sont apparemment pas les seuls puisque la marque, qui appartient au groupe Zannier (leader mondial dans le domaine du vêtement pour enfants) chausse tous les pieds du 18 au 46. Des modèles colorés, gais, solides et confortables, à porter à tout âge.

PETITS PETONS 38, rue Saint-Yon **05 46 41 19 64**

Petits, mais costauds, les modèles ici proposés : les chaussures sont de qualité, ce qui leur assure de durer. Elles plaisent donc aussi bien aux parents (qui apprécient aussi leurs petits prix, de 36,59 € à 45,73 €...) qu'aux enfants pour leur allure très mode. La boutique est petite, elle aussi, mais le choix est vaste et un coin jeux accueille les plus agités. Accueil aimable et patient.

Cuirs

AUCKLAND Galerie marchande de Beaulieu - PUILBOREAU **05 46 68 01 68**

Cette boutique propose des vêtements sportswear et une mode jeune dominée par les marques Chipie, Miss Sixty, Lulu Castagnette, School Rag, Petit Baigneur, mais sa vraie spécialité, c'est le cuir. Des vestes, des blousons, des manteaux, en cuir noir, beige, marron, rouge, griffés Oakwood ou Redskins, de belle coupe et de qualité, à des prix très raisonnables. "J'veux du cuir", comme dit la chanson.

Dépôts-ventes

LUCYLE 30, rue du Cordouan **05 46 41 21 03**

Du mardi au samedi de 10h à 12h et de 15h à 19h. Dépôt le matin uniquement, du mardi au vendredi. Ce dépôt-vente est une aubaine pour élégantes soucieuses de leur budget. On y déniche en effet de très beaux vêtements, souvent griffés (Chanel, Kenzo, Christian Lacroix, entre autres signatures), qui paraissent ne jamais avoir été portés ! De quoi se constituer une garde-robe futée de grandes marques à tout petit prix. Et pour compléter la panoplie, les indispensables accessoires : chapeaux, ceintures, chaussures, sacs à mains, bijoux.

MARIE A LA VILLE 4, rue Fleuriau **05 46 27 81 30**

Dépôt le matin du mardi au vendredi de 9h30 à 12h. Le dernier-né des dépôts-ventes de La Rochelle, qui a ouvert ses portes en septembre dernier, et qui se spécialise dans les vêtements haut de gamme, de grandes marques et dégriffés : de quoi s'habiller très chic sans dépenser trop de fric. On y trouve également objets de déco et d'artisanat.

TROQUEMITAINE 39, rue Gambetta 05 46 41 70 78

Dépôt-vente spécialisé dans les vêtements pour enfants, Troquemitaine habille les petits, de la naissance au 16 ans. Les vêtements sont en très bon état, certains de grandes marques. On y trouve également des articles de puériculture et des jouets.

Entretien

Pressing

PRESSING SAUTEL 12, boulevard Sautel 05 46 27 22 66

Le lundi de 14h à 19h30 et du mardi au samedi de 8h à 12h30 et de 14h à 19h30. Tarif pour un pantalon 4 €, une jupe 4,50 €, une veste 5,50 €. Nettoyage à domicile de moquettes et canapés. Ici, on peut être certain que ses vêtements seront bien nettoyés : sans produits nocifs qui les attaqueraient (et qui, par la même occasion, attaqueraient notre environnement), mais avec suffisamment de rigueur et de savoir-faire pour que les taches, même les plus rebelles, finissent par s'avouer vaincues.

DOMPIERRE PRESSING 36, rue du Général-de-Gaulle - DOMPIERRE 05 46 35 31 35

Tarif pour une jupe 3,81 €, une veste 5,03 €. Ce pressing est situé dans le petit centre commercial de Dompierre. Ici aussi, on nettoie "net et nature" : les vêtements récupérés sont toujours impeccables, comme l'accueil et le sourire.

Laverie

LAVOMATIQUE 54, rue du Stade - PORT-NEUF 05 46 43 82 82

365 jours par an de 8h30 à 21h. 3,05 € pour 6,5 kg, 5,34 € pour 10 kg et 6,86 € pour 15 kg. On peut ici, en libre-service, nettoyer et sécher ses vêtements, mais aussi sa couette, sa housse de canapé ou ses couvertures dans une machine spéciale, ou tout aussi bien redonner une nouvelle jeunesse à ses dessous en dentelle et son linge délicat dans les machines de nettoyage à sec (8,38 € les 4 kg).

Lingerie fine

Féminine

BAMBOU 27, rue Dupaty 05 46 41 57 70

Fermé lundi matin. Cette jolie boutique de lingerie féminine propose maillots de bain, sous-vêtements, déshabillés, nuisettes et combinettes (et la bombinette cherra ?), ainsi qu'une belle collection de pyjamas tous plus douillets les uns que les autres. Les lignes représentées font la part belle aux marques jeunes : Kenzo, Princesse Tam Tam, mais aussi Aubade (vous vous souvenez des leçons ?) et Barbara. Accueil très sympathique.

Masculine

SIMPLEMENT POUR VOUS 05 46 28 18 39
7, rue des Dames

Tout simplement pour vous, les hommes. Cette boutique humoristiquement située rue des Dames propose un bon choix de sous-vêtements masculins, notamment dans les marques Versace, Hugo Boss ou Armani. Elle propose également des dessus qui vont avec les dessous. Belles matières et prix très variés.

Maroquinerie

MAROQUINERIE DES ARCADES 18, rue du Palais 05 46 41 80 46

Cette maroquinerie dispose d'une ligne de bagagerie très complète, du porte-cartes au sac de voyage en passant par le sac à main ou le baise-en-ville. La qualité est irréprochable et les prix très raisonnables : bref, un excellent rapport qualité-prix (ça, c'est de l'esprit de synthèse !).

CUIRS DE FRANCE 22, rue Saint-Yon 05 46 41 21 05

Cette enseigne est dépositaire de très grandes marques, notamment Lancel et Longchamp qui constituent une bonne part de ses collections. Le choix est très vaste (la vitrine en donne une idée), la qualité impeccable, les modèles chic et de bon aloi. Bien sûr, les prix sont en rapport...

Optique

LA ROCHELLE OPTIQUE & SUN OPTIQUE 43, rue Saint-Yon 05 46 41 58 80

La Rochelle Optique, c'est un fonds de plus de 2 500 montures, pour tous les budgets, tous les goûts et tous les profils. Les marques de créateurs sont particulièrement bien représentées, avec notamment les griffes de Jean-Paul Gaultier, Alain Mikli, Paul Smith, Starck ou encore Théo. Et puis, en prévision des jours ensoleillés, il ne faut pas hésiter à visiter la boutique d'à côté, qui décline en version "solaire" les mêmes principes de choix, d'originalité et d'élégance. Rien que pour nos yeux...

Prêt-à-porter

Femmes

ACT II 26, rue du Temple **05 46 51 18 42**

Beaucoup de marques dans cette jolie boutique de la rue du Temple, temple du shopping. Guess, Scooter, Kelvin Klein côtoient Blanc Bleu, la Fée Maraboutée, Contre Vents et Marées. Les prix sont un peu élevés, mais justifiés par les griffes et la qualité.

COMPARTIMENT LUX 3, rue des Bonnes-Femmes **05 46 41 35 60**

Située tout au début de la rue des Bonnes-Femmes, cette boutique de prêt-à-porter féminin (forcément) propose toute la gamme de vêtements Bensimon, de l'indispensable petite robe aux chaussures bicolores en passant par les accessoires assortis, sac à main et housse de voyage pour sous-vêtements notamment. D'autres griffes sont également représentées, parmi lesquelles Claudie Pierlot et ses très beaux tailleurs et manteaux, Pinilopi, Mer du Nord, Maille Street ou Closed.

PERSONA 13bis, rue Saint-Yon **05 46 50 88 47**

Cette boutique s'adresse aux femmes grandes et rondes qui aiment s'habiller chic et tendance, avec la ligne de vêtements Marina Rinaldi. Manteaux, pantalons, jupes longues et robes, impeccablement taillés dans de belles matières, sont disponibles dans toutes les tailles du 42 au 56.

LE PHARE DE LA BALEINE 15-17, rue Bletterie **05 46 45 15 80**

Pour s'habiller avant d'aller visiter le fameux phare de l'île de Ré, c'est bien sûr ici que l'on vient. Dans cette mignonne boutique au décor de bois blanc cérusé, les vêtements sont impeccablement coupés : pantalons, robes, jupes, en lin, en coton ou en maille, à rayures bleues, beiges ou roses, estampillés d'un phare discret ou d'une baleine rigolarde et bedonnante à souhait. Et si vous décidez d'habiller votre maison dans le même style, montez à l'étage où vous dénicherez bougeoirs galets, coussins brodés et autres objets de décoration très "Côté Ouest". Les prix sont tout de même assez élevés et l'accueil loin d'être aussi souriant que le cétacé fétiche. Dommage...

PHASES **05 46 41 88 51**
22bis, rue Fleuriau

Rien que du beau linge dans cette très jolie boutique, qui n'offre pas un choix immense mais trie ses vêtements sur le volet : Sofie d'Hoore, Caroline Puerari, Irie Wash, mais aussi Hugo Boss ou encore Emporio Armani sont quelques-unes des marques chouchoutées ici. On y trouve tenues habillées pour soirées chic mais aussi plus décontractées pour week-end à la campagne (enfin bon, très classe quand même). Une panoplie de sous-vêtements et d'accessoires (chaussures, ceintures, sacs à main Just Campagne) complète le tout.

RENE DERHY 18, rue du Temple **05 46 50 04 32**

On aime les vêtements (tuniques, jupes longues, tricots) très colorés, gais, pratiques, amples, faciles à porter et à entretenir de cette enseigne. La boutique diffuse également les marques Kenzo, Kélian et l'Arche, des chaussures très confortables et les indispensables accessoires (sacs, foulards, étoles de toutes les couleurs).

Hommes

HARRYS BOUTIQUE 23, rue des Gentilshommes **05 46 41 01 51**

Située derrière l'hôtel de ville, cette très belle boutique respire l'élégance anglaise, faite de classicisme discret et d'excentricités mesurées. On ne trouve ici que des vêtements de qualité, appartenant aux meilleures marques : Old River, Barbour (c'est ici qu'il faut acheter la fameuse veste en coton huilé), Gentleman Farmer. Chemises, costumes, cravates, vestes, polos, pulls en maille : tout est là, jusqu'aux indispensables caleçons et chaussettes (Burlington bien sûr...).

LOOK AND LIKE 29, rue des Gentilshommes **05 46 41 67 99**

Très élégante boutique de prêt-à-porter pour les hommes soucieux de leur look (et qu'on les aime !). Ralph Lauren, Hugo Boss, Kenzo, Façonnable se déclinent en polos chic, pantalons de toile, costumes, chemises habillées ou plus décontractées. Les petits d'homme ne sont pas oubliés, qui peuvent eux aussi se constituer une belle garde-robe.

SERGE BLANCO 10, rue des Merciers **05 46 41 36 15**

Il n'y a pas que les adeptes du ballon ovale qui s'habillent chez Serge, mais il faut reconnaître que la gamme de vêtements sied particulièrement aux épaules carrées soucieuses de leur élégance pendant la troisième mi-temps : ici les XXL trouvent sans problème leurs marques.

TEMERIT 36, rue du Temple **05 46 27 65 95**

Des vêtements très tendance pour les hommes qui collent à la mode. On y trouve notamment de petits pulls très ajustés qui raviront les amateurs (et amatrices...), mais aussi un bon choix de chemises et de pantalons. Les prix sont plutôt doux, ce qui n'est pas le moindre mérite de la marque.

Mixte

(Pour les vêtements et accessoires marins voir également rubrique Bateau.)

BLUE MARINE **05 46 41 09 14**
20, cours des Dames

Comme son nom l'indique, cette boutique située sur le Vieux Port se spécialise dans le vêtement d'inspiration marine : pulls, vestes, pantalons, jupes en maille et chemises devraient ravir ceux qui veulent peaufiner leur look "voileux" ou "bord de mer". Il y en a pour toute la famille (hommes, femmes et enfants) et tous sont d'excellente qualité, griffés des meilleures marques en la matière (Bermudes, Mât de Misaine, Cotten, Aigle, Les Deux Ancres, Giesswein). Les prix sont tout à fait raisonnables et l'accueil sympathique.

DANIEL HETCHER 32-34, rue Saint-Yon **05 46 41 71 70**

Ouvert du lundi après-midi au samedi : de 9h30 à 13h et de 14h30 à 19h. C'est en septembre que cette nouvelle boutique a vu le jour. Cette enseigne nationale a choisi La Rochelle pour être représentée dans le département. Sur une superficie de 100 m², dans une déco relookée, plus design, une équipe de trois femmes vous conseille avec beaucoup de gentillesse. Nous apprécions le choix, le rapport qualité-prix de cette boutique.

FAITS DIVERS 20, rue Dupaty **05 46 50 57 36**

Cette boutique est un haut lieu de la mode, qui figure en bonne place sur la liste de tout accro du prêt-à-porter tendance couturier. Marithé et François Gerbaud, JPG Jeans, Paul Smith, Save The Queen : toutes ces marques se caractérisent par la recherche des matières, des coupes, des couleurs. En tout cas, la morosité n'est pas de mise et l'originalité, voire l'excentricité, de bon aloi, sont privilégiées. La boutique elle-même est très agréable, claire, aérée et l'on prend un réel plaisir à y déambuler.

FRANCK SELECTION ZAC de Beaulieu **05 46 67 42 87**

S'étalant sur 300 m², la sélection de Franck est très jeune et tendance et on vient de Bordeaux, Toulouse, Agen pour trouver ici des vêtements de qualité, bien coupés (dont le jean "Mustang", pantalonnier professionnel allemand, coupe impeccable, ou le cuir "New Rock", marque espagnole). Franck et Emmanuelle ont misé sur des marques locomotives de la mode comme "Diesel" ou encore Billabong, Gotcha, Bananamoon, Teddy Smith, Firetrap, Redskins, bien connues des "shopping addicts". On y trouve enfin les chaussures pour parfaire son look : version Harley Davidson (mais non, ce n'est pas "out") ou street-runner (très "in").

X'TREM MOD' 67, rue du Minage **05 46 28 10 00**

Inclassable, cette boutique... Ni vraiment fashion, ni vraiment sportswear, avec des accents rock et streetwear, une seule chose est sûre : ce n'est pas du classique ! Conventionnels s'abstenir donc... Pour ceux qui connaissent, citons les marques Exi, Diesel, Energie, Cheyenne, Cop Copine et Indian Rose. Pour les autres, il n'y a qu'à venir jeter un coup d'œil ! A noter : sur le même concept, version chaussures, X'Trem Pomp' est au 49 de la même rue.

Enfants

IKKS 51, rue Saint-Yon **05 46 07 59 90**

Les enfants de 3 mois à 18 ans (qui ne sont déjà plus des enfants) peuvent ici s'habiller très "in". Les parents (qui, quel que soit leur âge, restent des parents) apprécient quant à eux la qualité des matières (très beaux cotons) et le soin apporté aux coupes et finitions, qui permettraient à ces vêtements de durer longtemps si la mode ne changeait pas si souvent. Tout cela n'est pas donné, mais quand on aime...

PETIT BATEAU 51, rue des Merciers **05 46 41 08 40**

Petit Bateau a déménagé, il fallait le signaler. Dorénavant installée rue des Merciers ("la" rue de la mode enfantine, qui est aux petits ce que la rue du Temple est à leurs mamans), la boutique propose toujours ses cotons indémodables, indispensables, qui se déclinent en une gamme colorée. Classique, sympa, de qualité.

Sur mesure

ISABELLE ARNOUX **05 46 35 48 25**

Isabelle est avant tout une créatrice. Pas question pour elle de coudre des modèles à la chaîne. Chaque personne a son style, chaque femme est unique et c'est cela avant tout qu'elle défend. De plus, pour mettre tous les atouts du côté de sa cliente, elle travaille en collaboration avec Liliane Le Fournier et Nathalie Thuille. L'une s'attachera à trouver les couleurs les mieux adaptées à votre grain de peau, l'autre étudiera la coiffure et la coupe liées à votre morphologie. Etre bien dans sa tête, être bien dans sa peau pour être soi.

Multimédia

Informatique

CYBERTEK 59bis, rue Emile-Normandin **05 46 45 78 18**

Du mardi au samedi de 9h30 à 12h30 et de 1h à 18h45. Cette nouvelle adresse a, a priori, tout pour nous séduire : une équipe jeune et sympa s'y connaissant vraiment en informatique, un choix de matériel à prix serrés théoriquement disponible sur commande en 48 heures, l'assurance d'une assistance et d'un service après-vente rapide et efficace. Las, passée la première impression très favorable, les déboires se multiplient : délais annoncés non tenus, matériel non conforme et, il faut bien le dire, une certaine légèreté dans le traitement réservé aux clients (par exemple, ne vous avisez pas d'arriver un samedi soir après 18h30 : malgré l'horaire affiché, on risque de vous répondre que ce soir, c'est week-end, alors...). Bref, l'ambiance est bon enfant mais... peut-être un peu trop ! Sans vouloir jouer les rabat-joie, nous aimerions pour notre part un peu moins de rigolade et un peu plus de professionnalisme. Enfin, bon, ce que l'on en dit...

HTP MULTIMEDIA 20, rue Albert-Einstein **05 46 42 31 50**

Face au CGR, HTP Multimédia assemblera, avec sérieux et professionnalisme, un PC dans la configuration que vous leur demanderez, à un prix attractif. Le matériel est garanti 1 an pièces et 5 ans main-d'œuvre. A noter : la hotline gratuite pendant 1 an et la possibilité de payer en 4 fois sans frais. Les plus téméraires pourront monter leur configuration eux-mêmes (bon courage) en achetant les pièces détachées. Parmi elles, la partie "son" est très bien fournie avec du matériel et des logiciels de haut niveau.

Téléphonie

FRANCE TELECOM 31, rue Saint-Yon (N° Vert) **08 00 10 14 17**

De 9h30 à 12h30 et de 13h30 à 18h30, sauf lundi matin. Tous les produits France Télécom sont ici proposés : appareils et services de téléphonie fixe ou mobile, fax, Minitel, Internet, packs modem, abonnements, etc. Un espace est réservé aux professionnels. Certains appareils adaptés aux besoins des personnes mal-voyantes sont également disponibles. L'accueil est sympathique, mais le personnel est trop souvent débordé par l'affluence : aux heures de pointe, l'attente peut être longue. Bon à savoir : France Télécom s'engage pour l'environnement et récupère nos vieilles piles. Alors, par pitié, ne jetez plus vos piles usagées à la poubelle : déposez-les dans les récupérateurs !

Matériels de radiophonie et de télévision

DAVID MENAGER ZAC de Beaulieu - PUILBOREAU **05 46 68 04 11**

Spécialiste du déclassé (appareils d'exposition, légèrement abîmés ou de fin de séries), David Ménager propose un choix de téléviseurs, magnétoscopes, Caméscope, matériel hi-fi, dans différentes marques (Philips, Sony, Thomson...), à des prix bien inférieurs à ceux du neuf.

Pense Futé

Le pense futé

Animaux

Animalerie

ANIMAL'S 8ter, rue Newton - ZAC de Belle-Aire Sud - AYTRE 05 46 45 00 41

Cette adresse est celle d'un grossiste qui vend aussi aux particuliers. On y trouve tout pour l'alimentation et le bien-être des animaux : chats, chiens, oiseaux, mais aussi chevaux.

Pension

QUAT' PAT' HOTEL LA MOINERIE Belle-Croix - DOMPIERRE 05 46 35 30 64

Ginette Boulerne accueille en pension chiens, chats et oiseaux, comme à l'hôtel et sous surveillance vétérinaire.

S.P.A. - REFUGE DE LAGORD Rue Guignarderie - LAGORD 05 46 34 32 03

La SPA recueille les animaux abandonnés ou perdus. Ceux qui pleurent la disparition de leur petit compagnon peuvent aller y faire un tour au cas où ; sinon ils pourront en adopter un nouveau...

Toilettage

LE BEBETE SHOP 67, avenue Coligny 05 46 34 78 95

Salon de toilettage, alimentation et accessoires. Pas bête du tout, le concept du Bébête Shop : soit vous faites vous-même la toilette de votre petit compagnon et vous utilisez l'espace Caninet mis à votre disposition en bénéficiant d'un matériel de pro et de conseils avisés, soit vous le laissez entre les mains expertes de la maison qui vous le rendra impeccablement toiletté.

Business

Aide à la création d'entreprise

CHAMBRE DE COMMERCE ET D'INDUSTRIE 21-35, chemin du Prieuré 05 46 00 54 00

Internet : www.larochelle.cci.fr - Fax : 05 46 00 54 02. La CCI aide les entrepreneurs dans leur projet de création (réunions d'information, stages, suivi personnalisé) et à l'accomplissement des formalités administratives nécessaires. Par la suite, elle accompagne par ses conseils le développement de l'entreprise (nouveaux projets, financement, export, veille stratégique, diagnostics environnement et qualité) et organise des consultations gratuites avec des experts : notaires, huissiers de justice, avocats, experts-comptables, conseillers en propriété industrielle... Enfin, son centre de documentation très complet (presse, ouvrages spécialisés, annuaires, études, statistiques...) est en accès libre et gratuit.

CHAMBRE DES METIERS 107, avenue Michel-Crépeau - Les Minimes 05 46 50 00 00

Internet : www.cm-larochelle.fr - Fax : 05 46 50 00 09. Plus spécifiquement destinée aux artisans, la Chambre des Métiers les renseigne sur les formalités administratives à accomplir, les financements et aides possibles, la réglementation applicable. Elle dispose d'une bourse nationale d'opportunités pour mettre en relation repreneurs et cédants d'entreprises artisanales. Elle propose par ailleurs des services très complets en matière de formation, apprentissage et information.

Bureautique

Fournitures

BUREAU CENTER   ZAC de Beaulieu - PUILBOREAU   05 46 68 15 15

Du lundi au vendredi de 9h à 12h30 et de 13h30 à 19h, samedi de 9h30 à 12h et de 14h à 19h. Tout, tout, tout, vous trouverez tout pour le bureau. Essentiellement des fournitures et de la papeterie, mais aussi de l'informatique, de la bureautique, un peu de mobilier et de la maroquinerie : que vous soyez entré pour acheter un ordinateur ou une caisse enregistreuse, une rame de papier ou votre marque de trombones préférée, vous trouverez ici tout ce dont vous pouviez rêver, service et conseil en plus.

BUREAU VALLEE   12, rue Villeneuve   05 46 30 68 20

Du lundi au samedi de 9h à 19h. Bien pratique, ce magasin de papeterie, bureautique et équipement informatique qui s'est installé en centre-ville et reste ouvert à l'heure du déjeuner. C'est en fait un magasin pour professionnels accessible aux particuliers. Sur une surface de 300 m^2, le choix est vaste (on nous assure que plus de 5 000 références sont en stock ; nous ne les avons pas comptées, mais voulons bien le croire). Parmi les plus offerts par cette enseigne : la garantie "meilleur prix" (toute différence de prix est remboursée deux fois si on trouve moins cher ailleurs), le droit à l'erreur (échange ou reprise de tout article rapporté dans son conditionnement d'origine), un accueil chaleureux et la remise au passage en caisse d'échantillons de fournitures. Service photocopie.

LEVECQ   25, rue Gambetta   05 46 41 34 09

Fermé lundi matin. Située tout à côté du marché, cette papeterie fournit entreprises (livres comptables, facturiers, classeurs, échéanciers, billets à souche et autres joyeusetés de la comptabilité), scolaires (cartables, cahiers, carnets, gommes et crayons qui restent des valeurs sûres de chaque rentrée) et particuliers (agendas, maroquinerie, papiers à lettres, calendriers et autres articles à offrir ou à s'offrir). On y trouve également machines à écrire et à calculer. Un photocopieur est à disposition dans l'arrière-boutique.

Informatique

STAR BUREAUTIQUE   Rue Jacques-Cartier - ZAC Belle-Aire Nord - AYTRE   05 46 50 54 90

Internet : www.star-bureautique.fr - Star Bureautique propose des stages de formation, toute l'année, dans différents domaines : Windows, bureautique, Internet, gestion, comptabilité... On y trouve également PC de grandes marques et solutions réseau.

Mobilier

BURO CONCEPT ZAC de Beaulieu - PUILBOREAU 05 46 67 97 97

Du lundi au vendredi de 8h30 à 12h et de 14h à 18h30. Cette enseigne, qui appartient au groupe Bureau Moderne, propose des meubles de bureau qui allient esthétique, fonctionnalité et qualité, pour aménager tous les espaces professionnels. La surface d'exposition n'est pas énorme, mais les catalogues à disposition sont, eux, particulièrement complets et tout article commandé, disponible sur stock, peut être livré et installé très rapidement.

BURO DISCOUNT 1, avenue du Commandant-Lysiack - AYTRE 05 46 44 79 03

Du lundi au vendredi de 8h30 à 12h et de 14h à 19h, le samedi de 9h30 à 12h et de 14h30 à 18h. Comme son nom ne le laisse pas forcément entendre, cette enseigne se spécialise dans le mobilier de bureau haut de gamme, moderne dans sa conception mais ne déparant pas dans un univers classique, avec notamment les marques Gautier, Clen et Buronomic. Le personnel est très compétent et se met en quatre pour satisfaire les besoins et souhaits des clients. Tout le mobilier disponible n'est pas exposé en magasin, mais chaque gamme est représentée et des nuanciers permettent de se faire une idée assez précise des teintes déclinées.

Centres d'affaires, congrès et séminaires

LA ROCHELLE ESPACE CONGRES Quai Louis-Prunier 05 46 45 90 90

Fax : 05 46 44 04 07. La Rochelle Espace Congrès, ce sont deux lieux pour accueillir salons, congrès et réceptions : l'Espace Encan situé derrière l'aquarium dispose d'une grande halle de 2 600 m², d'un hall d'accueil et d'exposition de 500 m² et de 7 salles totalement équipées (il sera encore agrandi en 2002 et 2003) ; le Centre des Congrès situé au port de plaisance des Minimes dispose quant à lui d'un amphithéâtre de 500 places équipé son et vidéo, d'un hall d'exposition modulable de 320 m² à 560 m², de 8 salles et d'un restaurant avec vue sur la mer.

107842
Parc Expositions
La Rochelle
Partenaire d'événements
Location de salles
Location de matériel
Location de structures
Foires et Salons
Comité des Fêtes, Foires et Salons - Parc Expositions
17043 LA ROCHELLE CEDEX 1 - Tél. 05 46 30 08 50 - Fax 05 46 30 08 54
Internet - www.parcexpo-larochelle.com
E-mail - contact@parcexpo-larochelle.com

ESPACE CONGRES OCEANIDE Quai Louis-Prunier 05 46 50 61 50

Fax : 05 46 41 24 31. C'est l'espace congrès du Relais Mercure Vieux-Port, situé juste à côté de l'aquarium. Il dispose de 1 000 m² de salons modulables, pouvant accueillir jusqu'à 700 personnes, et d'un parking privé de 120 places. Hébergement et restauration sur place.

PARC DES EXPOSITIONS DE LA ROCHELLE 05 46 30 08 50

E-mail : contact@parcexpo-larochelle.com - Fax : 05 46 30 08 54. Le Parc des Expos, qui héberge les grands salons, foires et spectacles qui se tiennent à La Rochelle, loue ses salles aux professionnels pour l'organisation de leurs congrès, séminaires, assemblées générales ou soirées de gala. Chacun des trois halls peut faire l'objet d'aménagements modulables et être loué avec le matériel nécessaire.

RESIDENCE CLUB LA FAYETTE Avenue de Bourgogne - PORT-NEUF 05 46 68 64 64

Fax : 05 46 68 65 90. A deux pas de la mer, la résidence La Fayette est ouverte toute l'année et propose 2 salles de 200 m² et 3 autres plus petites, modulables, permettant d'accueillir jusqu'à 450 personnes. Un endroit idéal pour travailler dans le calme. Après une journée de concentration intense, le chemin de randonnée pédestre qui longe la mer vous permettra de vous réénergétiser. Repas pris sur place, au restaurant de la résidence.

LES TROIS ILES La Falaise - CHATELAILLON 05 46 56 14 14

Fax : 05 46 56 23 70. 7j/7 de 12h à 14h30 et de 19h à 22h30. Parking privé. Salles pouvant accueillir de 20 à 140 personnes avec terrasse et vue sur la mer. Sur la falaise qui domine l'océan, "Les Trois Iles" offrent un cadre idéal pour tous séminaires et réunions. Hébergement et restauration de qualité sur place.

Coursiers

ELCIDIS **05 46 51 50 19**

ELCIDIS est un projet européen ayant pour objectif de limiter les livraisons par poids lourds dans les centres-villes en assurant ce service à l'aide de véhicules électriques. La Rochelle, ville pionnière en matière d'écologie urbaine, se devait bien sûr d'y participer ! L'expérience, financée notamment par la CDA, a commencé en février 2001. Les transporteurs déposent leurs colis à la plate-forme de déchargement qui se trouve à l'entrée sud de la ville, dans les anciens hangars de la Sernam. C'est la société de transports Genty, de Niort, qui a été désignée par appel d'offres pour gérer ladite plate-forme. Là, les colis sont regroupés par zones de livraison puis acheminés à leurs destinataires en véhicules électriques de petite taille. Ainsi, le centre-ville se trouve désengorgé, la circulation facilitée... et la qualité de l'air améliorée !

Secrétariat

CABINET SYLVIANE JESSU **05 46 00 03 33**
24bis, rue de Norvège

E-mail : cabinet.jessu@wanadoo.fr - Fax : 05 46 34 64 68. Du lundi au vendredi de 8h à 20h, samedi de 8h à 12h. Sylviane Jessu propose toute une gamme de services qui s'adressent aussi bien aux particuliers qu'aux entreprises : secrétariat, permanence téléphonique, domiciliation commerciale, saisie de CV, thèses et rapports (dont saisie d'après cassette), reliure de documents, plastification, copies (noir et blanc, couleur, laser), envoi et réception de fax. Les prix sont dégressifs et des tarifs particuliers s'appliquent aux associations.

Ecologie - Environnement

Activités et information

LIGUE POUR LA PROTECTION DES OISEAUX **99, rue Nicolas-Gargot** **05 46 50 92 21**

La LPO, très dynamique en notre région, organise de nombreuses sorties-découvertes, à La Rochelle même (les parcs urbains, le canal de Rompsay...) et dans les réserves et sites alentour (dans la baie de l'Aiguillon, à la pointe du Chay, dans le marais de Voutron, dans la baie d'Aytré...).

NATURE ENVIRONNEMENT 17 **20, rue Bastion-Saint-Nicolas** **05 46 41 39 04**

L'association organise un certain nombre de sorties nature (randos botaniques, oiseaux de la baie de l'Aiguillon, marais de Lauzières, visite guidée de la Maison de la Broue...), dont le programme complet est disponible sur demande.

POINT INFO ENVIRONNEMENT **14, rue des Gentilshommes** **05 46 51 11 43**

Mine de renseignements et de documentation sur l'écologie urbaine et les activités nature et découverte, le point info organise régulièrement des expositions thématiques (sur l'eau, les jardins...).

Déchetteries

Les déchetteries de la CDA sont ouvertes de 10h à 12h et de 14h à 19h du 1er mars au 31 octobre, de 9h à 12h et de 14h à 18h du 1er novembre au 28 février, sauf jours fériés (renseignements au 05 46 51 50 97).

A AYTRE Chemin du Pontreau (tous les jours)
A CHATELAILLON-PLAGE Rue du Canal - ZI Saint-Jean-des-Sables (du lundi au samedi)
A LAGORD Rue des Godettes (du lundi au samedi)
A MARSILLY Lieu-dit "Les Gaumenais" (lundi, mercredi et samedi)
A NIEUL-SUR-MER Rue du Four-à-Chaux (du mardi au samedi)
A LA ROCHELLE-ROMPSAY Rue Debussy (tous les jours)
A LA ROCHELLE-LALEU Chemin de Dunkerque (du lundi au samedi)
A PERIGNY Rue Gustave-Ferrié (du mardi au samedi)
A PUILBOREAU Rue Villeneuve (du mardi au samedi)
A SAINTE-SOULLE Lieu-dit "La Suze" (du mardi au samedi)
A SAINT-XANDRE Rue de la Fontaine-au-Blanc (lundi, mercredi et samedi)
A SALLES-SUR-MER Lieu-dit "Le Moulin Rouge" (lundi, mercredi, jeudi, vendredi, et samedi)

Propreté urbaine

SERVICE PROPRETE URBAINE DE LA CDA 05 46 51 50 65

Nous voudrions ici lancer un appel aux propriétaires de chiens indélicats, qui continuent de souiller les crottoirs, pardon, les trottoirs de notre ville, nous obligeant à garder les yeux fixés sur là où nous mettons nos pieds quand nous préférerions regarder les vitrines, admirer les façades ou tout simplement marcher le nez en l'air. Sachez qu'il existe un peu partout en ville des endroits faits exprès, qu'on appelle des canisettes, régulièrement nettoyées et désinfectées, bref, sans danger pour votre toutou. Sinon, ramassez ! Le service propreté de la Ville vous fournit gracieusement de petites pelles en carton pour cela. M... alors, tout cela n'est pas fait pour fait les chiens !

Etudes

Adresses utiles

CENTRE DEPARTEMENTAL D'INFORMATION JEUNESSE 05 46 41 16 36
2, rue Gentilshommes

Internet : www.interpc.fr/cdij17 - Fax : 05 46 41 50 35. Le lundi de 14h à 18h et du mardi au vendredi de 10h à 12h30 et de 13h30 à 18h. Le CDIJ reste l'adresse futée des jeunes à la recherche d'informations sur l'enseignement, la formation, les métiers, les loisirs, les vacances, l'étranger, les sports. Il propose plein de services : jobs d'été, atelier CV, accompagnement de projets, consultation juridique, petites annonces, serveurs Minitel et espace Internet, aide au logement et une documentation complète en libre consultation.

CENTRE D'INFORMATION ET D'ORIENTATION 7, rue Jaillot **05 46 41 16 00**

Lundi, mardi, jeudi et vendredi de 9h à 12h et de 13h30 à 17h et mercredi de 9h à 18h. Pour se documenter et se faire conseiller sur les formations, les diplômes, les concours administratifs, les métiers et leurs débouchés, le CIO est une adresse incontournable.

CROUS 15, rue Vaux-de-Foletier - Les Minimes **05 46 28 21 30**

Fax : 05 46 28 21 55. Lieu central de la vie étudiante, le CROUS propose une quantité impressionnante de services pratiques : logements et restaurants universitaires, transports et voyages OTU, emplois temporaires, activités culturelles, bourses d'enseignement supérieur.

MISSION LOCALE 90, rue de Bel-Air **05 46 27 65 20**

Du lundi au vendredi de 8h30 à 12h et de 14h à 17h30. La Mission Locale accueille et conseille les jeunes de 16 à 25 ans en matière de formation (orientation, stages, contrats en alternance...), d'emploi (ateliers de recherche, offres, soutien) et pour tous les aspects de la vie quotidienne (écoute, accompagnement, permanence juridique...).

SERVICE UNIVERSITAIRE D'INFORMATION ET D'ORIENTATION **05 46 45 91 16**
44, avenue Einstein

Fax : 05 46 45 86 34. Horaires d'ouverture du centre de documentation : lundi de 14h à 17h30, mardi et mercredi de 9h à 12h et de 14h à 17h30, jeudi de 9h à 12h et de 13h30 à 18h et vendredi de 9h à 12h. Les missions principales du S.U.I.O. sont l'accueil et l'information, l'orientation des étudiants en vue de leur insertion professionnelle. Des ateliers et des entretiens individuels sont proposés aux étudiants qui le souhaitent.

Enseignements spécifiques

ECOLE DES ARTS DE L'ESTHETIQUE 5ter, avenue Kennedy **05 46 42 66 33**

L'école des arts de l'esthétique de La Rochelle prépare aux CAP, BM, BP et BTS d'esthéticienne. Les adultes peuvent également y suivre une formation continue.

EIGSI 26, rue Vaux-de-Foletier **05 46 45 80 00**

L'Ecole d'Ingénieurs et Génie des Systèmes Industriels a notamment travaillé sur les voitures électriques qui font la fierté de La Rochelle.

LYCEE HOTELIER Avenue des Minimes **05 46 44 20 60**

Le lycée hôtelier prépare ses élèves à l'ensemble des filières de l'hôtellerie et de la restauration (CAP, BEP, bac technologique, bac professionnel, BTS, maîtrise). L'établissement a conclu plusieurs programmes d'échange et de partenariat, notamment à l'international. Il bénéficie d'une solide réputation.

SUP DE CO / SUPGECO 102, rue des Coureilles **05 46 51 77 00**

Le groupe propose six filières d'enseignement supérieur de commerce allant de Bac + 2 à + 6. Parmi les écoles de commerce, l'ESC La Rochelle a été reconnue par le magazine L'Etudiant comme faisant partie des "petites qui montent".

UNIVERSITE DE LA ROCHELLE 23, avenue Albert-Einstein - Technoforum **05 46 45 91 14**

Internet : www.univ-lr.fr. Elle compte plus de 6 500 étudiants, qui se répartissent sur trois UFR. Cette année, douze nouveaux diplômes sont ouverts, allant de la licence d'administration publique au DESS multimédia, jeux électroniques et médias interactifs, en passant par la licence professionnelle conduite de projets en agroalimentaire.

UFR DROIT, SCIENCES ECONOMIQUES ET GESTION **05 46 45 85 20**
45, rue Vaux-de-Foletier

UFR LETTRES, LANGUES, ARTS ET SCIENCES HUMAINES **05 46 45 68 00**
Parvis F.-Braudel

UFR SCIENCES ET TECHNOLOGIE Avenue Marillac **05 46 45 82 00**

Langues étrangères

EUROCENTRES Avenue Michel-Crépeau 05 46 50 57 33

Implantées un peu partout dans le monde, les écoles d'Eurocentres permettent de s'immerger vraiment dans la langue et la culture choisie, puisque les cours se déroulent dans les pays d'accueil : rien de tel qu'un séjour à Moscou pour apprendre le russe ! Outre le russe (et le français, enseigné à La Rochelle), les langues proposées sont l'anglais (en Grande-Bretagne, aux Etats-Unis et au Canada), l'italien, l'espagnol, le japonais et l'allemand. Eurocentres se charge du logement (sélection et contrôle des familles d'accueil) et propose sur place activités et loisirs.

L'UNIVERS DES LANGUES 1, avenue Colmar 05 46 41 69 31

Ce centre de formation linguistique propose des cours d'anglais, allemand, espagnol et italien à tous ceux qui veulent améliorer leurs résultats scolaires, passer un examen, voyager ou tout simplement se cultiver. Sa méthode d'enseignement se fonde sur des cours individuels adaptés à chaque niveau (débutant, intermédiaire, perfectionnement, entretien) et à chaque objectif (stage intensif, semi-intensif ou rythme régulier).

Logement

A.R.P.A.E. Avenue Jean-Monnet 05 46 45 95 00

L'Association Rochelaise Pour l'Accueil des Etudiants propose des logements meublés dans les résidences suivantes : Parc de la Francophonie, Lavoisier, Le Platin et Maison de la Francophonie.

C.L.L.A.J. 2, rue des Gentilshommes 05 46 50 62 46

Le Comité Local pour le Logement Autonome des Jeunes met gratuitement à disposition son fichier d'offres de locations, mis à jour quotidiennement. C'est aussi un lieu d'informations pratiques et d'aides aux démarches administratives (constitution des dossiers d'allocation logement).

CROUS 15, rue Vaux-de-Foletier - Les Minimes 05 46 28 21 30

Outre le logement en cité universitaire (résidences Antinéa, Ville-en-Bois et Coureilles), le CROUS met à disposition des étudiants les offres qu'il reçoit des logeurs privés : chambres meublées chez l'habitant ou studios en ville.

Mutuelles

MNEF 15, rue Vaux-de-Foletier 05 46 44 73 24

Sur le campus universitaire des Minimes, la Mutuelle étudiante reçoit du lundi au vendredi.

SMECO 3, impasse du Drakar 05 46 41 81 54

La Mutuelle des Etudiants du Centre-Ouest est située au Gabut et est ouverte du lundi au vendredi.

Santé

SIUMPPS 44, avenue Albert-Einstein 05 46 45 84 46

Le SIUMPPS est le Service Inter Universitaire de Médecine Préventive et de Promotion de la Santé. Tous les étudiants inscrits à l'université peuvent en bénéficier : bilan médical, consultations, vaccinations, certificats médicaux, contraception, aide psychologique, etc.

Sports

SUAPSE Gymnase de Bongraine - Avenue de la République - AYTRE 05 46 45 18 94

Le Service Universitaire des Activités Physiques, Sportives et d'Expression propose de nombreuses activités au sein du complexe universitaire.

Transports

ALLO-STOP CDIJ **05 46 41 16 36**

Le service du CDIJ qui permet l'auto-stop organisé. Pour faire du stop, plus besoin de lever le pouce : il suffit de lever le combiné !

LA FORMULE 3 EN 1 AUTOPLUS

Elle permet aux moins de 25 ans de circuler en bus, en vélo ou en passeur, comme ils veulent. Deux lignes de bus desservent la zone universitaire des Minimes : les lignes 10 et 19, au départ de la place de Verdun.

Famille

Aide à domicile

ASSOCIATION D'ENTRAIDE MULTIPLE 1, rue de Tunis **05 46 50 71 71**

Cette association propose du personnel compétent, sélectionné et formé, pour tout type d'aide à domicile : garde d'enfants, trajets scolaires et activités périscolaires, garde de personnes dépendantes, préparation des repas, courses, travaux ménagers, jardinage, bricolage.

LA MAISON DU CHOMEUR 18, rue Pierre-Loti **05 46 67 75 90**

La Maison du Chômeur est une association loi 1901 qui propose du personnel à la recherche d'un emploi pour tous travaux de bricolage et de jardinage, mais aussi pour le ménage et les gardes d'enfants.

SERVIDOM **05 46 42 06 04**

Servidom prend les commandes, effectue les achats (dans les centres Leclerc) et les livre. Finie la corvée de courses !

Conseils

La vie nous amène son lot de bonheur, de rires mais aussi de douleur, d'incertitude, de doutes. Dans ces moments-là, l'aide et l'écoute de personnes possédant des dons humanistes peuvent être nécessaires.

ARTHERAPIE **05 46 37 20 88**

Ou comment se soigner par l'art. Elle permet d'agir sur la difficulté décrite inconsciemment par la personne dans son dessin : en dessinant, nous devenons l'artisan de notre guérison. Après avoir identifié ce qui nous entrave et en avoir décelé l'origine, nous le libérons... Chaque séance, conduite par Jacques l'Héritier, permet de dessiner ce qui nous pèse : les tensions en nous s'apaisent, notre relation aux autres s'améliore. Il n'est pas nécessaire de savoir dessiner.

ASTROLOGIE **06 07 09 45 21**

Christiane a une formation de chimiste, un esprit cartésien et c'est justement ce qui lui donne du crédit. L'écoute, l'humanisme, la diplomatie sont les qualités essentielles de cette femme qui par son sens analytique et son don de médium vous donnera, pour peu que vous puissiez l'entendre, des pistes pour mieux vous comprendre et par là même mieux comprendre les autres. Durée de la consultation : 1h30 environ.

CONSEILLERE CONJUGALE ET FAMILIALE **05 46 31 10 61**

Victoria Mizrahi est, par son parcours professionnel atypique, une tierce personne idéale pour aider à dénouer les nœuds de la non-communication dans le couple ou entre parents et enfants. Elle peut être d'une aide précieuse en cas de difficultés sexuelles, mais aussi pour aborder les problèmes des violences conjugales et familiales et les répétitions transgénérationnelles (inceste, maltraitances, abus sexuels).

LA NUMEROLOGIE **06 81 89 75 94**

Votre date de naissance, vos prénoms et nom de famille permettront à Claudie de voir en vous les outils que le destin vous a donnés pour assumer pleinement votre vie. Douée de clairvoyance, dosant chaque information en fonction des individus, elle vous sera d'une aide précieuse dans différents domaines (affectif, financier, professionnel).

Personnes handicapées

ADHM Avenue de Bourgogne - PORT-NEUF **05 46 43 26 87**

L'Association Départementale des Handicapés Mentaux est une structure d'accueil de jour qui permet aux handicapés de vivre une vie collective en dehors du cocon familial. Des activités sont organisées (jeux de société, activités manuelles), ainsi que des sorties.

ASSOCIATION DES SOURDS DE LA ROCHELLE 87, rue Marius-Lacroix **05 46 87 72 85**

Cette association organise des rencontres et des activités sportives : bowling, pétanque et volley-ball.

ASSOCIATION VALENTIN HAUY 20, rue Gambetta **05 46 41 26 03**

Elle accueille dans son local, aveugles et malvoyants qui peuvent notamment y bénéficier de cours d'informatique et d'initiation au cyberespace (avec synthèse vocale). La boutique vend du matériel destiné aux malvoyants (jeux en braille, loupes grossissantes), mais aussi des objets réalisés par des aveugles (paniers en osier).

GIHP 262, avenue Carnot **05 46 43 44 60**

Le Groupement pour l'Insertion des Handicapés Physiques les aide à se déplacer et à vaquer à leurs activités en ville en mettant à leur disposition un service de transport adapté.

Femmes

CENTRE D'INFORMATION SUR LE DROIT DES FEMMES **05 46 41 18 86**
3, cour Saint-Michel

Ce centre accueille les femmes pour répondre à toutes les questions qu'elles se posent au regard de leurs droits, dans quelque matière que ce soit : formation, emploi, vie conjugale, familiale, etc.

PLANNING FAMILIAL 17 42, rue des Fonderies **05 46 27 11 59**

Le planning familial dispense notamment tous les conseils sur la contraception.

Formation-emploi

AGENCE NATIONALE POUR L'EMPLOI 21, rue Fleming **05 46 45 81 70**

Cette agence est située aux Minimes, non loin de la fac de Sciences.

Formation continue

GRETA AUNIS ATLANTIQUE 86, rue de Bel-Air **05 46 50 51 79**

Organisme de formation continue pour adultes à partir de 16 ans, le GRETA propose un très large éventail de formations, pour tous les niveaux et dans tous les domaines : secteur tertiaire, hôtellerie/tourisme, industriel. Formation alternée, Bac pro, CAP, BTS, BEP. Enseignement individualisé avec coût pouvant être pris en charge par l'employeur. Le départ d'une formation se fait à tout moment dans l'année. Cours anglais/allemand/espagnol : 6,10 €/h.

Internet

Dispositif cyberlocal

LA ROCHELLE CENTRE **Ecole Dor - 24, rue Saint-Jean-du-Pérot** **05 46 07 67 48**
LA PALLICE **Cité Jeunes - 10, rue de Montréal** **05 46 43 29 89**
MIREUIL **Pôle de Bel-Air - 90, rue de Bel-Air** **05 46 41 73 64**
VILLENEUVE-LES-SALINES **Médiathèque - Place du 14-Juillet** **05 46 44 60 05**
AYTRE **Centre Social - 1, rue Albert-Ier** **05 46 50 31 22**
CHATELAILLON **Espace Carnot - 59, avenue Carnot** **05 46 07 50 77**
LAGORD **269, avenue de Lagord** **05 46 01 97 56**
PERIGNY **29, rue du Péré** **05 46 44 58 93**
SAINT-XANDRE **17, rue des Sports** **05 46 07 52 52**

Le dispositif Cyberlocal est un service de la CDA : neuf cyberlocaux équipés chacun de six ordinateurs avec imprimante et scanner, tous connectés à Internet par ADSL (sauf Châtelaillon et Saint-Xandre). L'accès y est libre et gratuit et chacun peut y venir créer son adresse e-mail, taper son CV ou consulter le site de son choix. Des animateurs sont présents pour initier, épauler et accompagner ceux qui le souhaitent. Des ateliers sont régulièrement organisés.

ESPACE CULTURE MULTIMEDIA DU CARRE AMELOT **10bis, rue Amelot** **05 46 41 45 62**

L'accès à Internet est libre les vendredi et samedi de 14h30 à 18h30 (l'inscription à l'espace culture multimédia est gratuite sous réserve d'adhésion au Carré Amelot). Des ateliers d'initiation à la navigation sur Internet sont organisés les mardis de 14h à 16h et de 20h à 22h.

Cybercafé

CYBER SQUAT **63, rue Saint-Nicolas** **05 46 34 53 67**

Du lundi au samedi de 12h à 21h30. Tarification à la minute : 0,10 €. Forfait de connexion : 0,76 €. 1 heure : 6,86 €. Carte de 10 heures : 53,36 €. Carte de 20 heures : 81,56 €. Lieu de rencontres et d'échanges, ce cybercafé est doté de 13 ordinateurs pour chatter sur la Toile, surfer sur le Web ou jouer en réseau. Clientèle cosmopolite et ambiance conviviale.

Sites à consulter

www.ville-larochelle.fr : le site officiel de la ville, avec des rubriques histoire, économie, environnement, culture, tourisme, sport, université, mais aussi et surtout le point sur l'actualité, l'agenda des manifestations, le journal de la ville et la revue de presse.

www.charente-maritime.org : le site du Conseil général, très complet et très bien fait.

www.francofolies.fr : pour tout savoir sur les Francos.

www.grand-pavois.com : toute l'actualité du Salon international à flot.

www.iledere.com : pour préparer son séjour sur l'île de Ré ou se connecter au Web insulaire.

www.port-larochelle.com

Juniors

Activités

Arts plastiques

ATELIER VERONIQUE SELLERET 31, rue des Champs 05 46 45 18 47
Cet atelier original permet aux petites mains le travail de matériaux divers tels que mousse ou latex.

Cirque

ECOLE DE CIRQUE LES BATELEURS Maison Georges-Brassens - AYTRE 05 46 27 23 39
A partir de 10 ans. Les enfants apprennent le jonglage, le monocycle, le trapèze.

Expression corporelle

CENTRE ESPACE ET MOUVEMENT 05 46 67 86 23
Pervenche Dollfus anime des sessions d'éveil corporel et musical pour les enfants de 4 à 6 ans et d'expression corporelle pour les plus grands de 6 à 12 ans.

Nature

RELAIS NATURE DE LA MOULINETTE Aytre 05 46 44 64 45
A 5 km du centre de La Rochelle, en bordure du marais de Tasdon, entre Aytré et Villeneuve-les-Salines, le Relais Nature de la Moulinette est un lieu de sensibilisation et d'éducation à l'environnement, qui permet aux enfants de découvrir, mieux comprendre et apprendre à respecter la nature. Il est ouvert non seulement aux enfants des écoles et à leurs enseignants, mais aussi à tous les enfants au cours d'activités de loisirs, et aux adultes les accompagnant.

Théâtre

THEATRE DU BALLON ROUGE 10, rue Jacques-Henry - LALEU 05 46 43 44 91
L'école de théâtre du Ballon Rouge accueille les apprentis comédiens dès 7 ans (et jusqu'à 14 ans) pour les cours du mercredi.

Animations

QUICK Rue de la Libération - C. Cial de Beaulieu - PUILBOREAU 05 46 35 46 96
Pour les 4 à 10 ans. Une hôtesse saura prendre les enfants en charge pendant 1 heure 30 : jeux et gâteau d'anniversaire garantis. Il vous en coûtera 6,05 € par enfant (gratuit pour celui qui souffle ses bougies). Les copains invités à la fête devront au minimum être six.

Baby-sitting

CDIJ 2, rue des Gentilshommes 05 46 41 16 36

CROUS 15, rue Vaux-de-Foletier - Les Minimes 05 46 28 21 30
Ces deux organismes ont mis en place un service de petites annonces pour le baby-sitting, que consultent et auxquelles répondent les étudiants intéressés.

SOS BABY-SITTERS 36, rue Duquesne 05 46 42 26 08
Une baby-sitter pour la journée, quelques heures, une soirée ? Lancez un SOS...

Crèches et haltes-garderies

LA FARANDOLE Place du 14-Juillet - VILLENEUVE-LES-SALINES 05 46 44 35 77
Crèche, halte-garderie, jardin d'enfants. De 2 mois à 6 ans. Du lundi au vendredi de 7h30 à 18h30. La Farandole est située au cœur d'un centre culturel qui est à sa disposition, comprenant une médiathèque et une ludothèque.

MELI MELO 38, avenue du Maréchal-Juin - PORT-NEUF **05 46 43 48 75**

Halte d'éveil. De 8h30 à 17h30. Dix-huit enfants de 2 mois à 6 ans avec la particularité d'offrir six places aux enfants porteurs de handicap ayant en parallèle un suivi spécialisé.

PETIT A PETIT 40, rue basse de Saint-Eloi **05 46 67 07 17**

Crèche, halte-garderie, jardin d'enfants. De 2 mois et demi à 6 ans. De 8h à 18h30. Seize enfants y vivent ensemble dans un cadre calme et agréable, avec un jardin et des locaux bien aménagés. Les parents sont invités à participer à la vie quotidienne et associative.

LA VOLIERE 44, avenue Louise-Pinchon **05 46 27 02 36**

Garderie. Du lundi au vendredi de 7h30 à 18h30. De 15 mois à 6 ans. Cette structure propose aux enfants (15 maximum) de nombreuses activités d'éveil.

Centres de loisirs

ARC-EN-CIEL-ASTROLABE Parc Kennedy - Avenue de Dublin - MIREUIL **05 46 67 47 67**

De 12 à 18 ans. Les mercredi, samedi et vacances. Ateliers divers : fanzine, théâtre, danse, multimédia, robotique ; sports : basket, foot, hand-ball ; camps nature.

ECOLE D'AVENTURE ROCHELAISE 10, rue de Montréal - LA PALLICE **05 46 00 07 07**

De 4 à 8 ans. Mercredi de 9h à 12h et de 14h à 17h et samedi de 14h à 19h. Pendant les vacances : l'après-midi ou en mini-camp de 4 jours. L'objectif est de faire découvrir des activités physiques et sportives sous forme ludique.

CENTRE DE LOISIRS DE CHEUSSE La Gabardelière - SAINTE-SOULLE **05 46 55 09 80**

De 5 à 15 ans. Activités manuelles, sports de plein air, activités diverses ont lieu dans un immense espace de verdure, au milieu des bois. Pour des vacances au vert...

Ludothèque

LUDOTHEQUE DU CARRE AMELOT 10bis, rue Amelot **05 46 41 45 62**

Mardi de 14h à 18h30, mercredi de 10h à 12h et de 14h à 18h30, samedi de 14h à 18h. Cette ludothèque accueille le public le plus large : enfants, adolescents, adultes s'y retrouvent au milieu de 2 500 jeux, jouets et CD-Rom. La durée des prêts est de 15 jours.

Problèmes scolaires

ACADOMIA 25, rue Bazoges **05 46 43 58 00**

Acadomia propose des cours particuliers à domicile dans toutes les matières, pour tous les niveaux du primaire au supérieur : aide aux devoirs, soutien scolaire hebdomadaire, stage de vacances, préparation aux concours et examens.

AFEV 17 30, rue Saint-Léonard **05 46 41 66 47**

L'AFEV est l'Association de la Fondation Etudiante de la Ville : des étudiants volontaires et bénévoles parrainent et accompagnent des enfants en difficulté scolaire du CP à la troisième, au domicile de l'enfant ou en relation avec les centres sociaux.

2A MATH 6, rue Léonce-Vieljeux **(N° Vert) 08 00 25 62 56**

Tarif : 16,62 € l'heure. Ce centre dispense dans ses locaux des cours de soutien en math et physique-chimie, pour des élèves de CM2 à la Terminale. Des stages sont également organisés pour la préparation aux examens (brevet, bac).

Protection de l'enfance

ENFANCE ET PARTAGE 28, rue de l'Aunis - AIGREFEUILLE **05 46 35 11 83**
Numéro Vert **08 00 05 12 34**

Un numéro gratuit et anonyme pour recueillir appels à l'aide et témoignages.

SOS ENFANTS EN DANGER (N° Vert) **119**

Appel gratuit 24h/24.

Que faire le dimanche avec les enfants ?

Les emmener au théâtre...

L'AZILE 29, rue Debussy **05 46 00 19 19**

Tarifs : 5 € enfant ou adulte pensionnaire, 8 € adulte non-pensionnaire. Le dimanche après-midi, juste après le goûter, L'Azile programme des spectacles "jeune public" (contes musicaux, fanfares, cirque...).

Faire un tour d'âne en culotte...

PARC DE LA BARBETTE Saint-Martin (sur l'île de Ré) **05 46 09 08 18**

En saison et pendant les vacances, pourvu que le temps soit de la partie, les enfants se promènent sur les ânes en culotte, ainsi affublés en souvenir de leurs aînés qui aidaient au transport du vin et du sel et que leurs "culottes" protégeaient des insectes et des herbes coupantes. Le tour coûte 1,52 € et ce sont les parents qui guident les ânes.

Jouer au minigolf...

MINIGOLF DU LAC Boulevard A.-Rondeau - PORT-NEUF **05 46 00 37 95**

De 14h à 20h. Un parcours de 18 trous permet à toute la famille de comparer son swing...

Visiter une ferme...

L'AUTRUCHE DE LAURETTE 2, rue de la Cave - MARSILLY **05 46 01 37 21**

2 € enfant, 3 € adulte. Chez Laurette, on visite l'élevage d'autruches et des animaux de la ferme (vaches, cochons, poulets, canards...), on parcourt l'exposition d'œufs, de cuir, de plumes. Un moment un peu à part, un lieu vraiment différent. C'était bien, chez Laurette...

Ouvert la nuit

Administrations - Police

COMMISSARIAT DE POLICE 2, place de Verdun **05 46 51 36 36**

Administratif, médecins et pharmacies de garde.

PREFECTURE **05 46 27 43 43**

Numéro d'appel 24h/24.

Alimentation

BOULANGERIE ARTISANALE FILLON 18, quai Louis-Durand **05 46 41 16 03**

Jusqu'à 2h du matin en fin de semaine. Le pain est fait maison, pétri, façonné et cuit dans la boulangerie.

ELF ANTAR FRANCE RN11 - Puilboreau **05 46 68 24 22**

Tous les jours 24h/24. Sur la voie rapide vers Niort, en face de la ZAC de Beaulieu. Produits d'épicerie et service de restauration légère. Un peu excentré, c'est vrai, mais vous n'en reviendrez pas le ventre creux, quelle que soit l'heure du jour ou de la nuit.

Carburant

CENTRE LECLERC 124, boulevard Sautel

Tous les jours 24h/24. En haut du boulevard Sautel, la station-service du Centre Leclerc permet de faire le plein à toute heure du jour et de la nuit.

ELF ANTAR FRANCE   RN11 - PUILBOREAU   **05 46 68 24 22**

Tous les jours 24h/24. Bon, maintenant que vous avez trouvé de quoi vous remplir l'estomac, pensez à faire le plein de la voiture.

Photomaton

SNCF   Place Pierre-Sémard

Dans le hall de la gare, pour les étourdis qui ont un besoin urgent de compléter leur CV, l'espace Photomaton permet de se tirer le portrait en pleine nuit. Possibilité de mini-photos autocollantes. Contrôle sur écran avant impression, si jamais un coup de peigne est nécessaire.

Préservatifs

On trouve en ville plusieurs distributeurs : sortez couverts !

PHARMACIE DES ARCADES   8, rue Chaudrier
PHARMACIE DUBOURG   5, rue Pas-du-Minage
PHARMACIE DES MINIMES   277, avenue Michel-Crépeau - Résidence "Le Must"

Tabac

TABAC DU PORT   9, quai Valin   **05 46 41 39 62**

Tous les jours sauf dimanche jusqu'à 23h. Cigarettes, presse, bimbeloterie, petits cadeaux et une belle cave à cigares.

TABAC-JOURNAUX-LOTO LE MAIL   18, allée du Mail   **05 46 34 68 60**

Du lundi au jeudi jusqu'à minuit, vendredi et samedi jusqu'à 1h du matin. Une envie soudaine, arrivé minuit, de lire la presse régionale, nationale ou internationale, ou tout simplement un bon livre ? La conviction que c'est là, maintenant, tout de suite, ou jamais, qu'il vous faut tenter votre chance au Loto ? Un petit cadeau à acheter très vite avant de vous rendre à une soirée ? Ou plus prosaïquement une panne de cigarettes qui tombe à un moment où vous n'avez pas encore décidé d'arrêter ? Direction Le Mail...

Réception

Animation

GERARD MESSAN   **06 62 05 04 18**

Gérard anime vos soirées privées ou publiques.

ULRICH LOCTEAU   **06 61 18 57 41**

Une voix et quelle voix ! Ulrich, jeune chanteur de talent, anime les fêtes locales, familiales, accompagné au clavier/guitare par Gaëtan Evain. Que vous soyez rock, salsa ou jazz, que vous aimiez la chanson populaire française ou la chanson internationale, faites appel à lui. Son dynamisme, sa disponibilité et sa gentillesse, ajoutés à son savoir-faire, contribueront incontestablement à la réussite de vos animations.

Mariage

Listes de mariage

DESCAMPS 29, rue Saint-Yon **05 46 50 52 95**

Spécialiste du linge de maison et du vêtement d'intérieur, cette grande marque permet de se constituer un fort joli trousseau dans le cadre d'une liste de mariage : superbes serviettes de toilette, peignoirs d'une grande qualité, draps colorés, housses de couettes taillées dans de bien belles matières. Les coloris et les motifs varient suivant les saisons, au gré des collections. A savoir : la ligne Petit Descamps est idéale pour une liste de naissance.

GUY DEGRENNE 44, rue des Merciers **05 46 41 72 90**

La liste de mariage Guy Degrenne offre toute une gamme d'avantage : chèque-cadeau offert aux donateurs, cadeau pour la naissance du premier enfant, livraison gratuite des cadeaux à domicile, carte mariage donnant accès à une sélection de services, et, surtout, la garantie casse, grâce à laquelle les assiettes en porcelaine et verres en cristal sont garantis 1 an. De quoi assumer plus sereinement les scènes de ménage à venir ! La garantie est tout de même limitée à six verres ou assiettes : essayez de vous dominer !

Photographe

PHOTO DANIEL RENAUD 31, rue du Minage **05 46 50 66 60**

On peut faire toute confiance à ce photographe rochelais qui a remporté l'an dernier le concours de l'Objectif d'or.

STUDIO MORILLON 10, rue Pernelle **05 46 41 17 89**

Jean-Marc aime travailler les portraits et en particulier ceux des enfants avec qui il se montre patient et psychologue. Vous pouvez également faire appel à ses compétences pour des reportages événementiels. Travail artisanal, à l'ancienne, garanti.

Robes et costumes

COMPLICITE LA FETE
27, avenue du 18-Juin - ZAC de Beaulieu - PUILBOREAU **05 46 01 02 03**

Cette adresse présente un très grand choix de robes de mariée, costumes de marié et accessoires. Il y en a pour tous les budgets.

Matériel

LOCA-FET 50, rue Léopold-Robinet **05 46 27 29 60**

A Loca-Fet et au Tivoli Rochelais situé juste à côté, on peut absolument tout louer : tentes de réception avec ou sans parquet, tables, chaises, vaisselle, sono, accessoires... Tout pour faire la fête.

Salles de réception

BALCON SUR L'ATLANTIQUE La Falaise - Allée de la Tour Carrée **05 46 43 54 77**

M. et Mme Séris mettent à la disposition des particuliers et des professionnels, pour leurs réunions et réceptions, leur superbe "Balcon sur l'Atlantique" qui porte bien son nom : vue magnifique sur la baie de La Rochelle, le port des Minimes, Fort Boyard et Oléron.

MAISON GEORGES-BRASSENS Aytre **05 46 45 38 78**

La Maison Georges-Brassens possède une grande salle (300 places environ) et un foyer avec cuisine pour une cinquantaine de personnes. Les salles sont mises gratuitement à disposition des associations aytrésiennes.

GOLF DE LA PREE Marsilly - Nieul-sur-mer **05 46 01 24 42**

A 10 minutes de La Rochelle, entre Nieul et Marsilly, le golf de la Prée jouit d'un site superbe, face à la mer, dans un cadre de verdure et de calme absolu. A côté des parcours, le complexe abrite une salle de restaurant qui s'ouvre sur une grande terrasse et peut accueillir banquets, réceptions et mariages. Un vaste parking est à la disposition des convives.

Restaurants spécialistes des banquets et traiteurs

RESTAURANT-TRAITEUR LE LYAUTEY 2, boulevard Maréchal-Lyautey **05 46 42 64 30**

Marcel et son fils David se mettent en quatre pour accueillir leur clientèle. Le service traiteur organise tout type de réceptions privées ou professionnelles : cocktail, lunch, banquet. La spécialité : la paella géante servie dans d'immenses poêles (jusqu'à 500 personnes).

J.-J. PANNETIER TRAITEUR ZAC de Beaulieu - PUILOBREAU **05 46 67 18 46**

Traiteur officiel de nombreuses manifestations rochelaises, charcutier renommé, Jean-Jacques Pannetier organise pour vous des repas entiers de l'entrée au dessert, des buffets campagnards, des réceptions, séminaires, lunchs et cocktails.

Santé

Associations

COMITE DEPARTEMENTAL PREVENTION DE L'ALCOOLISME **05 46 41 72 68**
58, rue Gambetta

Permanence du lundi au vendredi de 9h à 18h sauf vendredi 16h. Documentation à consulter ou à emporter, écoute, conseil et orientation vers des structures-relais.

SYNERGIE 17 ACCUEIL 19, rue du Brave-Rondeau **05 46 41 32 43**

Permanence de 9h à 12h et de 14h à 18h et sur rendez-vous. Accueille les toxicomanes (drogues, médicaments, tabac) et leurs familles. Anonymat et gratuité.

Dépistage

CENTRE DE DEPISTAGE DU SIDA 49, rue Thiers **05 46 45 52 40**

Sans rendez-vous : lundi et mercredi de 13h à 16h, jeudi de 15h à 18h. Sur rendez-vous : samedi de 9h à 11h30. Consultations et tests anonymes et gratuits. Des documents sont à disposition pour en savoir plus sur la maladie et les comportements à adopter pour s'en protéger.

Dons d'organes et du sang

ASS. POUR LES DONS D'ORGANES ET DE TISSUS Rue du Dr-Schweitzer **05 46 45 50 50**

Cette association est située dans le centre hospitalier.

Formation au secourisme

LA CROIX BLANCHE Square "La Passerelle" - MIREUIL **05 46 35 19 65**

Cet organisme agréé par la Préfecture organise le soir ou en journée des formations aux secours d'urgence. Les cours sont assurés par des moniteurs professionnels.

Hygiène publique

BAINS-DOUCHES 5, rue d'Ottawa

Tarif : 0,91 €. Les bains-douches de La Pallice sont accessibles le mercredi de 14h30 à 18h30 et le samedi de 8h à 12h et de 14h à 18h30. Apporter son nécessaire de toilette.

Urgences médicales

SAMU **15**

 HOPITAL Boulevard Joffre **05 46 45 66 26**

MEDECINS D'URGENCE 05 46 67 33 33
CENTRE ANTIPOISON 05 56 96 40 80

Vaccinations

SERVICE DES VACCINATIONS DE LA MAIRIE 16, place Saint-Michel **05 46 51 51 43**
Ce service assure le suivi des vaccinations et délivre des certificats. Il organise des séances gratuites (DT Polio, ROR) et est également habilité à pratiquer le vaccin contre la fièvre jaune et à conseiller les voyageurs se rendant dans des zones à risques.

Séniors

Aides

AGE D'OR SERVICES 83bis, avenue Rompsay **05 46 01 09 96**
Association d'entraide et d'aide aux personnes âgées.

PHARMACIE MUTUALISTE 13, rue du Minage **05 46 41 08 06**
Service gratuit de livraison à domicile des médicaments prescrits sur ordonnance.

SERVICE DE SOINS A DOMICILE POUR PERSONNES AGEES **05 46 01 02 50**
60, boulevard E.-Delmas
Pour ceux qui ont choisi le maintien à domicile.

Loisirs

ASSOCIATION RETRAITE SPORTIVE AUNISIENNE 11, rue Bletterie **05 46 28 35 39**
Quand retraite rime avec pratique sportive : tennis de table, tennis adapté, golf, marche, vélo, aquagym, gymnastique...

BIBLIOTHEQUE SONORE 18, rue Jean-Eiffel - Les Minimes **05 46 34 78 46**
Permanence le jeudi de 15h à 18h. Cette bibliothèque met gratuitement à la disposition des personnes pour qui lire est devenu difficile (personnes âgées, aveugles, malvoyants) sa collection de livres enregistrés sur cassettes.

Solidarité

ENTRAIDE ET SOLIDARITE ROCHELAISES 32, quai Georges-Simenon **05 46 41 44 67**
MEDECINS DU MONDE Rue François-Lapeyre **05 46 41 24 08**
RESTAURANTS DU CŒUR 3, rue Fabre-d'Eglantine **05 46 52 16 56**
SECOURS CATHOLIQUE 9, rue des Augustins **05 46 41 21 98**
SECOURS POPULAIRE FRANÇAIS Place Porte-Royale **05 46 50 52 82**

SOS AMITIE BP153 **05 46 45 23 23**
Un numéro de téléphone à composer pour que tous ceux qui se sentent seuls, découragés, incertains dans leur envie de vivre trouvent quelqu'un à qui parler. Tous les sujets peuvent être abordés : le secret sera gardé. L'association recrute en permanence des bénévoles qui savent écouter et seront spécifiquement formés à leur mission.

VMEH **05 46 45 50 50**
Les bénévoles de l'association Visite des Malades en Milieu Hospitalier vont à la rencontre des malades hospitalisés et des personnes âgées vivant en maison de retraite, afin que ces personnes ne restent pas isolées.

Utile

DEPANNAGE EDF **08 10 33 30 17**
DEPANNAGE GDF **05 46 43 43 43**
OBJETS TROUVES **05 46 42 28 30**

Index général

AAA

A CULTURA ... 128
A.R.P.A.E. ... 202
ABBAYE DES CHATELIERS (L') ... 48
ABEILLES TAXIS ... 17
ACADOMIA ... 207
ACT II ... 189
ADHM ... 204
AEM ... 171
AERO-CLUB DE CHARENTE-MARITIME ... 137
AEROPORT LA ROCHELLE-LALEU ... 16
AFEV 17 ... 207
AFFAIRE D'OR ... 166
AGATHA ... 166
AGE D'OR SERVICES ... 213
AGENCE NATIONALE POUR L'EMPLOI ... 204
AGENCE RATEAU ... 172
AIRES D'ACCUEIL POUR CAMPING-CARS ... 23
ALAIN ... 166
ALEGRIA PENA FLAMENCA ... 136
ALFA ... 113
ALHAMBRA (L') ... 166
ALLO-STOP CDIJ ... 203
ALOCOUMAT ... 184
ALTITUDES ... 144
AMICALE PHILATELIQUE AUNISIENNE ... 137
AMICALE ROCHELAISE DE PECHE SPORTIVE EN MER ... 136
AMICALE ROCHELAISE DES VEHICULES ANCIENS ... 138
ANA MERLING ... 161
ANAIS ... 103
ANIMAL'S ... 194
ANISSA ... 167
ANNEE LUMIERE ... 182
ANNEXE (L') ... 65
AQUARIUM (L') ... 46
ARC-EN-CIEL-ASTROLABE ... 207
ARCHE DE NOE (L') ... 50
ARCHEAUNIS ... 137
ARMURERIE BERTRAND ... 136
ARTHERAPIE ... 203
ARTS ET MAISON ... 136
AS KARTING LA ROCHELLE ET PLAINE D'AUNIS ... 143
ASPTT ... 144
ASS. POUR LES DONS D'ORGANES ET DE TISSUS ... 212
ASSOCIATION D'ENTRAIDE MULTIPLE ... 203
ASSOCIATION DE CAPOEIRA ... 136
ASSOCIATION DES SOURDS DE LA ROCHELLE ... 204
ASSOCIATION PRANAYAMA ... 145
ASSOCIATION RETRAITE SPORTIVE AUNISIENNE ... 213
ASSOCIATION SPORTIVE DES BOULISTES ROCHELAIS ... 142
ASSOCIATION VALENTIN HAUY ... 204
ASTROLABE ... 137
ASTROLABE (L') ... 117
ASTROLOGIE ... 203
ATELIER CLAUDE MORONI ... 167
ATELIER FABIENNE MOGUE ... 168
ATELIER FLORAL (L') ... 167
ATELIER GOURMAND (L') ... 70
ATELIER MARION BRIERE ... 135
ATELIER QUILLET ... 165
ATELIER THEATRE TOUJOURS A L'HORIZON ... 140
ATELIER VERONIQUE SELLERET ... 206
ATLANTIC (L') ... 116
ATLANTICOQUE ... 155
ATLANTIDE (L') ... 148
ATLANTIQUE AUTO BILAN ... 153
ATLANTIS (L') ... 113
AU BOUT DU QUAI ... 182
AU FOURNIL DU PARC ... 95
AU FUR ET A MESURE ... 179
AU JARDIN DE LA MER ... 96
AU PAIN DORE ... 95
AU PETIT PORT DE L'HOUMEAU*** ... 28
AU POULET DORE ... 104
AU POULET MIGNON ... 104
AU VIEUX PORT ... 64
AUBERGE DE JEUNESSE ... 23
AUBERGE DE LA CHAUVETIERE ... 86
AUBERGE DE LA RIVIERE (L') ... 85
AUBERGE DU VIEUX PUITS ... 28, 78
AUCKLAND ... 186
AUNIS HANDBALL LA ROCHELLE-PERIGNY ... 143
AUNIS MOTONAUTIC ... 155
AUTOMOBILES ET TECHNIQUES ELECTRIQUES ... 152
AUTOPLUS ... 16
AUTRUCHE DE LAURETTE (L') ... 88, 208
AUX ENFANTS D'EDOUARD ... 65
AXANDRA ... 185
AYTRE AUTO CONTROLE ... 153
AZILE (L') ... 117, 208

BBB

BADABOUM ... 169
BADMINTON ROCHELAIS ... 142
BAGS AND GADGETS ... 168
BAINS DES FLEURS ... 81
BAINS-DOUCHES ... 212
BALCON SUR L'ATLANTIQUE ... 211
BALEINE BLEUE (LA) ... 86
BALNEO CENTER ... 162
BAMBOU ... 188
BARONNIE (LA) ... 30
BARTHELEMY ... 91
BASE-BALL CLUB DE LA ROCHELLE "LES BOUCANIERS" ... 142
BAZENNE (LA) ... 106
BEBETE SHOP (LE) ... 194
BELHADJ THIERRY ... 164
BIBLIOTHEQUE SONORE ... 213
BIBLIOTHEQUE UNIVERSITAIRE ... 122
BIJOUX CAILLOUX ... 185
BILLARD CLUB ROCHELAIS ... 142
BIOASIS ATLANTIQUE ... 28
BIOMONDE ... 97
BISTROT DE BERNARD (LE) ... 84
BISTROT DE JEAN-PIERRE (LE) ... 70
BISTROT DU MARIN (LE) ... 86
BISTROT ROCHELAIS (LE) ... 66
BLANCHARD DEMENAGEMENTS ... 183
BLANCHE DE RE (LA) ... 100
BLUE MARINE ... 190
BMX LA ROCHELLE ... 142
BODEGA (LA) ... 74
BOIS DE TROUSSE-CHEMISE (LE) ... 48
BOIS ET CHIFFONS ... 174
BONJOUR ATLANTIQUE ANNONCES ... 130
BONNE ASSIETTE (LA) ... 66
BOOK SEX SHOP ... 112
BOUCHERIE (LA) ... 66
BOUCHERIE COLIGNY ... 87
BOUCHOTS (LES) ... 29
BOUCQUINGAM CLUB (LE) ... 110
BOULANGERIE ARTISANALE FILLON ... 208
BOULE ET FILS ... 101
BOUQUINERIE (LA) ... 126
BOUTE EN TRAIN (LE) ... 66
BOUTIQUE DE L'AQUARIUM (LA) ... 168
BOUTIQUE DU MARIN (LA) ... 183
BOUTIQUE LANDAISE (LA) ... 98
BOUYSSOU ... 185
BOWLING DES MINIMES ... 108
BROCANTE MARINE (LA) ... 176
BROCHARD JEAN-CLAUDE ET NATHALIE ... 96
BUGATTI (LE) ... 108
BUREAU CENTER ... 195
BUREAU VALLEE ... 195
BURO CONCEPT ... 196
BURO DISCOUNT ... 196
BUS DE MER AUTOPLUS ... 17
BUS ET CARS AUTOPLUS ... 17

CCC

C.D.A. ... 183
C.L.L.A.J. ... 202
CABANE DU FIER (LA) ... 84
CABINET SYLVIANE JESSU ... 199
CADREA ... 135
CAFE DE L'AQUARIUM (LE) ... 106
CAFE DE LA PAIX (LE) ... 106
CAFE DU NORD (LE) ... 106
CAFE POPULAIRE (LE) ... 70
CALLIGRAMMES ... 122
CAMPING DU PORT PUNAY** ... 26
CAMPING MUNICIPAL ... 26
CAMPING MUNICIPAL DU PARC*** ... 26
CANAL CANOE ... 134
CANARDS ROCHELAIS ... 143
CANFOUINE (LA) ... 82
CANNE A SUCRE (LA) ... 23
CAP SAINT JACQUES ... 76
CAP'AFFAIRES RESIDENCE ... 25
CAPTAIN OLIVER ... 172
CARRE AMELOT (LE) ... 117
CARREFOUR ... 170
CARS REBUS ... 16
CASA FIDEL ... 106
CASAMANCE (LA) ... 107
CASINO BARRIERE DE LA ROCHELLE ... 108
CASINO DE CHATELAILLON ... 108
CASTORAMA ... 177
CAVE DE LA GUIGNETTE (LA) ... 106
CDIJ ... 206
CEDRE (LE) ... 77
CENTR'HAIR PARK ... 158
CENTRE AQUATIQUE ... 147
CENTRE D'INFORMATION ET D'ORIENTATION ... 201
CENTRE D'INFORMATION SUR LE DROIT DES FEMMES ... 204
CENTRE DE BEAUTE YVES ROCHER ... 160
CENTRE DE DEPISTAGE DU SIDA ... 212
CENTRE DE LOISIRS DE CHEUSSE ... 207
CENTRE DEPARTEMENTAL D'INFORMATION JEUNESSE ... 200
CENTRE ESPACE ET MOUVEMENT ... 206
CENTRE LECLERC ... 170, 208
CENTRE LECLERC DE LAGORD ... 171
CENTRE NAUTIQUE ET DE PLEIN AIR ... 145
CERCLE GENEALOGIQUE D'AUNIS ET DE SAINTONGE ... 137
CERCLE HANDI-ROCHELAIS ... 145
CERCLE NAUTIQUE D'ARS-EN-RE ... 145
CERCLE NAUTIQUE DE LA ROCHELLE ... 145
CERVANE (LE) ... 108
CGR OLYMPIA ... 116
CHALETS DE LA PLAGE** (LES) ... 26
CHAMBRE DE COMMERCE ET D'INDUSTRIE ... 194
CHAMBRE DES METIERS ... 194
CHAMPETRE (LE) ... 67, 112
CHAMPION ... 171
CHANTAL REIX ANTIQUITES ... 175
CHARCUTERIE CAMUS ... 91
CHARCUTERIE DE LA FERME ... 91
CHARDONS BLEUS*** (LES) ... 29
CHARENTAIS ANNONCE (LE) ... 130
CHARENTE MARITIME MAGAZINE ... 132
CHAT BOTTE (LE) ... 86
CHAT BOTTE** (LE) ... 32
CHATEAU DE BUZAY ... 47
CHATEL DEPANNAGE ... 157
CHEF DE BAIE (LE) ... 110,114
CHENAL DE GOISIL (LE) ... 48
CHEZ ARTHUR ... 70
CHEZ FRED ... 96
CHEZ MELIE ... 91
CHEZ PAILLAT ... 94
CHEZ SERGE ... 60
CHEZ TONTON GRAILLOU ... 87
CHIQUITO (LE) ... 164
CLINIQUE MOTO ... 156
CLOCHER DE L'EGLISE (LE) ... 52
CLUB D'AVIRON DE MER DE LA ROCHELLE ... 142
CLUB DE SCRABBLE ROCHELAIS ... 138
CLUB PONGISTE ROCHELAIS ... 144
COCON HYDROPHILE ... 160
CŒURS ANTIQUES (LES) ... 176
COIFFURE. HOM ... 159
COMFORT HOTEL SAINT-NICOLAS** ... 24
COMITE DEPARTEMENTAL PREVENTION DE L'ALCOOLISME ... 212
COMMERCE (LE) ... 113
COMMISSARIAT DE POLICE ... 208
COMPARTIMENT LUX ... 189
COMPLICITE LA FETE ... 211
COMPTOIR DES LUSTRES (LE) ... 182
COMPTOIR DU BOUT DU MONDE ... 136, 154
COMPTOIR MARAICHER DES GANDES (LE) ... 90
COMTESSE DU BARRY ... 98
CONFITURES DU CLOCHER ... 100
CONFORAMA ... 183
CONSEILLERE CONJUGALE ET FAMILIALE ... 203
CONTRE VENTS ET MARAIS ... 181
COOPERATIVE DES SARDINIERS ... 154
COOPERATIVE DES VIGNERONS DE L'ILE DE RE ... 101
COOPERATIVE MARITIME ... 155
COPISTYLE ... 175
CORNE D'OR (LA) ... 74
CORRIGANS IRISH PUB ... 107
COSY (LE) ... 109
COTE JARDIN ... 96
COULEUR MARCHE ... 88
COULEURS DU TEMPS ... 136
COUP DE CŒUR ... 176
COURS DE DJEMBE - ASSOCIATION DISSOO ... 139
COURSIVE (LA) ... 116
COURSIVE (LA) ... 119
CRAVA-CICAT ... 145
CREPERIE DES HALLES ... 73
CROIX BLANCHE (LA) ... 212
CROUS ... 201, 202, 206
CUIRS DE FRANCE ... 188
CURIOSITAS ... 135
CYBER SQUAT ... 205
CYBERTEK ... 192
CYCLAND ... 22
CYCLES CHIASSON ... 157
CYD CREATION ... 164

DDD - EEE

D'JOLLY ... 77
DAD ... 152, 183
DANIEL HETCHER ... 191
DAVID MENAGER ... 192
DE FIL EN FEUILLE ... 182
DECATHLON ... 145
DEPANNAGE EDF ... 213
DEPANOTO SA ... 153
DESCAMPS ... 210
2A MATH ... 207
DEUX TOURS (LES) ... 69
DI ANGELO ... 82
DIRECTION DEPARTEMENTALE DE LA JEUNESSE ET DES SPORTS ... 142
17 P'TIT ROCHELAIS (LE) ... 130
DOMAINE (LE) ... 28
DOMPIERRE PRESSING ... 187
DOUCEUR NATURE ... 97, 162
DRAGON & DRAGON PLUS ... 116
EASY CASH ... 184
EBENISTERIE L'AMARANTE ... 138
ECAILLER (L') ... 85
ECLATS D'AZUR ... 179
ECLUSES A POISSONS (LES) ... 52
ECOLE D'AVENTURE ROCHELAISE ... 207
ECOLE DE BUSHIDO DE LALEU ... 142
ECOLE DE CIRQUE LES BATELEURS ... 206
ECOLE DE CONDUITE FRANÇAISE ... 152
ECOLE DE VOILE ROCHELAISE ... 155
ECOLE DES ARTS DE L'ESTHETIQUE ... 201
ECOLE DU CAFE-THEATRE L'AZILE ... 140
ECOLE NATIONALE DE MUSIQUE ET DE DANSE ... 136, 139
ECOMUSEE DU MARAIS SALANT (L') ... 49
ECOVELO ... 20, 157
ECURIES DU MOULIN-MOREAU (LES) ... 143
EGLISE FORTIFIEE D'ESNANDES ... 46
EGLISE SAINT-ETIENNE (L') ... 48
EGLISE SAINT-PIERRE ET MUSEE DES GRAFFITI ANCIENS ... 47
EIGSI ... 201
ELCIDIS ... 199
ELF ANTAR FRANCE ... 208, 209
ELITE YACHTING ... 155
ENFANCE ET PARTAGE ... 207
ENTRAIDE ET SOLIDARITE ROCHELAISES ... 213
EQUINOXE (L') ... 71
ERNEST LE GLACIER ... 90
ESPACE AFFAIRES ... 181
ESPACE CONGRES OCEANIDE ... 198
ESPACE CULTURE MULTIMEDIA DU CARRE AMELOT ... 205
ESPRIT DU SEL ... 102
ESSENTIEL (L') ... 132
ETRE ET CONNAITRE ... 124
EUROCENTRES ... 202
EURODIF ... 182
EUROPCAR ... 22
EUROPE 2 ... 132
EVA DIAZ ... 179
EX LIBRIS ... 122
EXTRAVAGANCE (L') ... 112

FFF - GGG

FAILLITAIRE (LE) ... 174
FAITS DIVERS ... 191
FARANDOLE (LA) ... 206
FAROL ... 164
FEDERATION DEPARTEMENTALE DE PECHE ... 136
FERME DE CANDE (LA)- GAEC DES 4 SAISONS ... 90
FERME DE NINE (LA) ... 92
FERME MARINE (LA) ... 97
FETISH RECORDS ... 138
FILLONNEAU VERANDAS ... 179
FLEUR D'AUNIS ... 167
FLEUR DE SEL (LA) ... 83
FLOTS (LES) ... 60
FLOTS (LES) ... 81
FORMULE 3 EN 1 AUTOPLUS (LA) ... 203
FORTIFICATIONS (LES) ... 52
FOUGERES** (LES) ... 30
FOUR A PIZZAS (LE) ... 103
FOURNIL DE JACQUES MICAULT (LE) ... 94
FRANCE 3 ATLANTIQUE ... 132
FRANCE 3 POITOU-CHARENTES ... 132
FRANCE ANGLETERRE ET CHAMPLAIN*** ... 23
FRANCE AUTO PIECES ... 154
FRANCE BLEU LA ROCHELLE ... 132
FRANCE TELECOM ... 192
FRANCK SELECTION ... 191
FROMAGERIE LEFORT ... 90
GADIN SA ... 179
GALERIE ALAIN ... 121
GALERIE F.-G. ... 121
GALERIES LAFAYETTE ... 170
GALETTIERE (LA) ... 73
GALUCHAT ... 165
GARAGE BOUILLARD ... 153
GARE DE LA ROCHELLE ... 16
GENEVIEVE LETHU ... 177
GERARD MESSAN ... 209
GIHP ... 204
GILLES DUFOURD ... 152
GME ... 178
GOLF DE LA PREE ... 84, 143, 212
GOLF DE TROUSSE-CHEMISE ... 143
GOULETTE (LA) ... 75
GRAND CARAQUE (LE) ... 96
GRASSI BATEAUX ... 155
GREFINE ... 124
GRENETTES*** (LES) ... 32
GRENIER ROCHELAIS (LE) ... 180
GRENOUILLERE (LA) ... 176
GRETA AUNIS ATLANTIQUE ... 204
GROUPE CYCLO-ROCHELAIS ... 143
GUINGUETTE DE ROMPSAY (LA) ... 109
GUY DEGRENNE ... 177, 210
GYMNASE FORME (LE) ... 148

HHH - III

HARMONIA MUNDI ... 138
HARRYS BOUTIQUE ... 190
HAUSELMANN ET FILS ... 102
HOM ET GARS ... 159
HOTEL DE BORDEAUX* ... 25
HOTEL DE LA COMMUNAUTE D'AGGLOMERATION ... 14
HOTEL DE LA PLAGE** ... 29
HOTEL DE VILLE (L') ... 43
HOTEL DES ROSIERS** ... 24
HOTEL DES VENTES ... 184
HOTEL TERMINUS** ... 24
HTP MULTIMEDIA ... 192
IBIS VIEUX PORT** ... 24
ICARE CERF VOLANT ... 146
ID GENIALE ... 168
IKKS ... 191
ILATES**** (LES) ... 29
ILE DE RE CHOCOLATS ... 88
ILE DE RE HABITAT ... 132
ILE DE RE TOURISME ... 14
IMPRO & CO ... 140
INDONESIA ... 181
INFINI'THE ... 78, 88
INSOLITE (L') ... 111
INTER ILES ... 134
INTERCAVES ... 102
ISABELLE ARNOUX ... 191
ITALIE GOURMANDE (L') ... 98

JJJ - KKK

J.-J. PANNETIER TRAITEUR ... 212
JABALOT - ARMOIRIES ... 123
JAM PUB (LE) ... 107
JARDIN (LE) ... 71
JARDIN DES FLEURS (LE) ... 168
JARDINS ESPACES BOUTIQUE ... 180
JB CONSTRUCTIONS ... 178
JEAN-JACQUES PANNETIER ... 92
JEAN-RENE ... 158
JEANNE D'ALBRET ... 88
JET-LAG (LE) ... 110
JOUANNO EVASION ... 140
JUANY DESCATEAUX ... 175
KAPALOUEST ... 134
KARACTERE ... 158
KASHMIR (LE) ... 74
KAYAK OCEAN ROCHELAIS ... 143
KHEDIVE (LE) ... 164
KICKERS ... 186
KILI ... 128
KIOSQUE A MUSIQUE (LE) ... 49

LLL

L4S ... 160
LA ROCHELLE - LE JOURNAL (LA) ... 130
LA ROCHELLE ACCUEIL AVF (LA) ... 14
LA ROCHELLE BOAT CENTER (LA) ... 155
LA ROCHELLE CENTRE (LA) ... 205
LA ROCHELLE ESPACE CONGRES (LA) ... 196
LA ROCHELLE OPTIQUE & SUN OPTIQUE (LA) ... 188
LA ROCHELLE VOLLEY-BALL (LA) ... 145
LA ROCHELOIS (LE) ... 148
LA ROUTE DU SEL ... 85
LACAUD CHRISTIAN ... 87
LAMY IMMOBILIER ... 172
LAPEYRE ... 179
LAURENT MATHEO ... 158
LAVOMATIQUE ... 187
LE COMPTOIR DES VOYAGES ... 67
LE LOPAIN'KESS ... 67
LE PIMENT BLEU ... 98
LES TROIS EPIS ... 95
LEVECQ ... 195
LIAIGRE ANDRE ... 95
LIBERTY COIFFURE ATELIER ... 159
LIBRAIRIE NAUTIQUE SAINT-NICOLAS ... 126
LICORNE (LA) ... 110
LIGUE POUR LA PROTECTION DES OISEAUX ... 199
LISELEC ... 22
LITTLE BOUDDHA ... 181
LOCA-FET ... 211
LOOK AND LIKE ... 190
LUCYLE ... 186
LUDOTHEQUE DU CARRE AMELOT ... 207
LYAUTEY (LE) ... 71
LYCEE HOTELIER ... 201

MMM

MAC DONALD'S ... 77
MAG PRESSE LA ROTONDE ... 128
MAIL (LE) ... 68
MAIRIE DE LA ROCHELLE ... 14
MAISON DE LA MYTILICULTURE ... 47
MAISON DES MOUETTES (LA) ... 78
MAISON DOUCE (LA) ... 30
MAISON DU CHOMEUR (LA) ... 203
MAISON DU DEPARTEMENT ... 14
MAISON DU PLATIN (LA) ... 49
MAISON DU PONEY (LA) ... 143
MAISON DU SOLEIL ... 180
MAISON GEORGES-BRASSENS ... 211
MAISON PONS ... 90
MAISONS ARTISANE ... 178
MALAGASY ... 181
MALINE (LA) ... 120
MANU PIZZA ... 104
MARAIS DE PAMPIN ... 135
MARAIS DE TASDON ... 135
MARCHE CENTRAL DE LA ROCHELLE ... 91
MARCHE D'AYTRE ... 93
MARCHE DE CHATELAILLON ... 93
MARCHE DE DOMPIERRE ... 93
MARCHE DE LA PALLICE ... 93
MARCHE MEDIEVAL (LE) ... 49
MARCHE RUE GARGOULLEAU ET PLACE DE VERDUN ... 93
MAREE (LA) ... 68
MARIE A LA VILLE ... 186
MARIE-JEANNE GODARD ... 162
MARIONNAUD ... 161
MAROQUINERIE DES ARCADES ... 188
MARTELL COGNAC ... 48
MARTINIERE (LA) ... 90
MARY WIND ... 121
MATLAMA - MARINA RICHER ... 165
MAXI-LIVRE ... 123
MAYFLOWER (LE) ... 107
MEDIA TROC ... 184
MEDIATHEQUE MICHEL-CREPEAU ... 122
MEGA CGR ... 116
MEGALITHE ... 166
MELI MELO ... 207
MERCURE YACHTMAN*** ... 24
MESSAGER ROCHELAIS (LE) ... 137
MICHELE CHAUSSEUR ... 185
MILLE SABORDS ... 124
MINIBUS AUTOPLUS (GIHP) ... 17
MINIGOLF DU LAC ... 208
MINUTIAS VILLAGE*** (LES) ... 32
MISE AU POINT ... 140
MISE EN SELLE ... 146
MISS X'TREM ... 114
MISSION LOCALE ... 201
MNEF ... 202
MODELES REDUITS ROCHELAIS ... 169
MONOPRIX ... 170
MOTO EXPERT ... 156
MOTOS CASSE ... 157
MOULIN DU MORINAND (LE) ... 50
MUSEE D'HISTOIRE PROTESTANTE ... 46
MUSEE D'ORBIGNY-BERNON ... 44
MUSEE DES AUTOMATES ... 45
MUSEE DES BEAUX-ARTS ... 44
MUSEE DU FLACON A PARFUM ... 46
MUSEE DU NOUVEAU MONDE ... 44
MUSEE ERNEST-COGNACQ ... 52
MUSEE MARITIME NEPTUNEA ... 45
MUSEUM D'HISTOIRE NATURELLE ... 44
MVM ... 159

NNN - OOO

NATURE ENVIRONNEMENT 17 ... 199
NID DES OISEAUX (LE) ... 26
NOMADIS ... 182
NORAUTO ... 153
NORMANDIN MERCIER ... 101
NOSTALGIE ... 132
NOUVELLES FRONTIERES ... 141
NUMEROLOGIE (LA) ... 204
OASIS BEAUTE ... 160

OCCITANE (L') 162
OCEAN** (L') 30
OCECARS 16
OCTANT 173
OFFICE DE TOURISME DE CHATELAILLON-PLAGE 14
OFFICE DE TOURISME DE LA ROCHELLE 14
OFFICE DE TOURISME D'ARS-EN-RE 14
OFFICE DE TOURISME DE SAINT-MARTIN 14
OFFICE DE TOURISME DE SAINTE-MARIE-DE-RE 14
OLIVIER GLACIER 90
OLIVIERS & CO 98
ONGLE STUDIO (L') 161
OPEL EURO GARAGE 152
OREE DU REVE (L') 121
OVALIE CLUB 144

PPP - QQQ

PALAIS DES PAINS (LE) 87
PALMILUD 147
PAMPLEMOUSSE SUD-OUEST 111
PARA SHOP DIFFUSION 161
PARAD'ICE 90
PARC CHARRUYER 135
PARC DE LA BARBETTE 208
PARC DES EXPOSITIONS DE LA ROCHELLE 198
PARCS A HUITRES DE CHATELAILLON-PLAGE - LES BOUCHOLEURS (LES) 46
PARIS MUSIQUE 139
PARKING DE L'ESPLANADE DES PARCS 22
PARKING DE LA PLACE DE VERDUN 22
PARKING DES MINIMES 22
PARKING DU BELVEDERE 22
PARKING JEAN-MOULIN 22
PARKING SAINT-JEAN-D'ACRE 22
PASSE SIMPLE - INTERIOR'S 173
PASSEUR AUTOPLUS 17
PATAT' A TOUT 77
PATIMINCE 160
PATRICK DELAIGUE 185
PAUL BOSSUET 100
PENSION CHEMIN 72
PEPINIERES ROBIN 178
PERFORMANCES SPORTIVES 128
PERGOLA (LA) 110
PERIGNY IMMOBILIER 172
PERSONA 189
PETIT A PETIT 207
PETIT BATEAU 191
PETITE FATMA (LA) 76
PETITS PETONS 186
PHARE DE CHAUVEAU (LE) 52
PHARE DE LA BALEINE (LE) 189
PHARE DE RE (LE) 132
PHARE DES BALEINES (LE) 50
PHARMACIE DES ARCADES 209
PHARMACIE MUTUALISTE 213
PHASES 189
PHILIPPE MOUIX 159
PHOTO DANIEL RENAUD 210
PHYSIC GYM 148
PICARD 99
PICOLO 169
PIEDS DANS L'EAU (LES) 84
PISCINE MUNICIPALE DES PARCS 147
PLANETE BLEUE 126
PLANNING FAMILIAL 17 204
PLATIN (LE) 81
POINT COMMUN 130
POINT INFO ENVIRONNEMENT 199
POISSONNERIE DU PORT (LA) 85
PONT DE L'ILE DE RE (LE) 16
PORT (LE) 50
PORT D'ANGOULINS-SUR-MER 156
PORT D'ARS-EN-RE 156
PORT DE CHATELAILLON-PLAGE 156
PORT DE SAINT-MARTIN-DE-RE 156
PORT DES MINIMES 156
PORT ET LES PARCS A HUITRES (LE) 50
POTERIE DE DOMPIERRE 165
POUR TOUT L'OR DU MONDE 165
PREFECTURE 208
PREMIERE COMPAGNIE D'ARC D'AUNIS 144
PRESSE LIVRES 128
PRESSE PAPIERS 128
PRESSING DE L'AUTOMOBILE 153
PRESSING SAUTEL 187
PRESTO'SERVICES 183
PRIEUR GUY 87
PRINCE ALBERT (LE) 62
PRIVAT 92
PROMENADE DES ALLEES DU MAIL 135
PUB DU BOUT DU MONDE 107
PUCE A L'OREILLE (LA) 137
PUCES DE MER (LES) 155
QUAI DES LETTRES 137
QUARTIER LATIN 124
QUAT' PAT' HOTEL LA MOINERIE 194
4X4 PASSION 152
QUATRE SERGENTS (LES) 62
QUICK 77, 206

RRR - SSS

RAND'AUNIS 144
RAYONS VERTS 97
RCF ACCORDS CHARENTE-MARITIME 132
RECUP'AUTO 154
RELAIS NATURE DE LA MOULINETTE 206
RENAUDET ARMAND 136
RENE DERHY 190
RESERVE NATURELLE 47
RESERVE ORNITHOLOGIQUE 50
RESIDENCE CLUB LA FAYETTE 198
RESTAURANT-TRAITEUR LE LYAUTEY 212
RICHARD COUTANCEAU 64
RICHELIEU** (LE) 26
RIDOTERIE (LA) 182
ROSE DES VINS (LA) 68
RUNNING 17 147
S.N.E.G. REGION SUD-OUEST 111
S.P.A. - REFUGE DE LAGORD 194
SAIGA 141
SAIGON PACIFIQUE 99
SAINT-JAMES (LE) 107
SAINT-JEAN-DES-SABLES** 26
SAMU 212
SAOUFE (LE) 107
SAPONAIRE (LA) 168
SARGENTINE (LA) 92
SAVEUR CAFE 88
SCALA AUTOMOBILE (LA) 152
SENECHAL* (LE) 30
SERGE BLANCO 190
SERIAL SHOES 185
SERVICE DE SOINS A DOMICILE POUR PERSONNES AGEES 213
SERVICE DES VACCINATIONS DE LA MAIRIE 213
SERVICE PROPRETE URBAINE DE LA CDA 200
SERVICE UNIVERSITAIRE D'INFORMATION ET D'ORIENTATION 201
SERVIDOM 203
SEVEN 159
SHOP PHOTO VIDEO 140
SIMPLEMENT POUR VOUS 188
SIP DEPANNAGE 183
SIUMPPS 202
SKATING CLUB AUNISIEN 144
SLIP WAY 139
SMECO 202
SNCF 209
SOCIETE HIPPIQUE D'AUNIS 143
SOLEIL BRILLE POUR TOUT LE MONDE (LE) 72
SOLEIL** (LE) 23
SOLETTE (LA) 68
SORTIR A TOUT MOMENT 130
SOS AMITIE 213
SOS BABY-SITTERS 206
SOS ENFANTS EN DANGER (N° VERT) 208
SP MUSIQUE OPUS 139
SPID LAVAGE 153
STADE ROCHELAIS 144
STAR BUREAUTIQUE 195
STELLA DIAZ 166
STUDIO MORILLON 210
SUAPSE 202
SUBAQUA CLUB LA ROCHELLE 144
SUD-OUEST 130
SUP DE CO / SUPGECO 201
SUPER U 171
SUSHI NAMI 75
SYNERGIE 17 ACCUEIL 212

TTT

TABAC DU PORT 209
TABAC-JOURNAUX-LOTO LE MAIL 209
TABLE BASQUE (LA) 73
TAPAGE 130
TASDON BASKET LA ROCHELLE 142
TASTE VIN (LE) 102
TATTOO SHOP 162
TAVERNE DE TASDON (LA) 72
TAXIS AUTOPLUS 17
TEATRO BETTINI 75
TEMERIT 190
TEMPLE (LE) 72
TENNIS-CLUB DE PUILBOREAU 144
TERRASSES DU MARILLAC (LES) 72
THALACAP 163
THALAZUR 162
THEATRE DES JACOBINS 119
THEATRE DU BALLON ROUGE 206
THEATRE TOUJOURS A L'HORIZON 119
THEMES EN SCENE 180
TONTON BARQUETTE 104
TOQUENELLE 76
TOUM PORTE OCEANE 142
TOURS DE LA ROCHELLE (LES) 42
TOUT POUR LA MUSIQUE 139
TRETEAUX DE L'IMAGINAIRE (LES) 120
TRIOLET (LE) 109
3 ILES*** (LES) 29
TROIS ILES (LES) 198
TROISIEME ŒIL (LE) 139
TROQUEMITAINE 187
TUXEDO (LE) 112

UUU > ZZZ

UFR DROIT, SCIENCES ECONOMIQUES ET GESTION 201
ULRICH LOCTEAU 209
UNIVERS DES LANGUES (L') 202
UNIVERSITE DE LA ROCHELLE 201
VASE DE SEVRES (LE) 177
VEL'ILE 20
VELOS AUTOPLUS 20
VENUS LIBERTINE 111
VERSION DANSE 137
VIA BEA 181
VICTORIA** 29
VID'STOCK 174
VIEIL HOMME... ANTIQUITES (LE) 176
VIEUX GREEMENT*** (LE) 32
VIEUX-PORT 156
VITRAIL (LE) 135, 165
VIVIERS (LES) 86
VMEH 213
VOLIERE (LA) 207
WWW.CHARENTE-MARITIME.ORG 205
WWW.FRANCOFOLIES.FR 205
WWW.GRAND-PAVOIS.COM 205
WWW.ILEDERE.COM 205
WWW.PORT-LAROCHELLE.COM 205
WWW.VILLE-LAROCHELLE.FR 205
X'TREM MOD' 191
X'TREM MODE 114
X'TREM POMP 114
YACHTMAN-GRILL MIDSHIP (LE) 69
YAKAPARTIR 134
Z'ENDIMANCHES (LES) 107

AVERTISSEMENT

Les informations contenues dans ce guide ont été recueillies entre septembre 2001 et février 2002. Les renseignements concernant les coordonnées, les tarifs et les jours et heures d'ouverture sont donnés à titre indicatif et n'ont aucun caractère contractuel. Ils sont susceptibles d'avoir fait l'objet de modifications ultérieures pour lesquelles le Petit Futé décline toute responsabilité, en particulier toutes celles intervenues à l'occasion du passage à l'euro.